ENTRE O LULISMO E O CETICISMO

Henrique Costa

ENTRE O LULISMO E O CETICISMO

um estudo com bolsistas do Prouni de São Paulo

alameda

Grafia atualizada segundo o Acordo Ortográfico da Língua Portuguesa de 1990, que entrou em vigor no Brasil em 2009.

Edição: Haroldo Ceravolo Sereza
Editora assistente: Danielly de Jesus Teles
Editora de livros digitais: Dharla Soares
Projeto gráfico, diagramação e capa: Danielly de Jesus Teles
Revisão: Alexandra Colontini
Assistente acadêmica: Bruna Marques
Imagens da capa: *Fotografia de Henrique Costa*

CIP-BRASIL. CATALOGAÇÃO-NA-FONTE
SINDICATO NACIONAL DOS EDITORES DE LIVROS, RJ

C872E

Costa, Henrique
Entre o lulismo e o ceticismo : um estudo com bolsistas do Prouni de São Paulo / Henrique Costa. - 1. ed. - São Paulo : Alameda, 2018.
296 p. ; 21 cm

Inclui bibliografia

ISBN 978-85-7939-530-7

1. Ciências sociais. I. Título.

18-47175

CDD: 320
CDU: 32

Editora filiada à Liga Brasileira de Editoras (LIBRE) e à Alinça Internacional dos Editores Independentes (AIEI).

Alameda Casa Editorial
Rua 13 de Maio, 353 – Bela Vista
CEP 01327-000 – São Paulo, SP
Tel. (11) 3012-2403
www.alamedaeditorial.com.br

A teoria socialdemocrata e, mais ainda, a sua práxis estavam determinadas por um conceito de progresso que não se orientava pela realidade, mas que tinha uma pretensão dogmática. O progresso, tal como ele se desenhava na cabeça dos socialdemocratas, era, primeiro, um progresso da própria humanidade (e não somente das suas habilidades e conhecimentos). Ele era, em segundo lugar, um progresso interminável (correspondente a uma perfectibilidade infinita da humanidade). Em terceiro lugar, ele era tido como um progresso essencialmente irresistível (como percorrendo, por moto próprio, uma trajetória reta ou em espiral). Cada um desses predicados é controverso, e cada um deles oferecia flanco à crítica. Mas essa, se ela for implacável, tem de remontar muito além de todos esses predicados e dirigir-se àquilo que lhes é comum. A representação de um progresso do gênero humano na história é inseparável da representação do avanço dessa história percorrendo um tempo homogêneo e vazio. A crítica à representação desse avanço tem de ser a base crítica da representação do progresso em geral.

WALTER BENJAMIN. Sobre o conceito de História.

Sumário

Prefácio

Visão social e individualismo entre estudantes do Prouni: retrato de um momento político

André Singer

O trabalho de Henrique Costa que o leitor poderá apreciar a seguir fez parte de um projeto de pesquisa que mobilizou cerca de uma dezena de jovens pós-graduandos do Departamento de Ciência Política da Universidade de São Paulo entre 2010 e 2016. Tratava-se de verificar, por meio de pesquisas qualitativas, a procedência da hipótese segundo a qual as camadas populares, a partir de 2006, haviam se aproximado do lulismo, tornando-o uma opção eleitoral em função das mudanças que ocorriam então no Brasil. Entendia-se por lulismo a plataforma executada pelo ex-presidente Luiz Inácio Lula da Silva (2003-2010), e continuada por Dilma Rousseff em seu primeiro mandato (2011-2014), de reduzir a pobreza e a desigualdade sem incidir em qualquer radicalização política.

Com vistas a realizar a tarefa proposta, os pesquisadores em formação, quase sempre cientistas sociais de origem, partiram para o campo, utilizando técnicas derivadas da Antropologia, como a observação participante, e de questionários semiestruturados, largamente utilizados pela Sociologia política, como se pode ver nos artigos publicados por Antônio Flávio Pierucci nas décadas de 1980 e 1990.[1] O objetivo do grupo era, por meio de uma abordagem pouco utilizada atualmente pela ciência política, contribuir de maneira complementar com o conhecimento eleitoral derivado dos métodos quantitativos.

Ao longo dos anos em que o projeto se efetivou, os investigadores realizaram dezenas de longas incursões às periferias da capital paulista, e de uma cidade do interior de São Paulo, e múltiplas entrevistas em profundidade com personagens selecionados, das quais resultaram certo número de estudos de caso. Henrique, em particular, para realizar o Mestrado, concentrou o foco nos estudantes do Prouni, um dos programas mais emblemáticos do período lulista. Para tanto, frequentou por meses, em 2012 e 2014, duas unidades de uma universidade privada da capital paulista. O resultado, alinhavado nas páginas deste volume, compõe um retrato íntimo de uma realidade e um momento que, de outra forma, ficariam desconhecidos tanto da academia quanto do público em geral.

Aos poucos, Henrique foi desbravando aquele universo pouco analisado e percebeu que idade e gênero influíam na maneira de pensar do público estudado. Os prounistas mais velhos e do sexo feminino tendiam a ser mais conscientes não só de que o programa tinha origem federal, como de que estava vinculado a uma intenção de democratizar o acesso ao ensino superior. Bem de acordo com o figurino altamente contraditório da gestão lulista, tal inclusão se fazia por meio da incorporação a um sistema mercantilizado de ensino e, portanto, marcado pela força do dinheiro. Não obstante, configurava uma maneira de integração, o que era bem compreen-

1 Ver Antônio Flávio Pierucci. *Ciladas da diferença*. São Paulo: Editora 34, 1999.

dido pelas alunas cuja trajetória anterior na pobreza e na vida familiar difícil permitia avaliar o alcance da transformação suscitada.

Os estudantes mais jovens e do sexo masculino, por sua vez, não demonstravam conhecimento ou interesse a respeito da orientação do Prouni, considerando-o apenas uma oportunidade a mais no interior de um ambiente ultracompetitivo e de empregabilidade difícil. Se as mulheres um pouco mais velhas associavam o Prouni a uma alavanca contra as desigualdades presentes em seu dia-a-dia, os rapazes tendiam a achar que a oportunidade de cursar uma faculdade era algo presente entre diversas alternativas dispostas no mercado, cujo aproveitamento dependeria, sobretudo, do seu próprio esforço. Em outras palavras, enquanto umas sublinhavam o social, os outros enfatizavam o individual. Havia toda uma visão de mundo por trás de cada postura encontrada.

Conforme se poderia esperar, o primeiro grupo, apelidado por Henrique de "as pedagogas", e o segundo, chamado de "os tecnólogos", apresentaram diferentes tendências eleitorais chegado o momento de votar. Enquanto elas tendiam a sufragar o lulismo, eles se mostravam refratários, sendo mais atraídos por outras opções.

Em consequência, a pesquisa revelou fragilidades do lulismo que iriam aparecer com nitidez apenas no momento posterior, quando sobreveio a débâcle e o golpe parlamentar de 2016. Um programa integrador, como o Prouni, ainda que associado à educação mercantilizada, só tinha seu sentido compreendido pelas estudantes cuja trajetória anterior de algum modo as politizara. Aí estava a força da opção lulista àquele eleitorado, que tinha consciência tanto da profunda desigualdade brasileira quanto do processo de integração então em curso, apesar das limitações nele contidas. Para os demais, a participação no programa não propiciou qualquer saldo de politização.

Os achados desta pesquisa ajudam a entender os mecanismos por meio dos quais o lulismo cativou parte do eleitorado bem como alienou outra, ainda que a tendo beneficiado. Ao contrário do que poderia esperar uma abordagem ingênua do fenômeno, parte dos que tinham chegado à universidade por meio das bolsas lulistas sentiam-se distantes de qualquer simpatia pelos candidatos do lulismo, uma vez que não partilhavam de sua visão de mundo. Mas havia, também, um contingente significativo que viu fortalecido o seu vínculo com o lulismo por meio do Prouni, desde que carregasse antes os germes de consciência que lhe permitiam avaliar o contexto em que o programa se inseria.

Henrique Costa conseguiu flagrar, assim, conexões que apenas o mergulho qualitativo poderia fornecer. Este livro ficará como peça relevante do painel necessário para compreender os alcances e limites da experiência representada pelo primeiro governo do campo da esquerda eleito no Brasil. Referência necessária para os interessados em reconstruir essa importante passagem da história nacional.

São Paulo, verão de 2017

Introdução

A escolha do caso e os desafios do trabalho de campo. Perfil ocupacional dos entrevistados

No entanto, tomada em conjunto, essa tese do fim da ideologia é extremamente implausível. Se fosse verdadeira, seria difícil saber por que tantos indivíduos, nessas sociedades, continuam a afluir às igrejas, a discutir política nos bares, a preocupar-se com o que seus filhos aprendem na escola e a perder o sono por causa da deterioração constante dos serviços sociais.

Terry Eagleton

Na noite de 27 de setembro de 2012, o clima da eleição municipal que ocorreria dez dias depois irradiava otimismo em um anfiteatro universitário na Zona Oeste de São Paulo. Na ocasião, o então candidato a prefeito pelo Partido dos Trabalhadores, o ex-ministro da Educação, Fernando Haddad, era recepcionado no campus Memorial da Universidade Nove de Julho (Uninove), em evento de campanha organizado pela União Nacional dos Estudantes (UNE), União Brasileira de Estudantes Secundaristas (Ubes), parlamentares e organizações de juventude ligados ao PT e ao PCdoB, todos alinhados ao governo da presidente Dilma Rousseff. Cerca de 350 pessoas, beneficiárias do Programa Universidade para Todos (Prouni) – criado por Haddad em sua passagem pelo governo federal –, muitas acompanhadas por parentes, esperavam o candidato. Mas ele não era a figura mais aguardada da noite. Enquanto expunha seus planos para a área de educação municipal, o burburinho, sobretudo entre os pais, era inequívoco: "Eu quero ver o Lula!". Sem muita paciência, o público aguardou pelo ex-presidente, anunciado exaustivamente nos dias que antecederam o evento. Ovacionado pelo auditório quase lotado, um abatido Luiz Inácio Lula da Silva, ainda se recuperando de um câncer na laringe, manifestou que graças a Haddad, "o filho de pedreiro vai poder virar doutor".

O episódio mostra bem o tom do momento inaugurado pelos governos de Lula e ampliado por sua sucessora, Dilma Rousseff, e da pesquisa que deu origem ao livro. Com o Prouni, os governos do PT olharam com especial atenção a educação, facilitando o acesso ao ensino superior privado e dando oportunidade para que milhares de jovens pudessem melhorar sua qualificação profissional e competir em um mercado de trabalho em expansão. Associado a um conjunto de iniciativas das gestões petistas, entre políticas públicas e medidas econômicas de estímulo ao consumo, o lulismo se consolidou como hegemonia política.

Não sem contradições, contudo. Sem melhora significativa na educação básica, os jovens chegam à universidade com um déficit grave de saberes, o que retarda ou mesmo impede o seu avanço. Observou-se no mercado de trabalho o desemprego cair a níveis históricos,[1] embora os baixos salários oferecessem poucas chances

1 Segundo a Pesquisa Mensal de Empregos do Instituto Brasileiro de Geografia e Estatística (IBGE), a taxa de desemprego em 2013 era de 5,4%, o que é considerado "pleno emprego". A PME era realizada nas regiões

de constituição de uma carreira. O modo de regulação, que David Harvey descreve como "o conjunto total de relações e arranjos que contribuem para a estabilização do crescimento do produto e da distribuição agregada de renda e de consumo num período histórico e num lugar particulares",[2] ultrapassara há cerca de três décadas a fronteira do novo capitalismo, distinto pela reestruturação produtiva que ressignificou o papel do trabalhador. A acumulação flexível, nova regra nas relações de trabalho contemporâneas, impactara sensivelmente a maneira como os jovens se comportam diante do mercado, de suas opções profissionais e de suas perspectivas futuras.[3]

Tendo como referência temporal a formação do ideário e das escolhas eleitorais em 2014, minha atenção nesse trabalho se voltou para um setor reconhecido como uma "nova classe trabalhadora", principal favorecida pelo aumento da formalização do trabalho, pela valorização do salário mínimo, pela expansão do crédito e por

---

metropolitanas de Recife, Salvador, Belo Horizonte, Rio de Janeiro, São Paulo e Porto Alegre, e deixou de ser aplicada em março de 2016, sendo substituída pelos indicadores da Pesquisa Nacional por Amostra de Domicílios Contínua (PNAD Contínua), que abrange todo o conjunto do país e cuja taxa de desemprego assinalava 6,2% no 4º trimestre de 2013, menor patamar da série da pesquisa.

2 David Harvey. *A condição pós-moderna*. São Paulo: Edições Loyola, 2008, p. 118.

3 Harvey indaga sobre a forma e a intensidade com que as normas, os hábitos e as atitudes culturais e políticas se modificaram a partir de 1970 integradas à transição do fordismo para a acumulação flexível. Para o geógrafo, "o movimento mais flexível do capital acentua o novo, o fugidio, o efêmero, o fugaz e o contingente da vida moderna, em vez dos valores mais sólidos implantados na vigência do fordismo. Na medida em que a ação coletiva se tornou, em consequência disso, mais difícil – tendo essa dificuldade constituído, com efeito, a meta central do impulso de incremento do controle do trabalho –, o individualismo exacerbado se encaixa no quadro geral como condição necessária, embora não suficiente, da transição do fordismo para a acumulação flexível". *Ibidem*. p.161.

alguns dos principais programas sociais que marcaram a era lulista. Procurei identificar como pensa esse setor da sociedade, atingido pela alta rotatividade do mercado de trabalho e com perspectivas limitadas nas suas possibilidades escolares, a partir de um estudo de caso específico: o que significa o acesso ao ensino superior para eles? A possibilidade de "virar doutor" e alcançar a classe média? Ou apenas uma fuga da vida operária, supostamente mais precária, em direção a frustrações futuras? Nas escolhas dos jovens da periferia paulistana, o significado do diploma universitário ainda é pouco claro, mas a necessidade dele para a manutenção de condições competitivas é o que os move. Quais as consequências políticas de adentrar o ensino superior por uma política pública federal? Como isso impactará suas visões de mundo? E suas escolhas eleitorais?

O Prouni é uma iniciativa emblemática na construção da hegemonia lulista. Sua importância vai além, como pretendo expor no primeiro capítulo, da inclusão de cerca de 1,4 milhão de estudantes no ensino universitário em uma década a partir da sua criação, em 2005. Representou um marco para o modo de regulação pós-fordista vigente, para a retomada da expansão do ensino superior privado estagnado através do oferecimento de bolsas de estudo em troca de isenções fiscais e, do ponto de vista político, para a consolidação do projeto lulista, entendido como a adesão de milhões de pessoas especialmente beneficiadas por suas políticas[4] à

4 Segundo Marcelo Côrtes Neri. A *nova classe média*. Rio de Janeiro: FGV/IBRE, CPS, 2008, em 2002 o grupo que ele denomina de "classe C" atingia 44,19% da população, um crescimento de 17,03% em seis anos. Entre os programas sociais, destaco o Bolsa Família, que até 2014 atendia mais de 13,8 milhões de famílias com benefício médio de R$ 152,00; no conjunto, o programa atende a cerca de 50 milhões de brasileiros. Discuto esses valores e definições no capítulo 1.

base social de apoio aos governos do PT, dentro da análise proposta por André Singer.[5]

No Capítulo 2, inserido nesse contexto e determinando-se mutuamente, analiso dois grupos de estudantes bolsistas do Prouni, acomodados em dois estratos sociais[6] escolhidos para representar simbolicamente duas posturas ideológicas consequentes com suas localizações de classe e seus interesses materiais particulares. São dois segmentos presentes na mesma universidade privada, beneficiários da mesma política pública e moradores, na quase totalidade, de bairros periféricos da cidade de São Paulo. A complexidade da formação das classes e o lugar que ocupam (ou pretendem ocupar) no mercado de trabalho, além da questão geracional, fazem com que as coincidências se limitem àqueles três fatores.[7] Assim, minha

---

5 André Singer. "Raízes sociais e ideológicas do lulismo". *Novos Estudos*, São Paulo, nº 85, nov. 2009.

6 Para Erik Olin Wright *et al.*. *The debate on classes*. London: Verso, 1989, p. 333, as "rendas por certificado" constituem um tipo específico de "privilégio" no mercado de trabalho, podendo ser consideradas a base para distinções entre estratos [*strata*] dentro da classe trabalhadora. Segundo Wright, este poderia ser um modo apropriado de definir "estrato" dentro de uma teoria de classe relacional: "os estratos são diferenciados pela variação de *graus* de exploração dentro de uma localização comum nas relações sociais de produção. Os estratos dentro da burguesia, consequentemente, dependem da quantidade de mais-valia da qual se apropriam; estrato na classe trabalhadora, pela quantidade de renda discriminada que eles recebem através de vários tipos de rendas por certificado" (tradução minha).

7 A média de idade dos entrevistados é de 22,3 anos para os tecnólogos e de 28,8 para as pedagogas. A questão geracional aqui é matizada por conta da diferença não tão grande entre as médias de idade. Contudo, assim como Michel Pialoux e Stéphane Beaud, "Permanentes e temporários". In: Pierre Bourdieu (org.) *Miséria do mundo*. Petrópolis: Vozes, 2012, ao estudar as gerações de operários na França no final da década de 1980, noto que "embora tenham apenas 32-35 anos, são em certa medida demasiado velhos 'em suas próprias cabeças'; velhos em razão dos esquemas que interiorizaram e dos quais têm muita dificuldade em se desfazer, para não se sentirem excluídos da 'modernidade'".

hipótese foi construída a partir da identificação das diferenças entre os grupos relacionadas às questões de classe, ocupação e lugar em que se encontram no tecido social, e na formação ideológica resultante desses lugares específicos. Me propus a avaliar o quanto estas variáveis influenciariam a opinião desses grupos de entrevistados sobre os limites do lulismo, e como eles se combinam ou se afastam para uma parte dos moradores da periferia paulistana, constantemente assediada pelo conservadorismo popular, de um lado, e pela ideologia do empreendedorismo e da empregabilidade, de outro.[8]

Selecionei, com base nos critérios listados, 14 estudantes favorecidos pelo programa nas unidades Barra Funda, Vergueiro e Santo Amaro da Universidade A,[9] com os quais realizei, entre 2013 e 2014, ao menos duas longas entrevistas sobre modos de vida, opiniões e expectativas a respeito de educação e trabalho, visões de mundo e da política em particular, além de visitar mais de duas dezenas de vezes os campi, onde estive por extensos períodos em meio

8 Entendo aqui ideologia no sentido que lhe atribui Terry Eagleton, *Ideologia: uma introdução*. São Paulo: Boitempo, 1997, p. 194: "(...) é antes uma questão de 'discurso' que de 'linguagem' – mais uma questão de certos efeitos discursivos concretos que de significação como tal. Representa os pontos em que o poder tem impacto sobre certas enunciações e inscreve-se tacitamente dentro delas. Mas não deve, portanto, ser igualada a nenhuma forma de partidarismo discursivo, discurso "interessado" ou viés retórico; antes, o conceito de ideologia tem como objetivo revelar algo da relação entre uma enunciação e suas condições materiais de possibilidade, quando essas condições de possibilidade são vistas à luz de certas lutas de poder centrais para a reprodução (ou, para algumas teorias, a contestação) de toda uma forma da vida social. Para alguns teóricos da noção, a ideologia é um modo de discurso social técnico, secular, racionalista, que rejeitou todos os esforços religiosos ou metafísicos de legitimar uma ordem social, mas esse parecer subestima suas dimensões arcaicas, afetivas e tradicionalistas, que podem entrar em contradição significante com seu ímpeto mais 'modernizador'".

9 O nome da universidade será resguardado, tendo em vista evitar quaisquer problemas legais.

aos alunos da instituição. A última fase das entrevistas coincidiu, propositadamente, com o período da campanha presidencial de 2014. Cida (23), Joana (36), Regina (40), Vitória (18), Márcia (34) e Graziela (22) eram estudantes do curso de Pedagogia do campus da Zona Sul da cidade, três do período noturno e três do período diurno, e moradoras de bairros da periferia da mesma região da capital paulista. Os estudantes de tecnologia Ricardo (28), Fernanda (24), Anderson (19), Jéssica (24) e Lúcia (22), do campus da Zona Oeste, e Luís Otávio (21), Rodolfo (22) e Juliana (19), do segundo campus Vergueiro, eram moradores da Zona Leste paulistana, com exceção dos dois últimos, também da Zona Sul.[10]

Todas as bolsistas de Pedagogia que acompanhei ao longo desses dois anos viviam na periferia paulistana. Enfrentavam, portanto, uma série de dificuldades culturais e econômicas se comparadas à infraestrutura urbana dos bairros do centro expandido da capital. A distância entre a realidade da classe média e a das bolsistas apareceu com frequência nos primeiros depoimentos que colhi junto a elas. Algumas dessas mulheres, justamente por serem mais velhas (sobretudo as do período noturno), trabalharem desde cedo como empregadas domésticas ou balconistas e terem que cuidar sozinhas dos filhos, ressentiam-se com frequência da desigualdade social. Seus discursos, que ganham tom de desabafo, vão contra o que veem como injustiças. Acreditam que a política está corrompida e por isso se retraem para posições defensivas.

O comportamento delas é um marco e um sintoma do abandono do "projeto do trabalhador", que deu forma ao primeiro PT. Ele foi constituído e sustentado pelos moradores dos bairros periféricos, especialmente de São Paulo, durante as décadas de 1970 e 1980, e consistia na ascensão social via participação em movimen-

10 Os nomes dos entrevistados foram substituídos por nomes fictícios para preservar a identidade dos mesmos.

tos sociais, autoconstrução da moradia e trabalho fabril. A adesão ao projeto do trabalhador pelas classes populares foi possível por conta de uma conjuntura política e econômica específica que combinava a abertura do Regime Militar com uma razoável disponibilidade de emprego na indústria. A política seria o caminho natural para a efetivação de uma sociedade salarial no Brasil, inspirada na social-democracia europeia.[11]

Entender que os ricos levam vantagem na competição desigual que existe nas grandes metrópoles do Brasil não leva ao engajamento quando não se confia nos representantes eleitos, nem tampouco é possível sair às ruas para protestar tendo tanto a perder. De um ano para o outro, entretanto, a campanha eleitoral ativou aspectos esquecidos e colocou em evidência os programas sociais que se tornaram marca da era Lula. Mesmo em um contexto de adversidade para o PT, as eleições de 2014 demonstraram que o projeto do trabalhador ainda dava seus últimos suspiros em um estrato da periferia paulistana, cedendo lentamente espaço ao lulismo.

Em comparação, os estudantes de tecnologia apresentavam condições de vida melhores. Eram mais jovens, se situavam entre a classe trabalhadora e a classe média-baixa, e a maioria morava com os pais. São futuros trabalhadores do setor de serviços em empresas de tecnologia, *call centers*, comércio, marketing eletrônico e segurança da informação, que reúno aqui sob a definição de cibertariado. Em geral, esses estudantes haviam saído há pouco do ensino médio e faziam parte de um setor dinâmico da economia, que contrata e demite em um ritmo intenso.

Entre outras abordagens que caracterizam os trabalhadores de escritório, a que mais se encaixa aqui parte da análise de suas ocupações. Citando estudos empíricos produzidos no Canadá, Ursula

11 Gabriel de Santis Feltran. "Vinte anos depois: a construção democrática brasileira vista da periferia de São Paulo". *Lua Nova*, São Paulo, nº 72, 2007.

Huws demonstra que a categoria na qual se deu o maior crescimento associado com a computadorização não foi a dos chamados "trabalhadores do conhecimento", mas sim nos "trabalhadores dos dados", aqueles que manipulam as ferramentas desenvolvidas pelos trabalhadores do conhecimento. Huws observa que categorias como 'webdesigner' e 'operador de call center', ou outra categoria ocupacional recentemente introduzida no mercado de trabalho, podem não fazer parte das estatísticas oficiais, embora figurem em anúncios de empregos e sejam certamente operacionais nesse mercado.

> Nem todos os novos trabalhos deslocalizados envolvem habilidades técnicas em software. Em muitos países desenvolvidos, houve também um grande crescimento no trabalho de escritório de baixa especialização, tal como entrada de dados e digitação, e também no trabalho de call center. Aqui os ganhos podem muito bem ser comparados – desfavoravelmente – com os trabalhadores produtivos bem organizados.[12]

Para além dos aspectos formais, nota-se nas entrevistas desses jovens que a sua especificidade está na sua relação com o tempo. Junto das novas tecnologias e da era da informação, vem outra dimensão de mudança: a implosão das distinções entre tempo do trabalho e tempo do não-trabalho, ou a elevação exponencial do trabalho abstrato. É o que Richard Sennett chamou de "corrosão do caráter" pelo aprofundamento do trabalho flexível, pelo fim das expectativas e dos projetos de longo prazo. Uma transformação na estrutura institucional acompanha o trabalho de curto prazo, por

12 Ursula Huws. "A construção de um cibertariado? Trabalho virtual num mundo real". In: Ricardo Antunes e Ruy Braga (orgs.). *Infoproletários: degradação real do trabalho virtual.* São Paulo: Boitempo, 2009, p. 56.

contrato e temporário, em que as empresas eliminam camadas de burocracia e de estabilidade, tornando-se mais planas e flexíveis. Sennett pergunta como podem esses trabalhadores evitar que as relações familiares "sucumbam aos comportamentos a curto prazo, ao espírito de reunião, e acima de tudo, à fraqueza da lealdade e do compromisso mútuo que assinalam o moderno local de trabalho?"[13]

Os prounistas que pesquisei são um exemplo desse comportamento nas mais variadas esferas. Especialmente vulneráveis ao capitalismo em voga, esses jovens entendem o ensino superior como fuga da condição operária e se veem como "empresas de si" que necessitam acumular certificações a curtíssimo prazo.[14] Em uma típica perspectiva weberiana, não estariam esses jovens simplesmente fazendo escolhas racionais diante das possibilidades escassas que lhe são dadas e que são comuns diante da situação de classe que, não por acaso, é a realidade dos trabalhadores ao longo da história?

---

13 Richard Sennett. *A corrosão do caráter: consequências pessoais do trabalho no novo capitalismo*. Rio de Janeiro: Record, 2012.

14 A referência é ao trabalho de Christian Laval e Pierre Dardot, *La nueva razón del mundo*: ensayo sobre la sociedad neoliberal. Barcelona: Gedisa, 2013, p. 338, que veem o neoliberalismo além de um conjunto de medidas econômicas, descrevendo-o como uma tecnologia de gestão e uma construção política que induz a população a ações espontâneas de autogestão: "o indivíduo competente e competitivo é o que busca o modo de maximizar seu capital humano em todos os domínios, que não trata unicamente de projetar-se no futuro e calcular seus ganhos e seus custos, como o antigo homem econômico, mas sim que persegue, sobretudo, trabalhar sobre si mesmo com o fim de transformar-se permanentemente, de melhorar, de se tornar cada vez mais eficaz. O que distingue este sujeito é o próprio processo de melhora de si a que se vê conduzido, que o leva a se qualificar sem cessar seus resultados e rendimentos. Os novos paradigmas, que englobam o mercado de trabalho, o de educação e de formação, 'formação por toda vida' (*longlife training*) e 'empregabilidade', são suas modalidades estratégicas mais significativas" (tradução minha).

Contudo, em que medida lhes afeta o próprio caráter a sucessão frenética de escolhas, a impossibilidade do longo prazo?

É diante dessas experiências de "deriva no tempo"[15] que nos colocamos na renovação da questão social brasileira, em seus padrões de acumulação pós-fordista e periférico. Se a sociedade salarial aqui não se consumou, é possível que tenhamos passado diretamente da precariedade da maioria da classe trabalhadora que não foi integrada pela industrialização pós-1930 para um setor que será atendido, sobretudo, pelas políticas sociais do lulismo. É por meio do Prouni que pretendo verificar essa relação, que para Robert Castel representaria a mudança das políticas de integração para as de *inserção*:

> As políticas de inserção obedecem a uma lógica de *discriminação positiva*: definem com precisão a clientela e as zonas singulares do espaço social e desenvolvem estratégias específicas para elas. Porém, se certos grupos, ou certas regiões, são objeto de um suplemento de atenção e de cuidados, é porque se constata que têm menos e são menos, é porque estão em situação deficitária. De fato, sofrem de um *déficit de integração*, como os habitantes dos bairros deserdados, os alunos que fracassaram na escola, as famílias mal socializadas, os jovens mal empregados ou não empregáveis, os que estão desempregados há muito tempo... As políticas de inserção podem ser compreendidas como um conjunto de empreendimentos de reequilíbrio para recuperar a distância em relação a completa integração (um quadro de vida decente, uma escolaridade "normal", um emprego estável etc.).[16]

15 Sennett. *Op. cit.*

16 Robert Castel. *As metamorfoses da questão social: uma crônica do salário.*

O próprio Castel nos alerta que, na conjuntura marcada pela reestruturação produtiva e suas consequências para o regime de acumulação, essas populações podem ser, simplesmente, "inintegráveis". Reestruturação produtiva que, ao reduzir os quadros no interior do emprego industrial, não é, para Francisco de Oliveira, "outra coisa senão a reiteração dos processos de concentração de capital, vale dizer, a forma técnica em que se dá o aumento do capital por trabalhador ou, em outro registro, o aumento da produtividade do trabalho".[17] A hipótese que buscarei trabalhar a na sequência é a de que, no curso de Pedagogia, alunas que representam uma categoria herdeira de uma classe de trabalhadoras recém-saída da ditadura para a construção democrática, são um rescaldo desta formação ideológica que deu origem ao petismo e aos sonhos de integração. Em alguns dos depoimentos, essa relação fica explícita. Mas, em um Brasil que passou pela tormenta do neoliberalismo, essa percepção ganha contornos de resistência ou resignação, e no contexto da periferia, estão sujeitas à fala do crime e a ideologias conservadoras. Assim, por terem uma diluída visão de mundo pretérita de participação cidadã e resquícios de aceitação da política enquanto meio de transformação nas franjas do contexto de formação do Partido dos Trabalhadores (por exemplo, em movimentos de moradia), a referência na política como canal de reivindicação e identificação de classe ainda aparece, mesmo que estremecida.

Na outra ponta, surge o estrato que se afasta do petismo, em um processo semelhante ao ocorrido com os jovens da classe operária francesa e à recente conversão de parte do proletariado ao nacionalismo de direita verificado pelos sociólogos Stéphane Be-

---

Petrópolis: Vozes, 2015, p. 538.

17 Francisco de Oliveira. "Passagem na neblina". In: *Classes sociais em mudança e a luta pelo socialismo*. São Paulo: Editora da Fundação Perseu Abramo, 2000.

aud e Michel Pialoux.[18] Os estudantes dos cursos de tecnologia se mostram como resultado de um processo de "desoperariação" – a perda da identidade operária através da decadência do padrão fordista de acumulação e da educação enquanto "fuga para a frente" – e demonstram uma aceitação maior a políticas como o Prouni, com nenhuma expectativa de universalização do ensino público. Apresentam uma visão mais focada no mérito individual, um descompromisso com as soluções coletivas e uma postura cínica e de negação da política, ao menos em seus parâmetros normativos.

Este livro procura mostrar que os dois grupos vivem, entendem e se expressam politicamente de maneira diferenciada a partir de suas experiências. Enquanto o petismo, representado pelas estudantes de Pedagogia, aparece na própria opção de vida pelo magistério e dando lugar ao lulismo, os tecnólogos, fatia mais jovem, com condições de vida relativamente melhores, mas sofrendo com mais ênfase as consequências do trabalho flexível, têm uma visão pragmática e, por vezes, *blasé* da política. Eles fazem parte das classes trabalhadora e média-baixa, mas miram a classe média. São os "filhos de pedreiro" que almejam ser "doutores". O Prouni e a questão material estão lá, latentes e jogando-os em direção ao lulismo. Por outro lado, surgem alternativas como a "nova política" e a sensação de que o socialismo é uma roupa que não lhes serve mais.

A implicação deste conjunto de fatores, acredito, é que não apenas esses jovens tecnólogos parecem se sentir à vontade em sua busca pela classe média, como assimilam posições políticas influenciadas tanto pela direita quanto pela esquerda, em ambos os casos distantes da luta de classes enquanto bandeira política. Para testar essa hipótese, analisei em que medida essas experiências se expressaram nas urnas, passando pelas manifestações de junho de 2013 e

18 Stéphane Beaud e Michel Pialoux. *Retorno à condição operária: investigação em fábricas da Peugeot na França*. São Paulo: Boitempo, 2009.

pelos destinos de Dilma Rousseff e do PT na maior cidade do país, assim como a reação das estudantes de Pedagogia às vésperas do processo eleitoral.

Investiguei o comportamento de uma parcela de bolsistas do Prouni em suas condições específicas, que preenchessem também as características dessa classe que emergia, para demonstrar o grau de vinculação que eram capazes de criar entre uma política pública que visa proporcionar condições de mobilidade social e seu comportamento político-eleitoral. Se o estudante tem consciência dessa relação, e de como se manifesta politicamente a partir dela, ou se prefere se apegar à crença no empreendorismo e na empregabilidade, são as principais indagações que me levaram a este estudo de caso. Ou seja, se os jovens desses setores que ascenderam economicamente também não seriam, na prática, dependentes de alguém que atendesse às suas aspirações "pelo alto" em relação à base do lulismo, ou se adequar-se-iam à ideologia predominante entre as classes que já frequentavam historicamente a universidade, segundo as quais a mobilidade pelo mérito é parte inerente de sua constituição ontológica.

*

Com significativas modificações que fiz entre 2016 e 2017, este livro tem como base a dissertação que apresentei ao Programa de Pós-Graduação em Ciência Política da Faculdade de Filosofia, Letras e Ciências Humanas da Universidade de São Paulo em outubro de 2015, sob orientação do professor André Singer, a quem agradeço imensamente pela oportunidade e pela confiança. Desde nosso primeiro contato há alguns anos, ainda com outro projeto em mente, até a transição para os estudos acerca do lulismo, tive o privilégio de estar presente neste que é um dos debates urgentes da política brasileira. Com as dificuldades que o desenvolvimento intelectual pressupõe, tive em André um interlocutor criterioso, justo e atencioso, postura que terei sempre como horizonte.

Ao professor Ruy Gomes Braga Neto e à professora Marília Pontes Sposito, pelas observações cuidadosas e sugestões precisas não apenas por ocasião do meu exame de qualificação, mas nas valiosas oportunidades que tivemos de discutir minha pesquisa. O formato final deste livro é resultado dessas reflexões. À professora Cibele Rizek, que me contemplou com excelentes e generosos comentários por ocasião do Seminário Discente de 2014. Aos professores Gabriel Feltran e Paulo Arantes por leituras e sugestões ao texto.

Ao Departamento de Ciência Política da USP e ao competente e atencioso suporte dos funcionários da secretaria, Rai, Vasne, Márcia, Ana Maria e Léo.

A Fabiano Ferreira e Joel Abreu, a quem devo a ajuda com a seleção dos entrevistados e a generosa disponibilidade.

Aos colegas da Ciência Política da USP, que estiveram presentes durante a confecção da pesquisa: Camila Rocha, Vinícius Valle, Camila Góes, Leonardo Brito, Rafael Moreira, Danilo Fiore, Maria Letícia Diniz, Aiko Amaral, Juliana Bueno e Caio Barbosa.

Aos amigos e amigas que, de alguma forma, contribuíram para o desenvolvimento desta pesquisa ou para manter seu autor no caminho de seu bom cumprimento: João Brant, Maíra Kubík Mano, Tica Moreno, Betina Sarue, Táli Pires, Mariana Pires, Amanda Voivodic, Georges Kormikiaris e Carolina Evangelista.

Morando há uma década e meia em São Paulo, estive distante da minha família e nem sempre pude lhes dar a atenção que merecem. Pela paciência e pelo suporte de todas as ordens, agradeço a todos que, de Americana, torceram pelo sucesso deste trabalho.

A Daniela Avelar, companheira que no momento crítico da redação da dissertação, surgiu para iluminar os passos do autor, a realização desta obra e um futuro comum.

Finalmente, agradeço à Capes – Coordenação de Aperfeiçoamento de Pessoal de Nível Superior, pelo financiamento a esta pesquisa.

A escolha do caso e os desafios do trabalho de campo

Entrar nas dependências de uma universidade privada brasileira no século XXI, sem ser um de seus alunos ou funcionários, traz muitos desafios. Já havia frequentado, nos anos 1990, universidades privadas com alguma tradição no interior de São Paulo, como a PUC Campinas, a Universidade Metodista de Piracicaba e a Universidade Salesiana de Americana. Mais recentemente, durante a graduação na USP, também estive muitas vezes na PUC São Paulo. Naqueles primeiros casos, para realizar atividades escolares ou com pessoas próximas dos cursos de Direito e Letras; no segundo, para participar de atividades do movimento estudantil e de festas promovidas por centros acadêmicos. Guardadas as diferenças entre os dois períodos mencionados, o clima de convivência escolar e suas mediações acadêmicas pareciam dominar os ambientes.

Na incursão etnográfica para a dissertação que deu origem a este livro estive, em dois períodos distintos, em três unidades da Universidade A, na capital paulista: entre outubro de 2013 e julho de 2014, a convite de dois profissionais da instituição, um da área de Tecnologia e outro do curso de Pedagogia, retornando ao campo de pesquisa às vésperas das eleições de 2014, entre setembro e novembro do mesmo ano. Conversei longamente com os professores para me familiarizar com os ambientes e entender as diferenças entre os cursos e os diferentes públicos que integram as diferentes unidades em que trabalham – Barra Funda, Vergueiro e Santo Amaro. Presenciei também aulas do curso de Ciências da Computação, com a ajuda de um professor responsável por algumas disciplinas do curso, bem relacionado com a coordenação do mesmo, onde ocorreram alguns dos momentos mais importantes da pesquisa. A experiência em sala de aula, além de reveladora, mostrou-se especialmente interessante para a reflexão em relação à metodologia escolhida: nenhum dos alunos havia me visto na sala de aula anteriormente e, obviamente, chamei a atenção deles.

Com certo olhar deslocado, obviamente condicionado também por quase uma década, desde o primeiro contato, na Universidade de São Paulo, me propus a estudar uma realidade diferente daquela que havia conhecido durante a minha graduação. Depois de acompanhar por alguns anos a expansão do sistema privado, especificamente a partir das consequências da política educacional do governo Fernando Henrique Cardoso e do início do governo Luiz Inácio Lula da Silva, entendia que as condições daquela expansão não eram as mais adequadas, com a multiplicação espantosa de cursos, do ensino à distância, dos cursos sequenciais e de curta duração, todos de qualidade questionável. Enfim, de uma nova ênfase na "mercadoria" educação, agora assemelhada aos planos de saúde particulares e outras quimeras do desenvolvimento dependente. Realidade que não poupou a velha universidade pública, agora tomada por cursos de MBA e fundações privadas. Opiniões, evidentemente, moldadas pelo contexto em que estava inserido, o do movimento estudantil.

Mas havia – há – uma série de elementos a se considerar a despeito de uma visão normativa da educação superior. O aumento das vagas no setor certamente desafogou uma demanda reprimida que não teria chances de chegar às ainda pouco acessíveis universidades públicas. Muitos dos que conseguem atravessar a barreira do vestibular são obrigados a desistir do ensino superior por não ter como arcar com despesas de material didático, transporte etc., como atestam os dados sobre evasão escolar.[19] Com a situação estrutural do

19 Na Escola de Artes, Ciências e Humanidades (USP-Leste), a evasão chegou a 37% no ano de 2011, índice muito superior à média da universidade, que é de cerca de 20%. Paulo Saldaña, "Evasão de estudantes da USP Leste chega a 37%". *Agência Estado*, 12 mai. 2012.

ensino superior muito distante de qualquer solução de curto ou médio prazo, o Prouni surge em um momento de questionamento crescente às políticas educacionais de Lula entre a vanguarda do movimento estudantil. Independentemente disso, o programa coloca mais de 1 milhão de pessoas, sobretudo jovens, no ensino superior, e transforma-se numa das principais vitrines da gestão petista.

Adentrar esse universo era, portanto, uma faca de dois gumes. De um lado, uma convicção idealista sobre o que deveria ser uma universidade – e o que ela não deveria ser, consequentemente, uma vendedora de diplomas – e para qual perfil de instituição o governo deveria priorizar a destinação de seus recursos; de outro, a urgência de milhares de jovens ávidos pelo ensino superior e por melhores condições de disputa no mercado de trabalho. E pais desesperançados com o futuro dos filhos vendo, finalmente, uma luz no fim do túnel.

Foi uma dessas cenas que presenciei na primeira oportunidade que tive de visitar a Universidade A, em 2013. Escolhi a instituição diante de sua importância como uma das maiores universidades do país, mas ela ainda precisaria atender aos critérios que eu e o orientador da pesquisa discutíamos naquele momento, considerando a ascensão do lulismo entre a classe então provisoriamente tratada como "nova classe média" na cidade de São Paulo: jovens da periferia, novos alunos das universidades privadas que poderiam se encaixar em um dos 95% de empregos criados na era Lula, ou seja, com rendimento mensal de até 1,5 salário mínimo.[20] Com uma infinidade de possibilidades, notei que um dos principais atributos desse novo modo de regulação era o investimento pesado por parte do governo em políticas públicas, cujo carro chefe é, até hoje, o programa Bolsa Família. O Prouni surgia, então, como um territó-

---

20 Marcio Pochmann. *Nova classe média? O trabalho na base da pirâmide social brasileira*. São Paulo: Boitempo, 2012.

rio ainda pouco explorado, especialmente pelas ciências sociais,[21] e poderia representar um rico universo em que o perfil de jovens que destaquei estaria inserido. Além disso, poderia selecionar uma categoria atingida por uma das políticas mais emblemáticas do lulismo, o Prouni. A Universidade A, portanto, emergia como um microcosmo do lulismo a pleno vapor, com a história sendo construída diante de nossos olhos: uma massa de adultos jovens, ou quase adultos, vislumbrando naquelas salas insípidas um lugar ao sol. Ou, melhor dizendo, um lugar no mercado de trabalho e na sociedade de consumo.

A facilidade de acesso à Universidade A também era uma vantagem, mas acabou perdendo relevância na medida em que decidi pela expansão da pesquisa para além do campus mais central, localizado na Zona Oeste de São Paulo. A importância deste elemento não pode ser menosprezada na avaliação que faço da pesquisa de campo. Apesar de os campi estarem posicionados em pontos estratégicos da cidade, próximos a estações de metrô ou terminais de ônibus, o deslocamento era menos simples do que eu poderia esperar e, certamente, sua complexidade era maior do que para a maioria dos trabalhadores paulistanos, que já enfrenta grandes dificuldades no transporte público cotidianamente e conhece seus "atalhos".

De todo modo, o fato de muitas vezes passar mais tempo no transporte do que propriamente fazendo a etnografia permitiu que eu tivesse uma pequena ideia da rotina dos meus interlocutores. Alguma dificuldade sempre existe: mesmo nos campi onde era possível chegar utilizando o metrô, o horário de entrada dos alunos – o mesmo da maioria dos trabalhadores da cidade – expõe a insuficiência das linhas e as condições inadequadas expostas pela satura-

21 Destaco, nesse sentido, a pesquisa "Políticas de inclusão e transição no mercado de trabalho: o caso do Prouni", coordenada pela professora Márcia Lima, no Centro Brasileiro de Análise e Planejamento (Cebrap).

ção do sistema. Estações absolutamente lotadas, sendo necessário esperar três ou mais trens para conseguir chegar à porta do vagão e entrar. O trajeto sufocante contrastava com os rostos conformados, como se outra realidade não fosse possível. Na saída, confusão e atropelo, e a massa de alunos praticamente carrega o pesquisador para dentro do campus.

Quando apenas o ônibus é opção, muitas vezes não há o mesmo tumulto, mas a viagem pode ser demorada e cansativa. No trajeto do centro para o bairro de Santo Amaro, na Zona Sul, o relógio gira contra a hora marcada. Uma hora e meia depois, com algum atraso, chega-se ao campus e um novo desafio aparece: o sinal do telefone celular, indispensável para que o contato com o professor que mediou as conversas aconteça. Como a sala dos professores fica no subsolo do prédio, imagina-se que a oportunidade e o tempo tenham sido perdidos. Com muita insistência, estabelece-se o contato e, então, as entrevistas acontecem. Diferentemente da Barra Funda, onde uma diversidade de bares, lanchonetes e ambulantes resolvem a fome imediata, os bares nos arredores do Largo Treze são para seus frequentadores usuais, e não para os alunos, que dificilmente são vistos no comércio local. Na volta para casa, a mesma viagem e o caminho até a porta de casa adentra a primeira hora da madrugada.

No caso dos campi mais centrais, o contato foi feito diretamente com os alunos, a partir de uma tabela filtrada pelo professor, que mapeou os prounistas tecnólogos para quem ministrava disciplinas. Marcar um horário com muita antecedência era sempre perigoso, pois a probabilidade de que o entrevistado não guardasse o compromisso era muito grande. O resultado é que não foram poucas as vezes em que, tendo confirmado a entrevista, próximo ao horário marcado o aluno a havia esquecido, ou não tinha conseguido sair do trabalho a tempo, ou simplesmente ignorava ligações e mensagens de texto. Quando a entrevista acontecia, por outro lado, outros problemas surgiam, pois nem sempre eu tinha autorização para entrar na universidade. Ou seja, várias entrevistas aconteceram em cafés, restaurantes e bares nos arredores, ou mesmo nas escadarias da faculdade ou nos bancos dispostos nos guichês de atendimento, próximos à entrada. Basicamente, a única exigência era com um mínimo de silêncio para que o barulho não afetasse a gravação, mas mesmo isso não era garantido em algumas ocasiões.

Esta é uma diferença fundamental notada por um frequentador de universidade pública quando precisa desenvolver uma pesquisa em um congênere privado. A liberdade experimentada dentro de um campus como o da Cidade Universitária Armando de Salles Oliveira da USP, com seu amplo acesso[22] a alunos, docentes, funcionários e visitantes, é inteiramente inexistente na Universidade A. Com catracas e seguranças espalhados por toda a entrada, o ingresso nas suas dependências só é possível para quem tem a carteira de identificação da instituição. Ou, no meu caso, com autorização prévia, concedida duas vezes no campus Barra Funda e uma vez no campus Vergueiro. Nas cerca de duas dezenas de vezes que estive nas unidades sem autorização, as entrevistas tinham que ser improvisadas nos guichês. Além disso, é importante mencionar as barreiras subjetivas colocadas pelos estudantes quando em contato com o entrevistador. A roupa, a mochila, os livros, o gravador, o jeito de falar: tudo contribuía para certo afastamento, sobretudo no caso dos tecnólogos, mais jovens e desconfiados. Como diria Bourdieu,[23] *o mercado dos bens linguísticos e simbólicos* intensifica a dissimetria social entre o pesquisador e o pesquisado. Assim, procurei ao máximo reduzir a violência simbólica. Com o decorrer

22 Me refiro, claro, aos espaços comuns do campus, onde a entrada, pelo menos ainda, é liberada. Em vários institutos, contudo, já há a implantação de catracas e a lógica privatista tem seus defensores.

23 Pierre Bourdieu *et al.* *A miséria do mundo*. São Paulo: Vozes, 2012.

das entrevistas, alguns soltavam-se um pouco mais, mas as falas lacônicas ainda eram frequentes. Não parecia haver saída: a opção pela máxima discrição era às vezes interpretada como falsidade aos olhares alheios, como se isso não fosse "natural" para um estudante da USP. Seguindo os passos de Bourdieu, não tentei anular as diferenças, mas, sim, minimizar a violência simbólica delas resultante.

> Ainda que a relação de pesquisa se distinga da maioria das trocas da existência comum, já que tem por fim o mero conhecimento, ela continua, apesar de tudo, uma *relação social* que exerce efeitos (variáveis segundo os diferentes parâmetros que a podem afetar) sobre os resultados obtidos. Sem dúvida a interrogação científica exclui por definição a intenção de exercer qualquer forma de violência simbólica capaz de afetar as respostas; acontece, entretanto, que nesses assuntos não se pode confiar somente na boa vontade, porque todo tipo de distorções estão inscritas na própria estrutura da relação de pesquisa. Estas distorções devem ser reconhecidas e dominadas; e isso na própria realização de uma prática que pode ser refletida e metódica, sem ser a aplicação de um método ou a colocação em prática de uma reflexão teórica.[24]

Cerca de um ano depois, retomei a empreitada de reencontrá-los, agora com a campanha eleitoral na rua e nos meios de comunicação. Queria saber se estavam acompanhando os debates eleitorais, se haviam decidido seus candidatos. Com um pouco menos de receio, a maioria não se incomodou em conversar novamente. Entre as estudantes de Pedagogia, a receptividade era ainda melhor,

24 *Ibidem*. p. 694, grifo do autor.

com muita naturalidade. Percebemos nestas conversas certa cumplicidade adquirida e, também, uma necessidade que elas tinham de expor suas opiniões, o que parece não ser tão fácil no dia a dia. Com mais dificuldade, os tecnólogos me atenderam e, em alguns casos, com respostas negativas a novas entrevistas. Invariavelmente, atribuíam ao trabalho seguido ao curso a dificuldade em atender aos meus pedidos. Com alguma insistência, consegui atingir o objetivo de entrevistá-los novamente.

Demoraria algum tempo para que eu conseguisse entender o comportamento tão pouco amistoso do segundo grupo, mas Richard Sennett me daria uma pista: enquanto a ênfase no trabalho de equipe e nas longas discussões são tão valorizadas pelos manuais de administração para um ambiente de trabalho flexível, é no campo íntimo que a ausência de autoridade é sentida e demostrada como destrutiva e, portanto, faria sentido que esses trabalhadores flexíveis não queiram as longas conversas fora do trabalho. Como diria o sociólogo, "o distanciamento e a cooperatividade superficial são uma blindagem melhor para lidar com as atuais realidades que o comportamento baseado em valores de lealdade e serviço".[25]

A preocupação que existia no início da pesquisa de campo, de minha parte, era saber em que medida aquelas conversas poderiam influenciar no voto, em 2014. Algumas entrevistas, na segunda rodada, deram a impressão de que sim, havia alguma influência, o que me fez refletir sobre a etnografia e sua intervenção, sobretudo, política. Além disso, a segunda rodada, pela familiaridade adquirida, serviu justamente para garantir as condições para a "comunicação não violenta", qual seja, por sua permutabilidade com o entrevistado, o pesquisador fornece garantias contra a ameaça de ver suas razões subjetivas "reduzidas a determinismos objetivos"; e

25 Richard Sennett. *Op. cit.* p 25.

assegurar, neste caso, "um acordo imediato e continuamente confirmado sobre os pressupostos concernentes aos conteúdos e às formas da comunicação".[26]

O estudo de caso estendido e a abordagem etnográfica

A proposta que guiou o desenvolvimento desta pesquisa, como dito, era estudar um segmento majoritariamente jovem de trabalhadores recém-ingressos no ensino universitário favorecido pelo Programa Universidade para Todos (Prouni), dentro de um perfil caracterizado pela ascensão econômica promovida pelo lulismo. Mas, além disso, estudar o mundo concreto, cotidiano, desses estudantes demandava uma proximidade participante que apenas a etnografia parecia proporcionar. Convivendo e assimilando as contradições do contato e longe da frieza dos dados estatísticos, busquei acompanhar e discutir o fenômeno do lulismo, a partir do conceito formulado por Singer,[27] pelo aspecto mais cru da realidade vivida. Com o trabalho posto em prática, a complexidade das diversas dimensões que se entrecruzam nas vidas dos entrevistados, assim como a trazida pela observação, exigiram a reflexão constante e o aprofundamento do programa proposto.

De uma perspectiva convencional, o uso frequente de surveys costuma vir associado a uma certa visão normativa a respeito da democracia, dos indivíduos, e mesmo a respeito da "função" da ciência política. A pesquisa qualitativa leva em conta as escolhas e motivações dos atores sociais a partir de suas próprias perspectivas, o que permite aprofundar a observação de casos típicos, ainda que sejam poucos os entrevistados. Para Alessandra Aldé,[28] a exploração

---

26 Pierre Bourdieu. *Op. cit.* p. 697.

27 Singer. "Raízes sociais e ideológicas do lulismo". *Op. cit.*

28 Alessandra Aldé. *A construção da política: cidadão comum, mídia e atitude política.* Rio de Janeiro: Editora FGV, 2004.

em profundidade da perspectiva dos indivíduos é indispensável para uma exata apreensão e compreensão das condutas sociais, além de abrir a possibilidade de dar voz aos dilemas e questões enfrentadas pelos atores, possibilidade esta que costuma ser apropriada pelos próprios participantes da pesquisa, de modo que tanto o pesquisador quanto o pesquisado acabam obtendo ganhos em termos de compreensão da realidade social em que se encontram.

Gianpaolo Baiocchi e Brian T. Connor[29] observam a relativa novidade que a etnografia política representa para as ciências sociais e seu poder de oferecer *insights* especiais para o estudo da política. Para os autores, o olhar etnográfico pode se voltar para o estudo da política, definida como os eventos, instituições e atores que são normalmente consideradas "políticos" em pequena escala; o estudo dos encontros rotineiros entre as pessoas e aquelas instituições e atores, normalmente invisíveis em abordagens não-etnográficas; e no estudo de outros tipos de eventos, instituições e atores de alguma forma consequentes para a política (como a apatia ou a não-participação em movimentos sociais).

Este último caso se encaixa especialmente para a análise que farei neste livro, chamado de *experiência vivida da política* (*lived experience of the politics*). Apesar de não tratar da associação direta entre os entrevistados e as instituições e atores, ela toma uma definição mais ampla do que constitui o político, de maneira que observo o caso em busca de outras relações que interfiram na maneira com que veem a política, a despeito de sua definição normativa e muitas vezes contra ela, o que não faz dessas opiniões menos ricas e de extrema importância para pensar seus problemas. Segundo os autores:

29 Gianpaolo Baiocchi e Brian T. Connor, "The ethnos in the polis: political etnography as a mode of inquiry". *Sociology Compass*, 2/1, 2008.

> Os objetos de estudo incluem estudos sobre apatia no lugar do engajamento, ou conversas em locais normalmente pensados como apolíticos. Mas nestes casos, o etnógrafo faz a ligação analítica à cultura política, à nação, ou qualquer outro processo político relevante. Nesta última definição, não é que os atores políticos, como entendidos pela disciplina, podem ter limites difusos se examinados de perto, mas o cotidiano em si torna-se um local politicamente relevante, presentes ou não "atores políticos" reconhecíveis.[30]

O processo político relevante, no caso, é a condição de bolsista de um programa federal voltado para as classes média-baixa e trabalhadora no contexto da hegemonia lulista. No sentido de estruturar a reflexão, a pesquisa que desenvolvi teve por objetivo mapear ideologicamente dois grupos de estudantes bolsistas do Prouni de uma grande universidade privada de massas, localizá-los no vasto universo do precariado paulistano e, em uma dimensão política, na hegemonia lulista. A proposta metodológica que se mostrou adequada tanto à pesquisa de tipo qualitativo, à etnografia política e expandindo seus resultados para um contexto mais amplo, foi o estudo de caso estendido. A metodologia utilizada nesta pesquisa é tributária da proposta apresentada por Michael Burawoy[31] que, por sua vez, é a sistematização e reflexão do autor sobre sua própria trajetória intelectual e experiência no campo de pesquisa, aplicando a ele o que o sociólogo chama de *ciência reflexiva*.

30 *Ibidem*. p. 141, tradução minha.

31 Michael Burawoy. *The extended case method: Four countries, four decades, four great transformations and one theoretical tradition*. Berkeley: University of California Press, 2009.

A ciência reflexiva tem por princípio o diálogo, virtual ou real, entre observador e participantes, inserindo-o dentro de um segundo diálogo entre processo local e forças externas, que por seu turno podem ser compreendidas apenas através de uma terceira, expandindo o diálogo da teoria consigo mesma. A objetividade não é mensurada por procedimentos que assegurem um mapeamento acurado do mundo, diz o autor, mas pelo aumento do conhecimento, ou seja, pela reconstrução imaginativa que acomode as anomalias. Assim, o método do estudo de caso estendido aplica a ciência reflexiva à etnografia no sentido de extrair o geral do particular para mover do "micro" ao "macro" e para conectar o presente ao futuro. A ciência reflexiva parte do "estoque" de teoria acadêmica, por um lado, e do conhecimento popular existente, por outro, iniciando sua interação a partir de locações reais. Burawoy sistematiza assim sua proposta:

> Por etnografia eu quero dizer escrever sobre o mundo a partir do ponto de vista da observação participante; por ciência eu quero dizer explicações refutáveis e generalizáveis de fenômenos empíricos. Desenvolvendo meu argumento será necessário distinguir a) método de pesquisa (no caso, pesquisas com surveys ou o estudo de caso estendido), que é a implementação de b) técnicas de investigação empírica (no caso, entrevistas e observação participante) para melhor aproximação de c) um modelo científico (positivo ou reflexivo) em que repousa pressuposições e princípios para se produzir ciência. Na elaboração de diferentes dimensões do estudo de caso estendido, eu busco apresentá-lo como uma ciência, embora uma ciência reflexiva, para melhorar sua execução pelo reconhecimento de suas limita-

> ções e para extrair implicações mais amplas para a maneira com que estudamos o mundo.[32]

Refletindo sobre a supremacia e a rejeição da ciência positiva diante da legitimidade acadêmica, Burawoy imagina uma dualidade metodológica, a coexistência e a interdependência de dois modelos de ciência – positiva e reflexiva. Para ele, onde a ciência positiva propõe isolar o sujeito do objeto, a ciência reflexiva eleva o diálogo como seu princípio definidor e a intersubjetividade entre participante e observador como sua premissa. Os princípios desta ciência reflexiva podem ser derivados dos efeitos do contexto, os mesmos que posam como impedimentos para o positivismo, sedimentado sobre o princípio dos "4 Rs", ou as "quatro prescrições dogmáticas da ciência positiva": a *não-Reatividade* (evitar distorcer os mundos que estudam); a *Regularidade* (a necessidade de critérios para a seleção de dados, considerando que o mundo externo possui uma multiplicidade infinita); a *Replicabilidade*, (o código de seleção formulado de maneira não ambígua, permitindo que outro cientista social que busque estudar o mesmo fenômeno consiga produzir os mesmos resultados); e a *Representatividade* (que garante que o pedaço do mundo pesquisado é representativo do todo).

O primeiro contexto derivado é o da *intervenção*. Para a ciência reflexiva, intervenção é não apenas uma parte inevitável da pesquisa social, mas uma virtude a ser explorada. "Intervenções criam perturbações que não são barulhos a serem expurgados, mas música para ser apreciada, transmitindo os segredos escondidos do mundo dos participantes."

O segundo contexto diz respeito ao *processo*. Se a dimensão discursiva da interação social, o que podemos chamar de narrativa, pode ser alcançada através da entrevista, o não-discursivo, ou

32 *Ibidem*. p. 23, tradução minha.

seja, o "inexplicado, desconhecido, ou tacitamente conhecido", por vezes referido como consciência prática, pede uma reflexão mais apurada.

> O conhecimento da situação é um conhecimento localizado em um espaço e tempo específicos. Nem o espaço nem o tempo podem ser congelados, então o conhecimento situacional está em fluxo contínuo. Portanto, como outra ciência qualquer, a ciência reflexiva precisa realizar alguma redução. Neste caso, a redução é uma agregação – a agregação do conhecimento situacional no processo social. Assim como a pesquisa com survey agrega dados pontuais de um grande número de casos em uma distribuição estatística na qual inferências causais podem ser produzidas, a ciência reflexiva coleta múltiplas leituras de um caso único e a agrega no processo social.[33]

O terceiro contexto é o da *estruturação*. A ciência reflexiva insiste em estudar o mundo cotidiano do ponto de vista de sua estruturação, moldada e, simultaneamente, moldando um campo externo de forças. Este campo de forças pode ter características sistêmicas próprias, operando com seus próprios princípios de coordenação e contradição.

Finalmente, o quarto contexto diz respeito à *reconstrução*. O efeito do quarto contexto se relaciona com o segundo, ou seja, a prioridade da situação social sobre a individual. Em lugar de inferir generalizações diretamente dos dados, podemos nos mover de uma generalização a outra, ou seja, para uma generalização mais inclusiva. Começa-se com uma teoria favorita específica, mas

33 *Ibidem*. p. 41, tradução minha.

em busca não de confirmações, mas de refutações que inspirem a aprofundar a teoria.

> Diálogo é o princípio unificador da ciência reflexiva, em que é dialógico em cada uma de suas quatro dimensões. Ela pede pela intervenção do observador na vida do participante; demanda uma análise da interação dentro das situações sociais; descobre processos locais em uma relação de mútua determinação com forças sociais externas; e considera a teoria emergindo não apenas no diálogo entre participante e observador, mas também entre observadores agora vistos como participantes em uma comunidade científica. Teorias não fazem dos dados tabula rasa, mas são carregadas adiante através do debate intelectual. Elas então reentram o amplo mundo dos participantes, lá para serem adotadas, refutadas, e estendidas de maneiras esperadas ou inesperadas, circulando de volta à ciência.[34]

Na visão positiva, diz Burawoy, a observação participante é fundamental pela inspiração que traz através da proximidade, mas ao custo da distorção, vista de maneira necessária enquanto intervenção, causando distúrbios ao que parece estar em ordem e que a faz responder sob pressão. Por exemplo, quando um grupo entrevistado demonstra resistência e perturbação, ele revela muito sobre os valores e interesses de seus membros assim como sua capacidade de perceber o perigo. Para Baiocchi e Connor, de um modo geral, os etnógrafos políticos não reivindicam a representatividade de seus estudos, mas fazem afirmações teóricas mais amplas, expressando

---

34 *Ibidem*. p. 43, tradução minha.

"a apreciação pelos limites de seu caso enquanto enfatizam os conhecimentos adicionais adquiridos por este estudo de caso."[35]

Perfil ocupacional dos entrevistados

Os cursos superiores de tecnologia são voltados para o atendimento de demandas específicas do mercado de trabalho, dentro do contexto mais amplo do regime de acumulação. Apesar de serem considerados uma graduação universitária e abrirem a possibilidade para a continuidade dos estudos em nível de pós-graduação, eles se diferenciam dos cursos de bacharelado da mesma área por terem duração entre dois anos e meio e três anos[36] e foram regulamentados pela Lei de Diretrizes e Bases da Educação (Lei nº 9.394/1996), que propôs a Reforma da Educação Profissional organizando-a em níveis escolares progressivos que vão da formação inicial e continuada, passando pela educação profissional de nível médio até a educação profissional tecnológica de graduação e pós-graduação.[37]

---

35 Baiocchi e Connor. *Op. cit.* p. 150, tradução minha.

36 Dois dos entrevistados da área de tecnologia, Ricardo e Anderson, fazem cursos de bacharelado, dado que não se mostrou relevante para a hipótese apresentada.

37 O ensino técnico pré-universitário, por sua vez, tem se expandido no Brasil, sobretudo com os Senai e as escolas técnicas estaduais e federais, contando ainda com o impulso recente do Pronatec. O contexto corrobora a comparação com o caso francês de "fuga para a escola" e explica o fato de que a maioria dos entrevistados tenha feito cursos técnicos antes da universidade e se deparado, na sequência, com a necessidade de buscar no diploma superior mais um "diferencial" para o currículo.

Quadro 1. Alunos de tecnologia da Universidade A entrevistados para a pesquisa. Idade, local de moradia, ocupação em 2014 e emprego anterior

Nome	Idade	Bairro	Curso	Ocupação em 2014/Ocupação anterior
Juliana	19	Jabaquara	Segurança da Informação	Auxiliar de suporte técnico/ nenhuma
Anderson	19	Brás	Ciências da Computação	Programador/ nenhuma
Luís Otávio	21	Itaim Paulista	Gestão em Tecnologia da Informação	Desempregado/ escriturário
Lúcia	22	Vila Ré	Tecnologia em Banco de Dados	Desempregada/ programadora
Rodolfo	22	Vila Mariana	Segurança da Informação	Desempregado/ programador
Jéssica	24	Vila Nova Cachoeirinha	Tecnologia em Sistemas para Internet	Desempregada/ teleoperadora
Fernanda	24	Itaim Paulista	Tecnologia em Sistemas para Internet	Desempregada/assistente bancária
Ricardo	28	Ermelino Matarazzo	Sistemas de Informação	Programador/ desempregado

A ascensão desse mercado no Brasil é consequência direta da privatização do sistema Telebrás em 1998 e da multiplicação de empresas na chamada telemática, a junção entre informática e telecomunicações, impulsionando a criação de empregos em áreas similares.[38] Para os tecnólogos, a rotatividade constante entre empre-

38 Selma Venco. "Centrais de Teleatividades: o surgimento dos colarinhos

gos de baixa remuneração rompe o antigo ideal, concretizado pela classe trabalhadora tradicional, de se manter por muitos anos no mesmo emprego, tendo que se submeter ao reemprego constante.[39]

---

furta-cores?". In: Ricardo Antunes e Ruy Braga. *Infoproletários*: degradação real do trabalho virtual. São Paulo: Boitempo, 2009. Álvaro Comin e Rogério Barbosa (2011) notaram que o crescimento do percentual de graduandos no país foi mais rápido do que o crescimento demográfico dos ocupados entre 1982 e 2009. No grupo dos chamados "Técnicos", composto por trabalhadores que detêm um conhecimento especializado (usualmente adquirido através de ensino vocacional ou mesmo na prática), mas que não requer, tradicionalmente, formação universitária, o aumento foi de pouco menos de 10% em 1982, para mais de 25%, em 2009. Na mesma pesquisa, os autores concluíram que o crescimento das vagas no ensino superior atingiu com mais força a população já ocupada. Para estudar a estrutura ocupacional, Comin e Barbosa usam em sua pesquisa a classificação internacional de ocupações ISCO-88, que distribui os graduados por Grandes Grupos Ocupacionais (GG). Segundo os autores, a principal motivação para a escolha deveu-se a aspectos estatísticos, "tornando compatíveis os diferentes sistemas de classificação ocupacionais brasileiros usados na PNAD".

39 Os resultados da Relação Anual de Informações Sociais do Ministério do Trabalho e Emprego (RAIS-MTE) indicam que o reemprego continua sendo a principal forma de contratação no mercado de trabalho formal, respondendo por 78,0% das admissões ocorridas em 2013. No mesmo ano, 15,6% das contratações foram por primeiro emprego e 6,3% por outras formas de admissão, percentuais próximos aos verificados em 2012. A participação dos admitidos em primeiro emprego foi relativamente maior entre os trabalhadores com ensino médio incompleto (23,7%, em 2013) e com ensino superior completo (20,3%), contra uma participação de 15,6% no total dos admitidos no ano. Os trabalhadores admitidos em outras modalidades possuem maior participação relativa entre os trabalhadores com ensino superior incompleto (9,3%) e ensino superior completo (12,0%). Por sua vez, a participação do reemprego entre as faixas de menor escolaridade é relativamente maior. Em 2013, 84,2% das admissões de analfabetos e 81,9% das de pessoas com o ensino fundamental completo eram na forma de reemprego, contra um total de 78,0% de participação total desta forma de admissão. Dieese. *O Mercado de Trabalho Formal Brasileiro: resultados da RAIS 2013*. São Paulo, set. 2014.

Entre o grupo de estudantes de tecnologia, o desemprego é muito menos um problema do que uma opção por serem mais jovens e contarem com maior suporte familiar, mas a posição ocupacional em que vão se encontrar quando formados pode, de fato, representar estagnação, quando as chances de conseguirem empregos estáveis e que admitam possibilidades de progressão na carreira se mostrarem escassas. Como resultado da hipótese apresentada aqui, esta é uma diferença fundamental para a formação da consciência de classe, pois no caso das estudantes de Pedagogia, o sucesso na empreitada universitária é, na maioria das vezes, sinal de melhoria em suas condições de vida.

Quadro 2. Alunas de pedagogia da Universidade A entrevistadas para a pesquisa. Idade, local de moradia, ocupação em 2014 e emprego anterior

Nome	Idade	Bairro	Curso	Ocupação em 2014 / Ocupação anterior
Vitória	18	Campo Limpo	Pedagogia	Desempregada/monitora
Graziela	22	Jd. Ângela	Pedagogia	Estagiária/desempregada
Cida	23	Jd. Panorama	Pedagogia	Desempregada/babá
Márcia	34	Capão Redondo	Pedagogia	Desempregada/doméstica
Joana	36	Jd. Icaraí	Pedagogia	Desempregada/doméstica
Regina	40	Parelheiros	Pedagogia	Dona de casa/dona de casa

Segundo o Catálogo Nacional de Cursos Superiores de Tecnologia (2010), editado pela Secretaria de Educação Profissional e Tecnológica do Ministério da Educação (MEC), a área de "Informação e Comunicação" compreende tecnologias relacionadas à comunicação e processamento de dados e informações e abrange

> ações de concepção, desenvolvimento, implantação, operação, avaliação e manutenção de sistemas e tecnologias relacionadas à informática e telecomunicações. Especificação de componentes ou equipamentos, suporte técnico, procedimentos de instalação e configuração, realização de testes e medições, utilização de protocolos e arquitetura de redes, identificação de meios físicos e padrões de comunicação e, sobremaneira, a necessidade de constante atualização tecnológica, constituem, de forma comum, as características deste eixo".[40]

São futuros trabalhadores do setor de serviços em empresas de tecnologia, *call centers*, comércio, marketing eletrônico e segurança da informação. Nos termos de Ruy Braga,

> exatamente por se tratar de um setor que, em certa medida, condensa uma variada gama de tendências inerentes à reestruturação produtiva capitalista, a produção em escala industrial de serviços informacionais representa um campo privilegiado de observação das contradições e ambivalências do trabalho na contemporaneidade. Contradições e ambivalências que se tornam mais significativas quando, ao nos distanciarmos das promessas pós-marxistas da

---

40 Estão relacionados nessa área no Catálogo Nacional de Cursos Superiores de Tecnologia 2010 os cursos de Análise e Desenvolvimento de Sistemas, Banco de Dados, Geoprocessamento, Gestão da Tecnologia da Informação, Gestão de Telecomunicações, Jogos Digitais, Redes de Computadores, Redes de Telecomunicações, Segurança da Informação, Sistemas de Telecomunicações, Sistemas para Internet e Telemática.

> sociedade informacional, pensamos no processo de formação de uma condição proletária renovada pela progressiva informatização do mundo do trabalho, pela fragmentação dos coletivos de trabalhadores, pelo crescimento acelerado da oferta de empregos no setor de serviços e pela superação da relação salarial "canônica".[41]

Enquanto estudantes da área, os oito bolsistas de tecnologia entrevistados neste estudo de caso são considerados técnicos de ensino médio em busca de qualificação superior, de acordo com a Classificação Brasileira de Ocupações – Domiciliar (CBO).[42] Eles têm um perfil semelhante entre si: são tanto homens quanto mulheres, filhos e filhas de pais oriundos da classe trabalhadora com pouca qualificação (operários manuais, motoristas, cozinheiros, domésticas etc.), e estudaram em escola pública; têm, invariavelmente, escolaridade acima da dos pais, renda individual de até 1,5 salário mínimo, quando empregados, e moradores de bairros periféricos, com exceção de Rodolfo, morador da Vila Mariana, o que o coloca em situação privilegiada em relação aos outros. Além, obviamente, da condição de bolsistas em universidade privada.[43]

41 Ruy Braga. "A vingança de Braverman: o infotaylorismo como contratempo". In: Ricardo Antunes e Ruy Braga (org.), *Infoproletários*: degradação real do trabalho virtual. São Paulo: Boitempo, 2009, p. 66.

42 A Classificação Brasileira de Ocupações descreve e ordena as ocupações dentro de uma estrutura hierarquizada que permite agregar as informações referentes à força de trabalho, segundo características ocupacionais que dizem respeito à natureza da força de trabalho (funções, tarefas e obrigações que tipificam a ocupação) e ao conteúdo do trabalho (conjunto de conhecimentos, habilidades, atributos pessoais e outros requisitos exigidos para o exercício da ocupação).

43 Apesar de estarem situados nos mesmo setor de ocupação dos teleoperadores e eventualmente ocuparem esses empregos, em sua situação atual podem ou não se encaixar no perfil *stricto sensu* dos trabalhadores dos *call*

Utilizando Olin Wright, podemos classificá-los como um grupo em *localização de classe mediada*, na medida em que estão, em sua maioria, desempregados e morando com os pais. Enfrentam os mesmos dilemas em suas vidas concretas.[44]

O panorama no curso de Pedagogia é diferente do que se vê nos cursos de tecnologia. A pedagogia, que remete à Grécia antiga e criou grandes escolas ao longo da história, atualmente tem como objetivo principal a melhoria no processo de aprendizagem dos indivíduos, através da reflexão e da produção de conhecimentos. Segundo Dermeval Saviani

> foi a partir do século XIX que tendeu a se generalizar a utilização do termo "pedagogia" para designar a conexão entre a elaboração consciente da ideia de educação e o fazer consciente do processo educativo, o que ocorreu mais fortemente nas línguas germânicas e latinas do que nas línguas anglo-saxônicas. E esse fenômeno esteve fortemente associado ao problema da formação de professores.[45]

---

centers, predominantemente afrodescendentes, homossexuais, transexuais, obesos, a maioria do sexo feminino. De acordo com Venco. *Op. cit.*, os empresários do setor "privilegiam" pessoas com menos aceitação em postos de trabalho *vis-à-vis*.

44 Olin Wright *et al.*. *Op. cit*, reconhece que alguns indivíduos podem ocupar mais de um emprego (*multiple locations*), ou seu interesse material pode não estar vinculado diretamente ao emprego formal, por exemplo. Os conceitos de localização de classe direta (*direct class location*), localização de classe mediada (*mediated class location*) e localização temporal (*temporal location*), onde o primeiro se refere à posição do indivíduo em determinada ocupação ou emprego (*jobs*), o segundo às posições individuais mediadas, por exemplo, por relações familiares, e o terceiro pelas modificações no interesses materiais próprias das carreiras, ajudam a compreender posições contraditórias, como as que encontramos nesta pesquisa.

45 Dermeval Saviani. *A pedagogia no Brasil: história e teoria*. Campinas: Au-

No Brasil, a aprovação do Estatuto das Universidades de 1931 foi acompanhada pelo nascimento dos cursos de Pedagogia na Faculdade de Filosofia, Ciências e Letras da Universidade de São Paulo (USP) e na Universidade do Distrito Federal que, criada em 1935, foi extinta em 1939, com a fundação da Universidade do Brasil (atual Universidade Federal do Rio de Janeiro) e da sua Faculdade Nacional de Filosofia, Ciências e Letras.[46] Assim, o longo percurso da Pedagogia enquanto disciplina a coloca entre os cursos mais tradicionais e de necessidade social inquestionável, na medida em que a obrigatoriedade do ensino formal e a obrigatoriedade da contratação de pedagogos em creches mantém esses profissionais em condições de empregabilidade razoáveis.[47] Em termos de opções, o pedagogo pode atuar como professor na educação infantil (pré-escola), na educação fundamental I (professor do primeiro ao quinto ano), como coordenador ou supervisor de ensino, como orientador educacional, dirigindo suas ações ao acompanhamento do desenvolvimento dos alunos, e como diretor escolar.

As estudantes de Pedagogia entrevistadas para este estudo de caso, todas mulheres (um corte de gênero fundamental como marcador social da profissão), revelam uma face mais realista do curso nos tempos atuais. São mais velhas que os estudantes de tecnologia

---

tores Associados, 2008, p. 6.

46 *Ibidem*.

47 Na década de 1990 o governo federal liberou a abertura de inúmeros cursos de nível superior e entre eles os cursos de Pedagogia lideraram o número de vagas abertas. Em outros termos, há um grande campo de trabalho – necessidade social de educadores – mas o mercado de trabalho – vagas disponíveis e valorização salarial – não cresceu na mesma proporção. O campo de trabalho, portanto, é amplo, mas o mercado apresenta dificuldades em função do número de pessoas que desejam nele ingressar. Guia do Estudante, "Há mercado para quem cursa Pedagogia?". Disponível em http://guiadoestudante.abril.com.br/orientacao-vocacional/consulte-orientador/ha-mercado-quem-cursa-pedagogia-612375.shtml. Acesso: 01 fev. 2015.

que entrevistamos, estão em sua maioria desempregadas e fazem o curso graças à bolsa do Prouni. Diferentemente dos tecnólogos, ao longo de suas vidas ocuparam profissões de reconhecimento social inferior – como domésticas, babás etc. – e moram em regiões da periferia consolidada de São Paulo.

I. A década lulista e o Prouni

O Programa Universidade para Todos (Prouni) foi criado com a aprovação da Lei 11096, em 13 de janeiro de 2005, e se tornou ao longo dos anos uma das principais vitrines da gestão petista. Teve, além disso, um papel muito mais importante e estrutural: orientar o desenvolvimento da política educacional daquele momento até o início do segundo mandato de Dilma Rousseff, tornando-se uma das iniciativas representativas do modo de regulação inspirado pelo lulismo. Se na aparência os programas sociais pulverizam-se em ministérios e secretarias variadas, no regime de acumulação eles fazem parte de um projeto cujo sentido poderia ser definido pela necessidade de reprodução da força de trabalho barato e pelo aumento da produtividade, não excluindo, evidentemente, seus resultados sociais e políticos: o Prouni busca lidar com a questão social brasileira, "incluindo" milhares de jovens no mercado de trabalho e na sociedade de consumo. Não por acaso, os beneficiários do programa são especialmente trabalhadores-estudantes, como veremos adiante.

O processo de acumulação capitalista assume, em cada momento histórico, uma forma específica. Inserido em um contexto de readequação da força de trabalho no período pós-fordista, o Prouni ajudou a atender as exigências do regime de acumulação junto de um conjunto de iniciativas que compõe o modo de regulação lulista, isto é, "as instituições, normas, os modos de cálculo e procedimentos que asseguram a reprodução do capital como relação social",[1] segundo a definição consagrada pela chamada "escola francesa".[2]

Na perspectiva regulacionista, o capitalismo é um sistema naturalmente instável e sujeito a crises cíclicas, que, por sua vez, consegue se reproduzir por um determinado período através da renovação de seus aparatos regulatórios, agindo de forma "anticíclica" quando assimilado pelos agentes econômicos. Décadas atrás, a organização fabril com relativa estabilidade do emprego e da renda

---

1 Leda Paulani. "A crise do regime de acumulação com dominância da valorização financeira e a situação do Brasil". *Estudos Avançados*, São Paulo, nº 23, 2009. A economista define o modo de regulação como um conjunto de cinco formas institucionais: a relação de trabalho, a relação concorrencial intercapitalista, o regime monetário e financeiro, a forma de organização do Estado e o regime internacional. Quando combinadas, convergem em um binômio (MR/RA) que determina a forma específica que assume a acumulação de capital em cada momento histórico.

2 A Teoria Francesa da Regulação foi concebida em meados da década de 1970 como uma corrente heterodoxa do pensamento econômico, reunindo trabalhos de Michel Aglietta, Robert Boyer, Benjamin Coriat, Alain Lipietz, entre outros. Ruy Braga define assim o trabalho da Escola da Regulação: "esta perspectiva se articula em torno do problema das crises estruturais e das estratégias para a resolução dessas crises mediante princípios que mesclem compromissos institucionalizados e rotinas produtivas. Para tanto, os regulacionistas entendem que a categoria de "modo de regulação" permite apreender os arranjos históricos capazes de assegurar a compatibilidade entre um conjunto de decisões descentralizadas, sem que seja necessária uma "interiorização pelos agentes" dos princípios que comandam a reprodução do conjunto do sistema". Ruy Braga. A *nostalgia do fordismo: modernização e crise na teoria da sociedade salarial*. São Paulo: Xamã, 2003, p.34.

para uma parte da classe trabalhadora constituiu uma relação de vínculos específica em que a posição de trabalhador assalariado no mercado de trabalho se traduzia em plataforma de ação coletiva na política de classes. Isso foi possível no período em que vigorou no país um fordismo de características periféricas, cuja noção

> designa um processo de mecanização da produção associado à acumulação intensiva de capitais e ao crescimento dos mercados de bens de consumo duráveis que, no caso brasileiro, iniciou-se nos anos 1950, estendendo-se até por volta do início dos anos 1990, com o advento do neoliberalismo e da integração da economia nacional ao processo de mundialização capitalista. (...) O caráter 'periférico' desse sistema social adviria do fato de que os níveis mais qualificados da fabricação e, sobretudo, dos setores de engenharia permaneciam exteriores a esses países. Além do mais, do ponto de vista dos mercados de consumo de bens duráveis, a dinâmica econômica estaria concentrada na elevação do poder aquisitivo das classes médias locais à custa do declínio na capacidade de consumo dos trabalhadores – inflação, elevação da produtividade do trabalho, degradação salarial, rotatividade da força de trabalho... ou seja, os ganhos de produtividade alcançados pela mecanização não eram repassados aos salários dos operários, contribuindo para reforçar o exército de proletários e semiproletários subempregados por meio da contenção das necessidades dos trabalhadores.[3]

---

3 Ruy Braga. *A política do precariado: do populismo à hegemonia lulista*. São Paulo: Boitempo, 2012, p. 20.

Com a desintegração do mercado de trabalho brasileiro nos anos 1990 e a ascensão de novas formas associativas, o arco de políticas públicas desenvolvidas ou incrementadas pelo lulismo buscou atender tanto o empresariado local que buscava preencher postos flexíveis de trabalho, quanto a demanda das classes baixas por acesso à qualificação profissional, atendendo ao "social". Colocando em prática o projeto lulista, o setor empresarial de educação foi responsável por receber os estudantes contemplados pelo Prouni e pelo Fies, o programa federal de financiamento estudantil, cuja viabilização técnica (e política) começou com a grande reformulação proporcionada pelo Enem, o Exame Nacional do Ensino Médio. Gestado em 1998 pelo então ministro da educação Paulo Renato Souza, o Enem foi a primeira iniciativa de avaliação geral do sistema de ensino implantada no Brasil, e pretendia medir anualmente o aprendizado dos alunos do ensino médio em todo o país, auxiliando o MEC na elaboração de políticas para a educação brasileira. Em 2009, durante a gestão do ministro Fernando Haddad, um novo modelo de prova foi introduzido com a proposta de unificar o concurso vestibular das universidades federais. O Enem começou a ser utilizado como exame de acesso ao ensino superior através do Sistema de Seleção Unificada (Sisu), além de servir para a seleção das bolsas do Prouni e a obtenção de financiamento através do Fies.

Essas iniciativas estão inseridas em um renovado contexto de "atraso" e "modernidade", ambos integrados e servindo para o mesmo propósito de acumulação, em linha com o ponto de vista de Francisco de Oliveira. Na sua crítica ao modelo dualista da Cepal (Comissão Econômica para a América Latina e Caribe), o sociólogo desvenda o desenvolvimento moderno do país: a acumulação apoiada no primitivismo da agricultura, na persistência de formas de economia de subsistência em plena cidade grande, e no "inchaço" do setor terciário, elementos que mantinham o baixo custo da reprodução da força de trabalho. Por sinal, já no novo século Oliveira vê no "trabalho informal" (nas formas de terceirização e no trabalho precário) *o anúncio do futuro do setor formal*, em que "o conjunto de trabalhadores é transformando em uma soma indeterminada de exército da ativa e da reserva, que se intercambiam não nos ciclos de negócios, mas diariamente".[4] É o que Vera Telles reconhece hoje como alterações na relação entre trabalho e sociedade, "e que tornam inoperantes as diferenças entre o formal e o informal".[5]

Assim, no atual modo de regulação persiste o atraso, porque repete propostas de qualificação profissional em sintonia com a manutenção do trabalho precário e semiprecário, em ordem para a reprodução da mão de obra mal remunerada. O modo de regulação lulista espelha, assim, o momento atual do capitalismo que se seguiu à reestruturação produtiva, porém em continuidade com as políticas de educação para o trabalho que já se praticam no Brasil desde pelo menos a reforma universitária de 1968. Por mais que o regime de acumulação tenha "evoluído" desde então, a precariedade do mercado de trabalho é o que marca as relações de trabalho no país, que só pode se desenvolver nos termos da segunda revolução industrial e para a perpetuação da estrutura de dominação de classes e da desigualdade abissal.[6]

Exemplo desse viés de atraso, a disputa em torno das cotas raciais acontece, como notou Márcia Lima,[7] porque a universidade

---

4 Francisco de Oliveira. *Crítica à razão dualista / O ornitorrinco*. São Paulo: Boitempo, 2003, p. 136.

5 Vera da Silva Telles. "Mutações do trabalho e experiência urbana". *Tempo Social*, v. 18, n. 1, jun. 2006, p. 174.

6 Braga, 2012. *Op. cit.*

7 Márcia Lima. "Acesso à universidade e mercado de trabalho: o desafio das políticas de inclusão". In: Heloísa Martins e Patricia Collado (org.), *Trabalho e sindicalismo no Brasil e Argentina*. São Paulo: Hucitec; Mendoza: Universidad Nacional de Cuyo, 2012.

pública deve continuar reservada para a classe média, que a partir dela se reproduz e repõe a desigualdade em seus termos históricos: o Prouni também conta com cotas diversas, mas nesse caso a polêmica não se dá, pois as instituições de ensino superior privadas existem há décadas justamente para essa finalidade, a de absorver os jovens das classes baixas reproduzindo no âmbito escolar as desigualdades sociais, agora com o estímulo estatal à massificação.[8] No caso das universidades públicas, elas representam apenas 4,3% das instituições de ensino superior do país, o suficiente, no entanto, para criar celeuma em torno da implementação das cotas. De modo que a matriz ideológica que funda a universidade no país se mantém profundamente atrelada à disputa entre as classes, mesmo com a expansão recente do ensino superior e a proletarização real da universidade.[9]

---

8 Assim como José Reginaldo Prandi. *Os favoritos degradados*: ensino superior e profissões de nível universitário no Brasil hoje. São Paulo: Edições Loyola, 1982, também em chave bourdieusiana, indicara diante da crise dos anos Sarney: "O ensino superior no Brasil, como elemento instrumental de mobilidade social, está irremediavelmente inscrito na história das classes médias urbanas, em que vai cumprir o papel de elemento pacificador de uma classe forjada no mito da cidadania. Nesta perspectiva, a educação, politicamente, está ajustada ao ideal de uma democracia que se manifesta como conjunto de oportunidades centradas necessariamente no suposto da desigualdade a ser contornada pelo esforço individual que privilegia a manutenção da estrutura de classes. Nesta etapa, o ensino superior é o instrumento de reprodução de uma classe sem perspectiva histórica própria e que, portanto, se compraz na aliança política com as classes capazes de lhe garantir os privilégios alcançados".

9 A rede privada, contudo, não foi capaz de prover o mercado com força de trabalho barata e razoavelmente qualificada em velocidade condizente com o forte crescimento econômico do país, o que levou o governo Dilma à criação do Programa Nacional de Acesso ao Ensino Técnico e Emprego (Pronatec), em 2011. O objetivo do programa é oferecer cursos técnicos rápidos a pessoas que não completaram a educação básica, em modelo de financiamento semelhante ao do Prouni.

O caráter moderno das iniciativas, por sua vez, está em sintonia com a promoção da educação como negócio e da flexibilização das profissões em setores dinâmicos da economia no contexto da globalização: a divisão internacional do trabalho e a financeirização do capital educacional, em que as aquisições e as fusões entre megacorporações mundo afora e especialmente no Brasil são forte indício.[10] A precariedade, portanto, não apenas como um lado da moeda, mas efetivamente como a realização do moderno.

Nessa perspectiva, o Prouni serve para estimular a reprodução da força de trabalho semiqualificada[11] e realocar recursos públicos

---

10 Teorizado por François Chesnais, o regime de acumulação com dominância da valorização financeira se caracteriza por "instituições que se especializaram na 'acumulação pela via da finança' (fundos de pensão, fundos coletivos de aplicação, sociedades de seguros, bancos que administram sociedades de investimentos, fundos de hedge) tornaram-se, por meio dos mercados bursáteis, proprietárias dos grupos empresariais mais importantes em nível global e impuseram à própria acumulação de capital produtivo uma dinâmica orientada por um móvel externo, qual seja a maximização do 'valor acionário'". Como "plataforma internacional de valorização financeira", a inserção do Brasil na economia mundial fortaleceu os setores rentistas nacionais, "impondo a lógica financeira ao processo doméstico de acumulação". Leda Paulani. *Op. cit.* Por exemplo, a Kroton Educacional, dona da rede de colégios Pitágoras e da faculdade Anhanguera, tem capital aberto na Bolsa de Valores de São Paulo desde 2013. Em um processo ainda inconcluso de fusão, a empresa busca replicar na Estácio "o modelo de enxugamento de custos que tornou a Kroton famosa no setor de ensino superior privado". Dez acionistas possuem 46% da Estácio e, ao mesmo tempo, 32% da Kroton. Entre eles, estão Oppenheimer, Coronation e Capital World Investors. Cátia Luz e Dayanne Sousa, "Em disputa por Estácio, acionistas em comum podem ajudar Kroton". *O Estado de S. Paulo*, 10 jun. 2016.

11 Sobre a legislação trabalhista de Vargas, Oliveira refuta a tese cepalina de que o salário mínimo fixaria os níveis de remuneração acima do que seriam em um mercado livre e sem regulação: "Esse 'mercado livre', abstrato, em que o Estado não interfere, tomado de empréstimo da ideologia do liberalismo econômico, certamente não é um *mercado capitalista*, pois precisamente o papel do Estado é 'institucionalizar' as regras do jogo; em segundo

nessa nova fase do regime de acumulação, isto é, para a formação de um "exército de reserva". Remetendo ao Estado Novo, o sociólogo afirma que, ao invés de incrementar os salários, sua legislação trabalhista igualava os salários pela base, pois

> reconvertia inclusive trabalhadores especializados à situação de não-qualificados (...) Em outras palavras, se o salário fosse determinado por qualquer espécie de 'mercado livre' na acepção da teoria da concorrência perfeita, é provável que ele subisse para algumas categorias operárias especializadas.[12]

Assim, a política de classes estimulada pelo lulismo e seus programas sociais são mais um capítulo do conflito distributivo inaugurado com o varguismo: intensificação do papel regulador do Estado na distribuição de ganhos entre os grupos sociais e renovação da questão social em torno de um modelo disfuncional, pois a diretriz pública é praticamente inexistente e está sujeita quase que exclusivamente à autorregulação do setor privado de educação.

Organizando interesses sociais que convergiram neste momento histórico, o lulismo se estabeleceu enquanto uma hegemonia política. O *reformismo fraco*, conceito trabalhado por André Singer, explica-se pelos indicadores sociais[13] da era Lula possibilitados por crescimento econômico sem precedentes

---

lugar, é uma tese nunca provada que tais níveis estivessem acima do *custo de reprodução da força de trabalho*, que é o parâmetro de referência mais correto, para avaliar-se a 'artificialidade' ou a 'realidade' dos níveis do salário mínimo". Oliveira. *Crítica à razão dualista / O ornitorrinco*. *Op. cit.* p. 37.

12 *Ibidem*. p. 38.

13 Por exemplo, de acordo com o Mapa da Fome 2013 da Organização das Nações Unidas para Agricultura e Alimentação (FAO), o Brasil reduziu a pobreza extrema (o contingente de pessoas que vivem com menos de US$ 1 ao dia) em 75% entre 2001 e 2012.

no período pós-redemocratização,[14] por uma governabilidade conservadora e pela manutenção da ordem, cujo apego do "subproletariado"[15] havia impedido que o PT chegasse ao poder em eleições passadas, sobretudo no emblemático pleito de 1989.[16] Com a redistribuição da renda do trabalho em direção à base da pirâmide e o aumento da participação do trabalho na renda nacional, as políticas compensatórias e os programas de facilitação do acesso à habitação, além da redução da pobreza extrema, o governo Lula teria cumprido parte do programa histórico petista.[17] A outra parte,

14 A média do produto interno bruto brasileiro (PIB) entre os anos de 2001 e 2010 foi de 3,6% contra 2,5% da década anterior, segundo o IBGE. A maior taxa registrada aconteceu no segundo mandato de Lula (4,6%), enquanto o primeiro governo Dilma apresentou crescimento de 2,1%.

15 Singer toma emprestado a definição de Paul Singer para essa fração de classe que, segundo o economista, são aqueles que "oferecem a sua força de trabalho no mercado sem encontrar quem esteja disposto a adquiri-la por um preço que assegure sua reprodução em condições normais". Entre eles estão "empregados domésticos, assalariados de pequenos produtores diretos e trabalhadores destituídos das condições mínimas de participação na luta de classes". Paul Singer, *Dominação e desigualdade*. São Paulo: Paz e Terra, 1981, p. 22. apud André Singer, "Raízes sociais e ideológicas do lulismo". *Op. cit.* Para André Singer, a eleição de 1989 teria sido marcada pelo conservadorismo popular deste setor que, expressou seu apego à ordem e repúdio às greves e ocupações de terra ajudando a eleger Fernando Collor, e refutando o PT nesta e nos demais pleitos pós-redemocratização, sequência interrompida com o realinhamento de 2006, que Singer interpreta como a adesão do subproletariado à candidatura de Lula.

16 André Singer. *Esquerda e direita no eleitorado brasileiro: a identificação ideológica nas disputas presidenciais de 1989 e 1994*. São Paulo: Edusp, 2000.

17 Apenas o programa Bolsa Família se estendia a mais de 13,8 milhões de famílias com benefício médio de R$ 152,00 em 2014; no conjunto, o programa atende a cerca de 50 milhões de brasileiros. Para Oliveira, com o Bolsa Família Lula despolitizou a questão da pobreza e da desigualdade, transformando-os em "problemas de administração". Francisco de Oliveira, Ruy Braga e Cibele S. Rizek (orgs.). *Hegemonia às avessas: economia, política e cultura na era da servidão financeira*. São Paulo: Boitempo, 2010,

a do enfrentamento ao capital por meio de reformas estruturais teria sido abandonada para a consolidação do pacto governativo com partidos dos mais variados perfis, abandono visto como necessário para viabilizar um programa de reformas graduais.

> Em resumo, ao tomar das propostas originais do PT aquilo que não implicava enfrentar o capital como seria o caso da tributação das fortunas, revisão das privatizações, redução da jornada de trabalho, desapropriação de latifúndios ou negociação de preços por meio dos fóruns das cadeias produtivas, o lulismo manteve o rumo geral das reformas previstas, não obstante aplicando-as de forma muito lenta. É a sua lentidão que permite interpretá-lo tendo um sentido conservador.[18]

Oliveira[19] argumentaria em 2003 que as bases da dominação no Brasil estariam alteradas pela inserção dos trabalhadores organizados na gestão desse capitalismo periférico a partir da eleição de Lula e seu controle direto dos fundos públicos e do processo de acumulação. O entrelaçamento da economia com a política em sentido uniforme daria o contorno necessário para a atuação bem-sucedida do lulismo, pois "a nova classe tem unidade de objetivos, formou-se no consenso ideológico sobre a nova função do Estado, trabalha no interior dos controles dos fundos estatais e semiestatais e está no lugar que faz

p. 25. Para uma interpretação divergente dos efeitos do programa mirada em comunidades do sertão nordestino, ver Walquiria Leão Rego e Alessandro Pinzani. *Vozes do Bolsa Família: autonomia, dinheiro e cidadania*. São Paulo: Editora Unesp, 2013.

18 André Singer. *Os sentidos do lulismo: reforma gradual e pacto conservador*. São Paulo: Companhia das Letras, 2012, p. 192.

19 Oliveira, *Crítica à razão dualista / O ornitorrinco*. *Op. cit.*

a ponte com o sistema financeiro".[20] O modelo de governabilidade adotado pelo PT seguiria com sucesso a estratégia de manutenção da ordem e reformas graduais que, para Oliveira, caracterizaria a hegemonia lulista como um novo tipo de dominação funcional ao regime de acumulação de perfil mundializado,[21] em que o consentimento da classe dominante em ser politicamente conduzida pelos dominados reverbera a condição de que a "direção moral" (o PT) não questione a forma da exploração capitalista, "destruindo os músculos da sociedade" ao retirar das classes trabalhadoras e da política "qualquer possibilidade de diminuir a desigualdade social e aumentar a participação democrática".[22]

Esse aparentemente paradoxal enfraquecimento das lutas sociais em um governo petista torna-se inteligível na medida em que o lulismo se basearia, para Ruy Braga, em "uma relação dialética de pacificação social". Assim, para manter em curso o modelo de desenvolvimento pós-fordista no país sem romper com o ciclo da valorização financeira, seria necessário promover a *pacificação* das fontes de trabalho barato a partir de uma tímida desconcentração de renda na base da pirâmide salarial e de uma forte concentração no cume do regime de acumulação[23] possibilitado pelo "transfor-

---

20 *Ibidem*. p. 148.

21 Diferentemente do populismo, que teria promovido uma inclusão *sui generis* da classe trabalhadora que surgia nas primeiras décadas do século XX, "desbalanceando a velha estrutura de poder no Brasil e deslocando fortemente os latifundiários da base da dominação". *Idem*, *Hegemonia às avessas*. *Op. cit*. p. 26.

22 *Ibidem*. p. 375.

23 Segundo estimativas do banco Credit Suisse, até outubro de 2013 o Brasil tinha 221 mil milionários, número que deve aumentar 84% até 2018. Beatriz Souza, "Mundo vai ter 50% a mais de milionários em 5 anos". *Exame*, 16 out. 2013. Disponível em http://exame.abril.com.br/economia/mundo-vai-ganhar-16-mi-de-milionarios-em-5-anos-veja-onde. Acesso: 20 fev. 2017.

mismo" da direção dos movimentos sociais no país. A reprodução do trabalho barato seria, portanto, condição indispensável para o avanço do capitalismo no Brasil recente, o que de fato se verificou com o respeitável crescimento econômico do período lulista, e a identidade brasileira desse crescimento, de acordo com Braga, a precariedade como regra das relações de trabalho no país.[24]

Pesquisadores como Jessé Souza compartilham a necessidade de interpretar os processos sociais a partir da perspectiva "dos de baixo", porém colocam-se francamente contrários ao ponto de vista de Braga e Oliveira. Para ele, o crescimento econômico brasileiro beneficiou tanto os setores superiores e privilegiados quanto os populares, mas o crescimento mais dinâmico teria vindo da parte de baixo da sociedade, o que mostraria o efeito positivo de políticas como a do Bolsa Família e a do microcrédito. Existiria, entretanto, uma "ralé" – termo que Souza utiliza para destacar "o abandono de uma classe que nem sequer é notícia fora das páginas policiais" – que teria necessidade de outros estímulos econômicos, além das políticas tópicas e passageiras, para ser incluída no mercado competitivo de maneira sustentável. Disposições mentais e emocionais para o progresso individual estariam ausentes entre eles, afirma Souza, indivíduos muito pobres que não conseguiriam ascender socialmente e continuariam vivendo na pobreza extrema, ao contrário dos "batalhadores".

Logo acima da ralé, uma classe que por algum tempo se convencionou chamar de "nova classe média"[25] é vista por Souza como

---

24 Braga. A *política do precariado*. *Op. cit.*

25 Os últimos anos foram pródigos em estudos sobre o deslocamento social de grandes parcelas da população brasileira em direção à "classe C" nos anos Lula. Para Neri. *Op. cit.*, a chamada classe C "aufere em média a renda média da sociedade, ou seja, é classe média no sentido estatístico". O ingrediente fundamental para o crescimento desse segmento seria a recuperação do mercado de trabalho. A recente expansão do consumo seria, ainda, resultado

uma nova classe trabalhadora que ascendeu socialmente e assimilou o empreendedorismo como valor e futuro almejado. Para Souza,[26] tais segmentos economicamente emergentes seriam formados por trabalhadores que lutam incansavelmente para vencer as limitações impostas pela pobreza, daí a denominação de "batalhadores". Baseado nessa definição de uma larga parcela da classe trabalhadora beneficiada nos anos em que Lula esteve à frente do governo federal, o sociólogo critica os autores que atribuem à "mentalidade estatista" desse setor um entrave ideológico para o empreendedorismo.[27]

Veremos que esta é uma perspectiva que encontra respaldo na pesquisa empírica que será apresentada adiante, embora

---

do incremento de certas modalidades de crédito pessoal. Singer, "Raízes sociais e ideológicas do lulismo". *Op. cit.* p. 93, destaca que o primeiro aumento importante do salário mínimo ocorreu em maio de 2005, e "é razoável imaginar que a poderosa combinação Bolsa Família-salário mínimo tenha demorado alguns meses para produzir efeitos. Mas além do aumento obtido pelos milhões que recebem um salário mínimo da Previdência Social, outra possibilidade aberta aos aposentados, às vezes principal fonte de recursos em pequenas comunidades, foi o uso do crédito consignado".

26 Jessé Souza, *Os batalhadores brasileiros: nova classe média ou nova classe trabalhadora?* Belo Horizonte: Editora UFMG, 2010, p. 20-26.

27 Bolívar Lamounier, com quem Souza. *Op. cit.*, diverge na caracterização "nova classe média" para este setor emergente, também chama atenção, contudo, para o seu caráter empreendedor: "no último quarto de século, a exemplo do que ocorreu em praticamente todos os países emergentes, houve um intenso processo de mobilidade social vertical. Não só a mobilidade individual que constitui um campo tradicional de estudo dos sociólogos, mas mobilidade também estrutural, de toda uma camada, em decorrência de processos econômicos poderosos, como a abertura das economias, uma fase de vigoroso crescimento da economia mundial e, no caso brasileiro, o controle da inflação e a consequente expansão do crédito. Em vez dos integrantes da classe média tradicional, que apenas almejavam reproduzir o status dos pais, num universo mais ou menos estático, os da 'nova' classe média têm a ambição de 'subir na vida', viver melhor, consumir mais e, portanto, aprender e se qualificar a fim de gerar a renda consentânea com essa forma de viver". Ivan Marsiglia, "Aonde vai a nova classe média". *O Estado de S. Paulo*, 17 abr. 2011.

minha interpretação sobre suas causas seja oposta a desses autores. Entendo que a implementação de políticas públicas como o Prouni é parte de um modo de regulação lulista. Por esse motivo, as consequências que extraio da experiência de um conjunto de estudantes bolsistas moradores da periferia de São Paulo está baseado nesse princípio. O ponto de vista em que me fundamento terá como referência fundamental o estudo de Robert Castel, com as ressalvas necessárias aos diferentes contextos entre França e Brasil. No regime fordista, a questão social se apresenta como uma lacuna entre a organização política e o sistema econômico e se desdobraria nesse hiato, restaurando ou estabelecendo laços que não obedecem nem a uma lógica estritamente econômica nem a jurisdição estritamente política. O "social" consiste em sistemas de regulações não mercantis, instituídas para tentar preencher esse espaço e promover a integração. A sociedade salarial é, portanto, "também uma *gestão política* que associou a sociedade privada e a propriedade social, o desenvolvimento econômico e a conquista dos direitos sociais, o mercado e o Estado".[28] Essa gestão, com o fim da sociedade salarial, se renova em termos completamente distintos, pois quando o déficit de integração parecia em vias de ser suprimido, a trajetória de extensão das proteções sociais e da realização de uma maior igualdade, em que a questão social parecia dissolver-se na crença no progresso, foi interrompida.

De modo que o início da implementação das políticas de inserção (que chamarei aqui de *inclusão*) tanto lá como cá, a seus devidos tempos, seguem uma mesma lógica e apontam para personagens semelhantes:

> nem representantes das classes laboriosas, ainda que às vezes trabalhem; nem emanação das classes peri-

28 Castel. *Op. cit.* p. 478-9.

> gosas, ainda que cometam, havendo oportunidade, atos delituosos, nem verdadeiramente 'pobres', pois não são resignados nem assistidos e se viram no quotidiano; nem expressão de uma cultura específica de gueto, porque partilham os valores culturais e consumistas de sua classe de idade; nem completamente estranhos à ordem escolar, porque são escolarizados, porém mal etc., eles não são realmente nada disso e, ao mesmo tempo, são um pouco de tudo isso. Interrogam todas as instâncias de socialização, mas nenhuma pode lhes responder. Suscitam uma questão *transversal*, sobre a qual se pode dizer que é *a questão da sua integração*.[29]

Educação para o trabalho

A despeito das significativas mudanças nas condições de vida das classes média-baixa e trabalhadora na década lulista, viu-se o aumento da taxa de acidentes e da taxa de rotatividade. Segundo Márcio Pochmann, na década de 2000, foram criados 2,1 milhões de empregos por ano, mas 95% deles pagavam até 1,5 salário mínimo. Na visão do economista, a ascensão de grandes parcelas da população demonstraria um tipo de mobilidade dentro da própria classe trabalhadora a partir da "recuperação recente da participação do rendimento do trabalho na renda nacional", o que significa ampliação da taxa de ocupação e da formalização dos empregos, além da queda da pobreza absoluta. Essa *renovação na base da pirâmide social brasileira* seria puxada, sobretudo, pelo setor terciário, que gerou 2,3 vezes mais empregos do que o setor secundário.[30]

---

29 *Ibidem*. p. 545.

30 Pochmann. *Op. cit.* p. 19.

A juventude que flutuou nesse período para a "classe C" foi também o principal "alvo" de políticas de ampliação do acesso ao ensino superior, com especial destaque para o Prouni. A associação entre mobilidade social e o acesso ao ensino superior sugere, portanto, algumas questões importantes. Os dados da Rais-MTE mostram a manutenção da trajetória de elevação do nível de instrução formal dos trabalhadores, com ligeira elevação da participação dos vínculos formais de empregos ocupados por trabalhadores com ensino médio completo, que alcançaram 45,2%, e com ensino superior completo, que corresponderam à 18,5%. Ao mesmo tempo, a participação dos vínculos ocupados por trabalhadores com até o ensino fundamental incompleto teve redução, passando de 25,8%, em 2012, para 24,5%, em 2013.[31]

Como discutiremos a seguir, o diploma no Brasil segue como um impulsionador da ascensão econômica. Apesar disso, o curso universitário representa muitas dificuldades para jovens de baixa renda, tanto na condução do curso de graduação quanto na efetivação dos saberes adquiridos após a formatura. A universidade surge como um espaço onde o conflito entre a aspiração e a ascensão vem à tona, na medida em que nem sempre cumpre o que promete a jovens ávidos por mudar de vida. Ao mesmo tempo, ela é um importante espaço de socialização e proporciona aos seus alunos possibilidades de descoberta ou mudança de mentalidade, questões que retomarei no próximo capítulo.

Os programas desenvolvidos ou estimulados pelos governos do PT na área de educação ajudaram a reativar a oferta de vagas no sistema de ensino superior e incluíram, sobretudo, parcelas significativas de jovens trabalhadores. No entanto, o problema estrutural da qualificação técnica da força de trabalho brasileira persiste,

31 Dieese. *Op. cit.*

resultado de incompatibilidades nos ritmos de universalização da educação e demanda do mercado, demonstrando como o modo de regulação segue disfuncional e voltado a interesses econômicos de setores específicos. Segundo pesquisa da Secretaria Nacional de Juventude (SNJ), até 2014, 52% da população economicamente ativa (PEA) entre 15 e 29 anos não estudava. Dos 18 aos 24 anos, idade considerada ideal para cursar o ensino superior, apenas 25% dos homens e 22% das mulheres estudavam.[32]

As condições particulares do regime de acumulação no Brasil, onde não teria se constituído verdadeiramente uma sociedade salarial, a não ser para algumas poucas categorias profissionais, reproduz-se não apenas na formação e instituições escolares, mas também nas estratégias familiares. Adalberto Cardoso acredita que se configurou no Brasil um "padrão desenvolvimentista" no percurso social dos jovens, marcado pela importância mínima dada à educação na configuração das oportunidades iniciais de vida. O autor distingue esse padrão do chamado "padrão fordista" de transição, típico dos países de capitalismo avançado, caracterizado por forte controle, por parte das famílias e do Estado, dos processos gerais de qualificação para o trabalho nos quais a escola teve lugar central, sendo o principal elemento de mobilidade social e de geração de oportunidades de vida.[33]

---

32 Secretaria Nacional de Juventude. *Agenda Juventude Brasil 2013*. Brasília: 2013. Marília Pontes Sposito e Raquel Souza, "Desafios da reflexão sociológica para análise do ensino médio no Brasil". In: Nora Krawczyk, *Sociologia do ensino médio: crítica ao economicismo na política educacional*. São Paulo: Cortez, 2014, p. 47, a partir dos dados da PNAD 2011, apontam que mais de 22,7 milhões de adolescentes e jovens com idade entre 15 e 24 anos trabalhavam, procuravam por trabalho ou desempenhavam atividades domésticas (conciliando ou não os estudos), o que corresponde a 68,8% dos indivíduos desta faixa etária enquanto que, entre os de 18 a 24 anos, esse percentual era de 83,9%.

33 Segundo Adalberto Cardoso. "Transições da escola para o trabalho no Bra-

Dados do IBGE registram que o número médio de anos de estudo das pessoas com faixa etária de 10 anos ou mais passou de 5,2, em 1995, para 7,2 em 2009. Apesar do progresso notável, ele ainda é insuficiente quando comparado aos índices dos países desenvolvidos. Esses avanços foram mais eloquentes nas camadas mais populares, visto que aqueles que se encontram no topo da pirâmide já apresentavam índices próximos do ideal. Uma das conclusões a que chegaram Amaury de Souza e Bolívar Lamounier é que o diploma universitário, por conta de um presumido descrédito social entre as classes "C" e "D" quanto a sua utilidade prática, seria insuficiente para a ascensão social.[34] Tais constatações, entretanto, não parecem suficientes para reduzir a demanda por pelo ensino superior.[35]

---

sil: persistência da desigualdade e frustração de expectativas". *Dados*, Rio de Janeiro, nº 3, vol. 51, 2008, p. 571, "ambos os padrões entraram em crise nos últimos vinte anos. O que caracteriza o mundo contemporâneo é o fato de o desemprego juvenil retardar as trajetórias dos jovens, empurrando o emprego para cada vez mais tarde na biografia dos indivíduos, enfraquecendo com isso a coincidência entre vida adulta e independência financeira, e com esta a responsabilidade pelo provimento de si e de sua própria família. Com isso, a *débâcle* do desenvolvimentismo, iniciado na década de 1990 e ainda em consolidação, não significou o fim da precariedade do processo de transição da escola para o trabalho. Ao contrário, aumentou, e muito, as incertezas dos jovens quanto a seu lugar na ordem social".

34 Amaury Souza e Bolívar Lamounier. *A classe média brasileira*: ambições, valores e projetos de sociedade. Rio de Janeiro: Elsevier; Brasília: CNI, 2010, p. 63. Para Souza e Lamounier, *ibidem*. a educação é o símbolo por excelência da identidade de classe média e é vista como um dos principais fatores de ascensão social. Os autores se baseiam na *Pesquisa sobre Classe Média 2008*, pesquisa quantitativa realizada entre os dias 8 e 12 de novembro de 2008. Foram realizadas entrevistas com 2002 eleitores de 16 anos ou mais, em 141 municípios do país.

35 Jean-Claude Passeron, "L'inflation des diplômes. Remarques sur l'usage de quelques concepts analogiques en sociologie". *Revue française de sociologie*, 23-4, 1982, p. 558, acredita que a ambivalência social da maior parte dos efeitos da "inflação dos diplomas" pode sugerir uma analogia com a função mais

A razão para a permanência do valor do diploma mesmo diante de sua desvalorização em termos de status está no fato de que este mantém-se como um divisor de águas significativo na trajetória ocupacional dos indivíduos. Baseado nos dados da PNAD, Márcia Lima[36] concluiu que a qualidade da inserção dos diplomados é caracterizada por, além da manutenção de níveis de renda significativamente mais elevados, menores taxas de desemprego e de informalidade. A taxa de participação no mercado de trabalho, número que expressa a propensão à atividade econômica, é também maior entre os graduados do que entre os não-graduados.[37] É preciso, contudo, relativizar o sucesso que o diploma, por si só, representaria. Para aqueles que conseguem emprego na área em que se formaram a renda efetivamente cresce, mas estes são uma minoria, pois a multiplicação de mão de obra redundante faz com que uma enorme massa de formandos continue disputando empregos de nível médio, um sinal de que o modo de regulação permanece disfuncional, apesar do sucesso do Prouni.

A pesquisadora alertava que o mercado de trabalho brasileiro enfrenta, por um lado, em setores específicos, a carência de mão

---

geral em que certos economistas creditaram a inflação monetária dos anos 1950 e 1960: aquela que fornece a melhor resposta econômica em uma situação política em que o desemprego não é mais tolerado socialmente – como disse o ex-presidente francês Georges Pompidou, "os franceses preferem a inflação ao desemprego". Além das decepções geradas por seus beneficiários e mesmo tendo em conta as turbulências políticas que as seguem, a escolarização de massa pode representar a resposta menos custosa, visto que seus custos sociais são reduzidos pela desvalorização mesma dos títulos.

36 Lima. *Op. cit.*

37 Para Lima. *Ibidem*. p. 2, "a relação entre educação e trabalho pode ser compreendida sob diferentes aspectos. Em primeiro lugar, a aquisição de educação é um atributo que potencializa as vantagens dos indivíduos em termos de qualificação e produtividade propiciando maiores retornos desse investimento em termos de inserção ocupacional, renda e status".

de obra especializada e, por outro, o aumento da escolaridade média dos trabalhadores sem efeitos na sua mobilidade ocupacional.[38] Essa "disfuncionalidade" do sistema pode não ser arbitrária ou involuntária. Em 1997, Fernando Henrique Cardoso usou a expressão "inempregáveis" ao se referir a um contingente de 40 milhões de trabalhadores que, segundo o ex-presidente, haviam sido engolidos pelo desenvolvimento tecnológico, não tendo mais lugar natural na economia e que, portanto, não teriam mais condições de integrar-se como cidadãos.[39]

A impossibilidade de transformar anos de investimento financeiro e tempo de estudo no rompimento definitivo do teto da classe média baixa afeta milhares de jovens. Vemos, sobretudo nos cursos tradicionais, o ritmo descompassado com que se reproduzem as carreiras em relação às necessidades do mercado. Um exemplo trivial vem de um dos cursos universitários mais prestigiados por estudantes de todas as classes, o de Direito. Um balanço feito pela FGV Projetos apontou que em nove edições do Exame de Ordem, 397 mil candidatos se inscreveram para a prova. Destes, 46% conseguiram a aprovação. Entre os aprovados, 44% obtiveram o resultado na primeira tentativa; 80% a conseguiram em até três tentativas.[40] A aprovação no exame da Ordem dos Advogados do Brasil, como se

38 De acordo com Cardoso. *Op. cit.*, há um rompimento do padrão desenvolvimentista de inserção ocupacional, a partir dos anos 1990, com o início do seu desmonte, e é preciso insistir que as mudanças recentes na estrutura econômica afetaram as chances de entrada no mercado dos jovens, mas não pioraram a já precária configuração do mercado de trabalho brasileiro, uma característica marcante do desenvolvimentismo, segundo o autor.

39 Igor Gielow. "Economia cria 'inempregáveis', diz FHC". *Folha de S. Paulo*, 8 abr. 1997.

40 "USP, federais de Viçosa e Pernambuco são as que mais aprovaram na OAB", *Folha de S. Paulo*, 13 fev. 2014.

sabe, é obrigatória para quem deseja seguir a carreira de advogado.[41] A trivialidade do exemplo não deixa dúvidas quanto às dificuldades que apontamos acima.

De todo modo, o mercado de trabalho para quem possui ensino superior ainda é relativamente mais estruturado e institucionalizado, observa Lima. Mas na relação entre função desempenhada e qualificação, entretanto, o mero acesso ao diploma não garante instantaneamente a colocação em ocupações que efetivamente demandem a qualificação obtida. Entre os fatores destacados pela pesquisa estão a má qualidade de cursos e instituições e a utilização de estratégias de manutenção do emprego nas quais o ensino terciário funciona de forma defensiva, como um recurso de manutenção do emprego e, talvez, de progressão na carreira, mas em ocupações menos complexas e que não demandam qualificação específica.[42]

> É preciso destacar que esses percursos de classe estão fortemente condicionados por aqueles que, tendo completado o colegial, nunca chegaram a cursar o ensino superior. Se desconsiderarmos esses últimos, o quadro muda bastante. Dos graduados nascidos em 1980, por exemplo, 80% estavam nas

41 Em um estudo do final da década de 1990, Marcio Pochmann, *A batalha pelo primeiro emprego*. São Paulo: Publisher, 2000, p. 27, discute a questão do primeiro emprego no contexto de crise daquele período. "o esforço do jovem, especialmente aquele pertencente às famílias de baixa renda, não é pequeno, considerando que somente 17% dos estudantes que ingressam na escola conseguem completar o ensino fundamental (oito anos de estudo) e ainda só 11% terminam o ensino superior. Como se pode notar, o verdadeiro funil da escola brasileira é fonte de produção e reprodução de desigualdades".

42 A pesquisa de Lima. *Op. cit,*. cita como exemplo o caso dos operadores de *telemarketing* que, para "progredirem na carreira" e se tornarem gerentes de *telemarketing* muitas vezes precisam de uma graduação. Entretanto, essa graduação pode ser tanto em administração quanto em gerontologia.

> classes superiores ou médias urbanas aos 25 anos. Dos nascidos em 1970, essa proporção era de 78%. Logo, o que parece estar ocorrendo é o fechamento gradativo das posições superiores da hierarquia social aos não portadores de diploma universitário, combinado com o aumento da proporção de titulados na população total, que parece estar aumentando a competição por aquelas posições.[43]

Dada a expansão do contingente de titulados e as suas características em termos de área de formação, o excesso de profissionais com formação redundante[44] tende a inundar o mercado de trabalho com indivíduos que não necessariamente exercerão atividades na sua área específica e com níveis de renda compatíveis. Nesse caso, na seleção de trabalhadores para as ocupações em que há excesso de oferta de profissionais, assistimos a um quadro no qual critérios alternativos e/ou complementares ao diploma tornam-se cada vez mais relevantes para a seleção de trabalhadores. As demandas presentes do mercado de trabalho refletem, assim, segundo Álvaro Comin e Rogério Barbosa, "o estado atual do sistema produtivo, que, por sua vez é o resulta-

43 Cardoso. *Op. cit.* p. 600.

44 Análise feita por Hélio Zylberstajn, a partir de um cruzamento de dados do Censo do Ensino Superior e da RAIS-MTE, com números de 2014 mostrou que 80% dos formandos estudavam em seis ramos: comércio e administração; formação de professor e ciências da educação; saúde; direito; engenharia e computação, e que os cargos para trabalhadores com nível superior não existiam na mesma proporção dos diplomas. Por exemplo, o setor de administração que, em 2014, correspondia a 30% dos concluintes: apenas 4,9% dos trabalhadores com graduação eram administradores de empresa. Outros 9,4% eram assistentes ou auxiliares administrativos, função que nem sempre exige faculdade. Ingrid Fagundez, "Diploma inútil? Por que tantos brasileiros não conseguem trabalho em suas áreas", *BBC Brasil*, 4 nov. 2016. Disponível em http://www.bbc.com/portuguese/brasil-37867638. Acesso: 12 fev. 2017.

do dos investimentos já realizados no passado".[45] Portanto, para esses autores, é razoável assumir que o forte aquecimento do mercado de trabalho, com aumento mais que proporcional nos estratos salariais mais baixos, colaborou de forma significativa para a rápida expansão do ensino superior na década de 2010.

> A grande questão é saber até que ponto o crescimento do número de indivíduos com diplomas de nível superior vem se traduzindo (ou poderá vir a se traduzir) em melhores oportunidades de trabalho, necessariamente associadas a ocupações e setores econômicos mais produtivos. Mesmo que se pudesse abstrair a enorme heterogeneidade qualitativa da educação recebida pelos milhões de novos diplomados no Brasil [...] o desejado encontro entre qualificações e ocupações não depende apenas da política educacional; diz respeito, em última instância, ao modelo de desenvolvimento econômico.[46]

Com base na PNAD, Comin e Barbosa analisaram a variação da média de anos de estudo entre 1995 e 2009 e notaram que a distribuição dos indivíduos quanto aos graus completos alterou-se significativamente.[47] Em relação ao conjunto de indivíduos no ensi-

45 Álvaro A. Comin e Rogério J. Barbosa, "Trabalhar para estudar: sobre a pertinência da noção de transição escola-trabalho no Brasil". *Novos Estudos*, São Paulo, nº 91, nov. 2001.

46 *Ibidem*. p. 77.

47 De acordo com Comin e Barbosa, *ibidem*. p. 77, "em 1982, a escolaridade média do brasileiro era de 3,5 anos de estudo; em 2009, esse valor chegou a 6,1. Em 27 anos, a educação formal da população brasileira quase dobrou. Considerando os níveis educacionais completos, em 1995, quando a média de anos de estudo da população como um todo já era de 5,2 anos, 78,4% não possuíam nenhum nível de ensino completo, 9,6% tinham o ensino fundamental completo, 8,8% o ensino médio completo e 3,3% o

no superior, os dados apontam que o crescimento das vagas atingiu principalmente a população ocupada, sobretudo a população que trabalha mais de 40 horas semanais. O perfil etário desses estudantes sugere que são, na maioria, pessoas já há muito inseridas no mercado de trabalho, que retornam aos estudos em proporção cada vez maior. A tendência de envelhecimento da população no ensino superior é nítida: em 1995, 31% dos estudantes de graduação brasileiros tinham mais de 25 anos, enquanto em 2009 esse número já havia alcançado 40%.

> Por ora, parece mais razoável trabalhar com a hipótese de que são a inserção profissional já alcançada pelos indivíduos e a busca por se manter e progredir no mercado de trabalho o que explica esse movimento de volta à escola.[48]

A expansão explosiva de vagas no ensino superior na última década, da qual políticas como o Prouni e o Fies são parte constitutiva, parece imitar o processo verificado na França a partir dos anos 1980 com o projeto conhecido como "80% no Bac",[49] levado a cabo

---

ensino superior completo. Embora a variação da média de anos de estudo entre 1995 e 2009 tenha sido de pouco menos de um ano, a distribuição dos indivíduos, quanto aos graus completos, alterou-se enormemente: 59% não possuíam nenhum nível de ensino completo, 13,5% possuíam ensino fundamental, 21%, ensino médio e 6,5%, ensino superior. A quantidade de pessoas sem níveis de ensino completos reduziu-se em números absolutos e relativos, enquanto, paralelamente, os níveis de ensino mais elevados foram os que apresentaram crescimento mais acelerado, bem acima da média, dobrando sua participação relativa".

48 *Ibidem*. p. 79.

49 "Bac" é como é conhecido o *baccalauréat*, o diploma de ensino médio no sistema de ensino francês. Ele pode ser geral, tecnológico ou profissionalizante. Dependendo da carreira, pode durar três ou quatro anos, e com ele o aluno pode pleitear uma vaga em qualquer universidade francesa,

pelo governo Mitterrand, do Partido Socialista. Stéphane Beaud e Michel Pialoux estudaram a fundo as consequências desse processo, tanto de um ponto de vista estrutural quanto na repercussão da política de universalização do ensino médio na nova sociabilidade por ele produzida, sobretudo entre a antiga classe operária francesa. Sobre o primeiro aspecto, os sociólogos constataram que o principal resultado do "80% no Bac" foi a desvalorização dos cursos profissionalizantes de nível médio, justamente aqueles que estruturavam a identidade operária francesa até meados dos anos 1970, e a "fuga para a frente", ou seja, o deslocamento dessa massa de jovens da classe trabalhadora e sua recusa das profissões tradicionais em direção a uma incerta disputa das profissões de nível superior.[50]

A chamada fuga para a frente é um dos motivos para que a desintegração do mercado de trabalho atinja com tanta dramaticidade jovens trabalhadores das metrópoles francesas e brasileiras. Ela se dá diante da pressão extenuante por qualificação que vem diretamente das empresas contratantes. Como alertava Robert Castel, ao elevar o nível das qualificações exigidas, ela impede que jovens que "há vinte anos teriam sido integrados sem problemas à produção acham-se condenados a vagar de estágio em estágio ou de um pequeno serviço a outro".[51] O primeiro resultado desse novo quadro é que jovens sem qualificação ficam sem alternativas ao desemprego, pois os postos que poderiam ocupar já estão tomados por aqueles que detêm um certificado superior. Além disso, e de maneira mais

---

exceto nas chamadas Grandes Escolas (Escola Normal Superior e algumas escolas de Engenharia e Administração).

50 No caso brasileiro, a massificação deste nível de ensino no país já sinalizava que se instalaria no interior dos grupos de trabalhadores profissionais diferentes graus de estratificação social "a ponto de *retirar* destes grupos um dos elementos responsáveis pela sua aglutinação como segmento social de interesses comuns". Prandi. *Op. cit.* p. 43, grifo do autor).

51 Castel. *Op. cit.*

profunda, faz com que políticas públicas de qualificação profissional como o Prouni pareçam inválidas como alternativas para evitar o desemprego ou precaver contra a "não-empregabilidade". O mais provável é que essas políticas resultem no aumento do número de desempregados qualificados.[52]

Se o lugar da nova questão social, como diz Castel, não é mais o da economia, a consequência é que sua dinâmica atual atuará no sentido da anulação da coesão social. De modo que Nadya Araujo Guimarães nota que a centralidade do trabalho para os jovens, com a reestruturação produtiva, não advém predominantemente do seu *significado ético*, mas resulta de sua urgência enquanto *problema*, ou seja, "o sentido do trabalho é antes o de uma demanda a satisfazer que o de um valor a cultivar". O trabalho atua então como um fator de risco e se destaca para eles por sua ausência (o desemprego).[53] Castel concluíra raciocínio semelhante:

---

52 Para Castel. *Ibidem*. p. 250, "é por isso também que objetivos tais como o de levar até o nível do *baccalauréat* 80% de uma faixa etária são pseudossoluções para o problema do emprego. Não há certamente 80% dos empregos, atualmente ou num futuro previsível, que exijam esse nível de qualificação".

53 "É o desemprego, ou a falta de empregos, a faceta problemática do trabalho, sentida já praticamente em igual medida por todos os jovens, independentemente de sua condição em face do mercado de trabalho (entre 24% e 28% deles o colocam em primeiro lugar, superando o subtema violência, rubrica mais importante entre os problemas de segurança, mas que é indicada apenas por 18% dos casos). Isto corrobora o entendimento de que há uma consciência, muito claramente difundida entre os jovens, da insegurança e do risco que a todos atinge (real ou potencialmente)". *Nadya Araujo Guimarães, "Trabalho: uma categoria-chave no imaginário juvenil?"*. In: *Helena Wendel Abramo e Pedro Paulo Martoni Branco (orgs), Retratos da juventude brasileira: análises de uma pesquisa nacional.* São Paulo: Editora Fundação Perseu Abramo, 2005, p. 160. A autora se baseia na pesquisa Perfil da Juventude Brasileira, realizada pela Criterium Assessoria em Pesquisas sob encomenda do Instituto Perseu Abramo entre novembro e dezembro de 2003. Pesquisa mais recente aponta um índice inferior de preocupação com o emprego por

> mas é exatamente no momento em que os atributos vinculados ao trabalho para caracterizar o status que situa e classifica um indivíduo na sociedade pareciam ter-se imposto definitivamente, em detrimento dos outros suportes da identidade, como o pertencimento familiar ou a inscrição numa comunidade concreta, que essa centralidade do trabalho é brutalmente recolocada em questão (...) o trabalho, como se verificou ao longo desse percurso, é mais que o trabalho e, portanto, o não trabalho é mais que o desemprego, o que não é dizer pouco.[54]

O trabalho informacional onde estão inseridos os estudantes de tecnologia aqui entrevistados é fruto de transformações recentes no mercado de trabalho brasileiro e tem atraído a atenção de jovens dispostos a seguir carreiras diferentes das dos pais, do destino de operário manual, ou de profissões tradicionais como a de professor. Com formações de classe e desenvolvimentos históricos específicos, os casos francês e brasileiro apresentam, contudo, similaridades a partir da substituição do modelo fordista pela introdução de formas flexíveis de acumulação que afetam as relações de produção em nível global e em sua versão periférica[55] – com a ressalva, evidentemente, da precariedade em maior escala que marca historicamente as relações de classe no Brasil em relação ao país europeu, onde a sociedade salarial passou distante das condições periféricas de inserção restrita no capitalismo.[56] Mesmo neste caso,

---

parte dos jovens (19%), em segundo lugar logo atrás do subtema violência (24%). Secretaria Nacional de Juventud. *Op. cit.*

54 Castel. *Op. cit.* p. 496.

55 Braga. *A nostalgia do fordismo. Op. cit.*

56 Para uma retomada do processo de formação do precariado no Brasil, ver Braga. *A política do precariado.* Op cit.

Castel, Braga, entre outros, veem a precarização do trabalho como um processo central, comandado pelas novas exigências tecnológicas e econômicas do capitalismo moderno tanto aqui como lá, e não como um processo genérico de "exclusão" social.

Segundo Isabel Georges, as vagas de emprego no setor informacional – ela utiliza o exemplo do *telemarketing*, a mais precária das profissões da área – exigem nível de escolaridade relativamente elevado, sendo este um dos principais critérios de seleção no momento do recrutamento. Por outro lado, o "rendimento" dessa escolaridade é muito baixo, geralmente colocando o trabalhador em uma situação de sobrequalificação em relação à sua ocupação, como discuti na Introdução. Tal situação pode favorecer a emergência de uma "relação paradoxal em relação à escola", pois ela não favorece o acesso ao emprego qualificado, mas a ocupações que, como nesse caso, desvalorizam os saberes adquiridos.[57] A conclusão de Georges sugere que somente aqueles que contam com certa estabilidade socioprofissional dos pais e que começam os estudos superiores tendo frequentado o ensino médio em estabelecimentos privados ou escolas profissionalizantes públicas têm pretensões de

57 A autora destaca, com base em pesquisas qualitativas, três tipos de dinâmicas das trajetórias profissionais no caso do setor de teleatendimento: uma *ascendente*, caracterizada por um caso raro de mulheres brancas que realizam estudos superiores em estabelecimentos de bom nível, que dão prioridade aos estudos e cujos pais são de nível social suficientemente confortável; uma *descendente*, mais frequente e que corresponde a uma escolaridade tardia, muito verificável em homens e mulheres negros com mais de trinta anos e que frequentaram a escola pública até o segundo grau; e uma *estável*, que inclui os jovens em período de preparação para cursos superiores. Para estes, o trabalho nos *call centers* corresponde a uma situação aparentemente temporária. Isabel Georges, "Trajetórias profissionais e saberes escolares: o caso do telemarketing no Brasil". In: Ricardo Antunes e Ruy Braga (org.). *Infoproletários: degradação real do trabalho virtual*. São Paulo: Boitempo, 2009.

mobilidade. "A ascensão social graças ao diploma – caso raro – pode somente se dar a partir de um certo nível social", observa, assim como "a crença nos efeitos benéficos da educação resiste mesmo à prova do contrário, isto é, mesmo quando eles não são convertidos em saberes no mercado de trabalho".[58]

O contexto não impede que, individualmente, estes estudantes não esperem algum benefício oriundo da posse do diploma. Admitir que tal investimento pode não trazer a recompensa desejada entra então em choque com a realidade da regulação pós-fordista que eles conhecem bem em termos práticos, e assim se dá o processo de resignação diante do fato de que a conclusão do curso será fundamental apenas para se manter no emprego. O ceticismo de muitos entrevistados com a situação posta pelo mercado de trabalho e pela formação exigida para que consigam extrair do diploma melhores oportunidades de trabalho fica evidente na readequação do sistema: historicamente a formação superior serviu como legitimador de desigualdades enquanto aposta no esforço individual. A partir dos anos 1980, com a expansão do ensino privado, este cenário mudou em relação ao ideal que acompanhava a classe média tradicional.

A análise de Prandi[59] sobre a crise daquela década nos dá indícios de que a atual onda do trabalho informacional no país pode repetir tendências de longo prazo e que o modo de regulação lulista seja uma nova etapa desse processo. A despeito de a crise identificada pelo sociólogo abranger todo o ensino superior, ele nota, quando trata do sistema privado, que os empresários do setor não foram afetados pela crise, sendo, pelo contrário, seus principais beneficiários. O caso não é diferente no atual processo de expansão via políticas públicas. Na outra ponta do sistema (o estudante), vê-se que o tema

58 *Ibidem*. p. 227.

59 Prandi. *Op. cit.*

da crise é recolocado: aparece justamente quando o estudante formado enfrenta suas condições de trabalho, momento em que se depara com dois fatores interligados, a relação oferta/demanda e a remuneração do trabalho. Enquanto assalariado, não encontra emprego que o remunere adequadamente.

O resultado é uma nova relação com a identidade de classe e com a política, que no caso da classe operária francesa, a empurrou para longe da esquerda tradicional, e, assim como minha hipótese em relação a um setor da classe trabalhadora paulistana buscou demonstrar, teve efeitos semelhantes no caso brasileiro.

A emergência do Prouni

O Prouni se destaca tanto pelos números que ostenta quanto pelo pioneirismo. Por um lado, justificado pela reposição de tempos em tempos da centralidade da questão social brasileira e, por outro, por uma concepção de política pública voltada para o atendimento imediato de demandas históricas, o Prouni se legitima no discurso oficial como uma política de emergência, enquanto na prática esbarra na baixa qualidade da educação oferecida pelas instituições de ensino superior (IES) privadas, na desigualdade geográfica da oferta de ensino superior e na defasagem acumulada pelos estudantes nos níveis básicos de ensino.

A questão que o sucesso do programa provoca é: qual a função cumprida pelo diploma universitário em um país de economia dependente e periférica? Por ora, o papel do Prouni na regulação do sistema mostrou-se de importância central: como vimos na seção anterior, a estagnação vivida pelo setor privado na virada do século e o impulso que tomou com a chegada do PT ao poder não é desprezível: junto de outras iniciativas, como a ampliação do Fies e a política de cotas raciais, o Prouni é um dos programas mais bem-

-sucedidos dos governos Lula e Dilma, atingindo a marca de mais de 1,4 milhão de beneficiados.[60]

O Prouni ofereceu 115.101 bolsas em meados de 2014, 28% a mais que no mesmo período do ano anterior. A seleção, feita através do Enem,[61] exige que o aluno tenha cursado o ensino médio em escola pública ou privada com bolsa integral.[62] As bolsas integrais do Prouni são reservadas a estudantes com renda familiar *per capita* de até 1,5 salário mínimo, enquanto as bolsas parciais (50%) são destinadas a estudantes com renda familiar *per capita* de até 3 salários mínimos. O programa também oferece bolsas para os que se autodeclaram pretos, pardos ou índios no ato da inscrição (o percentual de bolsas para cotistas é estabelecido com base no número de cidadãos pretos, pardos e indígenas em cada Unidade da Federação, segundo o último Censo do IBGE). O candidato pode escolher até cinco opções de curso, turno e instituição de ensino superior (IES). São dois interesses que se complementam: a ampliação da oferta de vagas,

60 A partir de informações disponibilizadas no site do MEC.

61 Com as alterações promovidas pelo governo federal para a concessão de bolsas a partir do segundo semestre de 2015, a nota mínima para o candidato ao Prouni que tivesse participado do Enem de 2014 era de 450 pontos na média das notas do exame, além de obter nota acima de zero na redação. O exame é constituído de uma redação e de quatro provas objetivas, contendo cada uma 45 questões de múltipla escolha.

62 Para concorrer à bolsa, o candidato deve ainda satisfazer a pelo menos uma das seguintes condições: ter cursado o ensino médio completo em escola da rede pública; ter cursado o ensino médio completo em escola da rede privada, na condição de bolsista integral da própria escola; ter cursado o ensino médio parcialmente em escola da rede pública e parcialmente em escola da rede privada, na condição de bolsista integral da própria escola privada; ser pessoa com deficiência; ser professor da rede pública de ensino, no efetivo exercício do magistério da educação básica e integrando o quadro de pessoal permanente da instituição pública e concorrer a bolsas exclusivamente nos cursos de licenciatura. Nesses casos não há requisitos de renda.

atendendo parte da demanda das classes média-baixa e trabalhadora, e a manutenção dos altos lucros dos mantenedores privados.

Tabela 1. Evolução de bolsas do Prouni na cidade de São Paulo de 2005 a 2013

Ano	Número de bolsas ofertadas		
	Integral	Parcial	Total
2005	8.658	4.437	13.095
2006	9.810	4.990	14.800
2007	10.016	9.596	19.612
2008	11.008	17.387	28.395
2009	19.053	12.953	32.006
2010	13.942	19.281	33.223
2011	14.925	22.499	37.424
2012	16.684	20.849	37.533
2013	14.102	20.620	34.722
Total	118.198	132.612	250.810

Fonte: Elaboração própria, com base em informações disponibilizadas pelo MEC.

O formato final do programa, no entanto, passou por diversas mudanças entre o Projeto de Lei 3582/04 e a redação final da Lei 11096, em 13 de janeiro de 2005, decorrentes do *lobby* do setor privado que resultou em 292 propostas de emendas por parte dos parlamentares.[63] O ponto central do programa é a aplicação indireta de recursos públicos no setor privado com fins lucrativos, trocando isenções fiscais por bolsas estudantis. Segundo Afrânio Catani e Renato Gilioli, um dos pontos polêmicos da lei são justamente as

63 Para detalhes da tramitação do PL 2582/04, ver Afrânio Catani e Renato de Sousa Porto Gilioli, "O ProUni na encruzilhada: entre a cidadania e a privatização". *Linhas Críticas*, Brasília, v. 11, n. 20, jan./jun. 2005, p. 60.

vantagens oferecidas às IES com fins lucrativos a partir da conversão das instituições filantrópicas:

> [...] tal situação apenas legitima a transferência pura e simples de patrimônio acumulado por anos de imunidade tributária para a iniciativa privada. A adesão da Universidade Estácio de Sá ao ProUni é um exemplo disso: maior IES privada do país (mais de 100 mil alunos), mudou seu estatuto de filantrópica para entidade com fins lucrativos. Com isso, passou a pagar a cota patronal do INSS e o ISS (Imposto sobre Serviços), mas passou a se beneficiar das isenções do Programa. Com a mudança, ela não precisa mais oferecer os 20% de gratuidade (10% em bolsas integrais mais 10% em bolsas parciais e assistência social), mas apenas 10% (5% em bolsas integrais e 5% em parciais). Tal mudança foi lucrativa, não teve de pagar retroativamente nenhum tributo e usufruirá o benefício de pagar 100% da cota patronal apenas dentro de 5 anos.[64]

Para Helena Sampaio, "o corolário desse processo é um sistema de ensino superior maior que a demanda efetiva".[65] Um dos motivos da lenta expansão das matrículas foi justamente a diminuição nas matrículas no ensino médio e, por conseguinte, da demanda do ensino superior dos concluintes. De acordo com Marília Sposito e Raquel Souza, a partir da segunda metade dos anos 2000, os dados do Censo Escolar passam a indicar estagnação e queda das matrículas no nível médio – apenas em 2005, foi regis-

64 *Ibidem*. p. 89.

65 Helena Sampaio. "O setor privado de ensino superior no Brasil: continuidades e transformações". *Revista Ensino Superior Unicamp*, Campinas, nº 4, out. 2011, p. 35.

trado um decréscimo de 138 mil matrículas, impulsionado pela diminuição de inscritos nas regiões Sul e Sudeste. Entre os anos de 2006 e 2007, a queda foi ainda mais significativa com a inclusão do Nordeste entre as regiões com decréscimo de matrículas.[66] De todo modo, o resultado é que o percentual de vagas não preenchidas no ensino superior se ampliou de 19% em 1990 para 47% em 2005, segundo dados do Censo da Educação Superior.[67] Não se tratam de vagas ociosas, já que a maioria delas é reserva estratégica para as instituições privadas e estão descoladas de demanda realmente existente. Segundo Sampaio,

> usufruindo da prerrogativa da autonomia universitária, as instituições privadas continuam aumentando e diminuindo o número de vagas em conformidade com a demanda, criando e extinguindo, com base no teste de mercado, cursos em diversas modalidades de ensino e níveis de formação, entre outras iniciativas. No período 2000-2008, a oferta de cursos quase triplicou; atualmente, mais de 70% dos cursos de graduação no País são oferecidos pelo setor privado.[68]

O então secretário-executivo do Ministério da Educação e principal idealizador do programa, Fernando Haddad, afirmou em diversas ocasiões que a motivação principal da criação do Prouni foi a mera necessidade de regulamentação de um dispositivo constitucional. À época da tramitação do PL 3582/04, Haddad e João Paulo Bachur afirmavam que o Prouni

66 Sposito e Souza. *Op. cit.*

67 INEP, *Censo da Educação Superior 2012*. Brasília: 2014.

68 Sampaio. *Op. cit.* p. 36.

> foi idealizado justamente a partir do diagnóstico de que o setor privado de educação superior, apesar de movimentar quase 1% do PIB nacional, não só não recolhia impostos como gerava uma contrapartida social ínfima. Ora, 85% das matrículas se dão em instituições sem fins lucrativos, filantrópicas e não filantrópicas. O que o Prouni fez, em grande medida, foi disciplinar as exigências previstas na Constituição para o gozo de isenções".[69]

Alguns analistas discordam de que a renúncia fiscal não comprometeria o orçamento público na medida em que se tratam de "recursos de entes privados que estão auferindo lucros e deixando de cumprir – o que outras empresas, certa parcela da classe média e a massa mais pobre da população brasileira não podem fazê-lo".[70] A despeito de Haddad e Bachur afirmarem que "a concessão de bolsas de estudo surge como alternativa complementar, e não antagônica, à universidade pública" e que o Prouni "não compromete recursos do setor público", a Câmara dos Deputados aprovou em junho de 2014, a partir da demanda do governo federal e com a ajuda de partidos da oposição, que programas de expansão do ensino e de entidades filantrópicas fizessem parte da base de cálculo de investimento mínimo no ensino previsto pelo Plano Nacional de Educação (PNE), o que significa que a destinação de 10% do produto interno bruto (PIB) não iria exclusivamente para a educação pública, mas ajudaria a financiar também programas como

69 Fernando Haddad e João Paulo Bachur, "Um passo atrás, dois à frente". *Folha de São Paulo*, 11 dez. 2004.

70 Wilson Mesquita de Almeida. *Ampliação do acesso ao ensino superior privado lucrativo brasileiro*: um estudo sociológico com bolsistas do Prouni na cidade de São Paulo. Tese de doutorado. FFLCH-USP, São Paulo, 2012, p. 95.

Fies, Pronatec, Ciência sem Fronteiras e Prouni, muitos dos quais envolvem parcerias com instituições privadas.

As críticas ao Prouni focam principalmente nas vantagens que o setor privado de educação auferiu com a criação do programa. Segundo Cristina Carvalho,[71] o Prouni serviu como uma espécie de "Proer"[72] para a recuperação financeira das IES privadas endividadas e com alto grau de inadimplência e desistência. Este aspecto parece indicar que o lulismo teria sido responsável por arbitrar interesses que convergiram na estratégia de ampliar a ocupação do número de vagas em comum acordo com as empresas de educação.[73] Ademais, é bastante razoável afirmar que o Prouni foi bem

---

71 Cristina Helena Almeida de Carvalho, "O PROUNI no governo Lula e o jogo político em torno do acesso ao ensino superior". *Educação & Sociedade*, Campinas, vol. 27, nº 96, out. 2006.

72 O Proer – Programa de Estímulo à Reestruturação e ao Fortalecimento do Sistema Financeiro Nacional – foi implementado no segundo ano do governo FHC, em 1995, com a finalidade oficial de promover a recuperação de instituições financeiras com graves problemas de caixa, o que poderia gerar, segundo seus defensores, uma crise econômica sistêmica. O programa vigorou até 2001, quando da promulgação da Lei de Responsabilidade Fiscal, que proibiu aportes de recursos públicos para saneamento do Sistema Financeiro Nacional.

73 "Se a estabilização no número de egressos do ensino médio é um problema de política pública com a qual se ocupam (ou pelo menos deveriam) os gestores das políticas educacionais do País, ela não aparece como motivo de grande preocupação nas falas dos dirigentes de grandes grupos de ensino superior entrevistados. Para eles ainda existe, ao menos para o segmento que representam, uma margem significativa para o setor privado crescer. O cálculo é o seguinte: se o ensino superior absorve hoje cerca de 30% dos egressos do ensino médio, então, a disputa no setor é para atrair os 70% restantes que ainda não estão se dirigindo para o ensino superior. Esse raciocínio está por trás da manutenção de algumas estratégias adotadas pelo setor privado ainda na década de 1990 e da adoção de outras, mais ousadas, como colocar no mercado novas carreiras, modalidades e níveis de ensino." Sampaio. *Op. cit.* p. 35.

recebido pelo setor privado – mesmo que o programa representasse uma nova regulação, como crê Haddad – a partir do que declaram seus próprios dirigentes. É o caso de Hermes Figueiredo, presidente da Instituição Educacional São Miguel Paulista (mantenedora da Universidade Cruzeiro do Sul) e do Sindicato das Entidades Mantenedoras do Ensino Superior de São Paulo (Semesp). Em 2007, Figueiredo afirmava que,

> atualmente, o setor do ensino superior particular assiste a uma preocupante estagnação. Enquanto a oferta de vagas cresceu 5,2%, o número de ingressos aumentou apenas 1%, o que resulta em um número preocupante de vagas ociosas. Este dado não considera os ingressantes pelo Prouni. De acordo com os resultados do Censo da Educação Superior de 2005, a taxa de crescimento das IES privadas, sem levar em conta os alunos vinculados ao Prouni, foi de 6,6%. [...] Incluindo-se os alunos do Prouni, o crescimento foi de 9,2%.[74]

---

74 Hermes Figueiredo. "Barreiras para a expansão: sem parceria com as instituições privadas, governo não conseguirá atingir meta de triplicar acesso ao ensino superior". *Ensino Superior*, São Paulo, nº 100, jan. 2007.
Em um balanço mais recente, Paulo Cardim, reitor do Centro Universitário Belas Artes e presidente da Associação Nacional dos Centros Universitários (Anaceu), afirmou que "o que impede a expansão substancial do Prouni é o nível de renda familiar exigido dos candidatos às bolsas ofertadas pelo Programa. Tem direito à bolsa integral o candidato com renda familiar de até um salário mínimo e meio; para a bolsa de 50%, a renda familiar deve ser maior que um salário mínimo e meio e menor ou igual a três salários mínimos. Esse nível de renda é insuficiente para ampliar a rede de inclusão social do Prouni". Paulo Cardim, "Dez anos do Prouni: balanço e perspectivas". Disponível em http://www.belasartes.br/diretodareitoria/artigos/dez-anos-do-prouni-balanco-e-perspectivas. Acesso: 10 jun. 2014.

Enquanto o Prouni foi útil para que as instituições de ensino privado que aderissem ao programa compensassem com bolsas de estudo os tributos que já não vinham sendo pagos pelas próprias universidades, o Fies permitiu o acesso das classes baixas e, ao mesmo tempo, garantiu lucros respeitáveis para aqueles que ofereceram o serviço, livres da inadimplência, contemplando empresários e trabalhadores com uma única política pública, modelo que se viu reproduzido em outros programas federais, como o Minha Casa, Minha Vida. Os dois agentes financeiros do Fies são o Banco do Brasil e a Caixa Econômica Federal, que juntos promoveram a assinatura de 760 mil contratos, com um investimento total aproximado de R$ 25 bilhões até o fim de 2012.[75] Trata-se, com efeito, da garantia, para a instituição de ensino, do retorno financeiro, já que o financiamento quita o compromisso do estudante, que passa a dever para os bancos públicos.

Em relação às vagas nas universidades públicas, que também tiveram um acréscimo na década lulista, elas ficaram ainda muito aquém das particulares. No período entre 1998 e 2008, foram abertas 1252 instituições privadas, enquanto a proporção de vagas em instituições públicas em relação às privadas sofreu uma queda de 14,9% em 2000 para 10,5% em 2008. Segundo Marcia Lima,[76] pode-se considerar que o universo de IES públicas ficou estável, já que o governo federal promoveu a unificação de diversas faculdades e institutos tecnológicos, transformando-os em universidades.

A expansão do sistema público no Brasil, porém, receberia impulso significativo com a criação, em 2007, do Programa de Apoio a Planos de Reestruturação e Expansão das Universidades Federais (Reuni). Um balanço do programa, divulgado em junho

---

75 Cf. http://prouniportal.mec.gov.br/dados-e-estatisticas/9-quadros-informativos.

76 Lima. *Op. cit.*

de 2012 pelo MEC, apontou que as vagas anuais de ingresso na graduação mais que dobraram nas instituições federais, passando de cerca de 110 mil, em 2003, para mais de 230 mil em 2011. No mesmo período, o total de matrículas em instituições federais passou de 638 mil para mais de um milhão, ainda segundo o MEC. Com o Reuni, foram criados 2.046 novos cursos de graduação em diversos novos campi pelo Brasil, aumentando, assim, também a oferta de ensino público.

Há, contudo, questionamentos sobre a qualidade dessas vagas e sobre a demanda de vagas em algumas dessas localizações, resultado direto da desigualdade regional. "É possível que haja um descompasso entre o que vem sendo investido na expansão e adequação da rede federal e o que é transferido para o seu funcionamento", indica Paulo Corbucci, pesquisador do Instituto de Pesquisa Econômica Aplicada (Ipea). Para Marinalva Oliveira, presidente do Sindicato Nacional dos Docentes das Instituições de Ensino Superior (Andes-SN), o descompasso entre o orçamento federal e o ritmo de expansão das universidades reflete uma política de governo baseada numa "concepção privatista" do ensino superior. "A visão é muito empresarial, de gastar menos e fazer mais, e isso não cabe na universidade". Outra questão para o Andes é o déficit de professores. O número de contratações nos últimos anos teria sido insuficiente, e a iniciativa do MEC de criar a figura dos professores temporários teria impactado negativamente na qualidade do ensino. Oliveira cita ainda a lei aprovada em julho de 2012 que transforma 90% do total de R$ 15,7 bilhões em dívidas das faculdades particulares com a União em bolsas de estudo do Prouni. "Quando defendemos R$ 8 bilhões para a reestruturação da carreira, o governo afirmou que não tinha dinheiro. É uma concepção política, de privatização do ensino. A qualidade das universidades públicas vai decair".[77]

A importância do papel cumprido pelo Prouni para a manutenção da saúde financeira das instituições de ensino superior privadas é clara, mas há que se notar a ocorrência de uma inversão nas prioridades de governo e das IES, sobretudo com a chegada de Dilma Rousseff à presidência. Há dez anos, por exemplo, o ex-ministro Haddad afirmava que, "enquanto as bolsas atenderão aos estudantes mais desprovidos, o Fies poderá ser canalizado a uma faixa de renda um pouco superior, mais capaz de restituir o financiamento aos cofres públicos, reduzindo o risco da inadimplência".[78]

A nova prioridade dada à expansão do Fies sob Dilma foi demonstrada pelo jornal *Valor Econômico*, via Lei de Acesso à Informação. De acordo com levantamento do Ministério da Educação (MEC) para o jornal, universitários beneficiados pelo Prouni e pelo Fies somavam 31% do total das matrículas no sistema privado de ensino superior, o que representa 1,66 milhão de alunos de um total de 5,34 milhões em cursos presenciais. De acordo com o MEC, nos três primeiros anos do governo Dilma, os empréstimos ativos do Fies subiram de 224.782 para 1,143 milhão: *expansão de mais de 400%*. Já o orçamento do programa de financiamento teve alta

77 Daniel Cassol. "A universidade se universaliza?". *Revista Desafios do Desenvolvimento Ipea*, Brasília, nº 74, out. 2012.

78 "[...] é necessário repensar o mecanismo de financiamento estudantil privado. O Fies (Fundo de Financiamento ao Estudante de Ensino Superior) é cada vez mais deficitário porque o financiamento tem sido concedido a alunos carentes que têm tido graves dificuldades para adimplir o empréstimo contratado. O custo do Fies soma R$ 1 bilhão, sendo que apenas com a inadimplência consomem-se R$ 200 milhões ao ano. A revisão desse sistema tem de ser, obviamente, qualitativa, e não quantitativa: só aportar recursos ao Fies não corrigirá sua lógica deficitária". Haddad e Bachur. *Op. cit.*

nominal superior a 315% entre 2011 e 2013 – passou de R$ 1,8 bilhão para R$ 7,5 bilhões.[79]

O fato é que o peso do Fies em relação ao total de matrículas no primeiro triênio da petista subiu de 4,5% para 21,5%. No mesmo período, o peso das bolsas do Prouni permaneceu estável na casa dos 9,5%.[80] Assim, o Fies passou a ser, nos anos Dilma, a principal política pública na área de educação, tanto no alcance planejado quanto nos recursos reservados.

---

79 Luciano Máximo, "Fies e Prouni já respondem por 31% de matrículas de universidades privadas". *Valor Econômico*, 11 mar. 2014.

80 De acordo com Rodrigo Capelato, *ibidem*. diretor-executivo do Semesp, "depois de 2010, o Fies se transformou num divisor de águas no ensino superior privado. A taxa de juro anual caiu de 9% para 3,4%; antes era só a Caixa oferecendo crédito, aí veio o Banco do Brasil; o prazo de carência passou de seis para 18 meses; e o prazo de pagamento passou de uma vez e meia para três vezes o tempo do curso mais um ano".

II. Os prounistas estudados e seu lugar

A cidade de São Paulo é feita das trajetórias de vida de seus trabalhadores. A humanidade que sobrevive à desigualdade econômica, à especulação imobiliária, aos deslocamentos incertos, à violência física e simbólica e aos processos de irrupção das tensões da vida na metrópole se apropria como pode das possibilidades poucas que ela reserva à sua periferia. Atravessando todas essas camadas, o trabalho incide diretamente na forma com que os trabalhadores-estudantes se relacionam com as instituições de ensino ao longo da vida. O trabalho torna possível a "integração das integrações sem fazer desaparecerem as diferenças ou os conflitos".[1] Na conformação da atual universidade privada de massas voltada para as classes média-baixa e trabalhadora se estabelecem impressões mais ou menos próximas por parte dos entrevistados sobre a educação, invariavelmente conectadas ao

1 François Dubet. *La galère*: jeunes en survie, Paris: Fayard, 1987 apud Castel. *Op. cit.*

que o mercado de trabalho lhes exige. O espaço em que se situam na estratificação social aponta para o imediato, e suas expectativas de futuro, quando existem, sugerem para o observador que a nova questão social poderá lhes manter em um futuro entre "incluídos", mas não integrados. As dinâmicas familiar e social condicionam a visão de mundo dos prounistas, que respondem a esses estímulos por vezes com indignação, mas quase sempre com conformismo.

O objetivo deste capítulo, portanto, é apresentar esses estudantes buscando distinguir dois segmentos dentro do universo empírico deste estudo de caso, destacando elementos e personagens "alvos" do enfrentamento à questão social brasileira por parte das políticas públicas governamentais. Se a integração nunca esteve ao alcance da classe trabalhadora precária, o que representa o Prouni para eles? O que o futuro lhes reserva? Há futuro para os jovens trabalhadores no pós-fordismo periférico e financeirizado? A regulação lulista é esse futuro? Uma das maiores universidades privadas do país, aqui chamada de Universidade A, me permitiu observar por dentro o cotidiano de alguns trabalhadores-estudantes bolsistas do Prouni e tentar responder a essas perguntas.

Utilizando as posições ocupacionais definidas na Pesquisa Nacional por Amostra de Domicílios (PNAD), identifiquei dentre os entrevistados duas categorias, demarcadas por suas ocupações, locais de moradia, escolhas profissionais e perspectivas futuras. Observei as trajetórias de vida de 14 estudantes – seis bolsistas do curso de Pedagogia e oito bolsistas de cursos da área de tecnologia. Os dois grupos cursam a mesma universidade, mas a hipótese que apresento aqui é que se encontram em campos diferentes em termos de trajetória, ocupação e visões de mundo, e que esses caminhos estão profundamente ligados aos aspectos concretos da vida em sociedade a atingir cada um dos grupos. Representam frações de classe, respondendo ao seu modo à atomização do mundo do trabalho.

Na posição de estudantes universitários, futuros tecnólogos e pedagogas estão em busca de "rendas por credenciais"[2] a serem somadas às rendas do emprego. A qualificação profissional desses estratos, traz possibilidades concretas de melhoria nas condições de vida, sobretudo no caso das estudantes de Pedagogia, mas limitadas para ambos os grupos pela defasagem que já carregam, pelas ameaças da desintegração social e pelo risco da não-empregabilidade, isto é, vivem uma realidade longe da busca por prestígio que estaria reservada à classe média, para quem, como descreveria Pierre Bourdieu,

> instrumentos historicamente constituídos de transmissão de poder e de privilégios – a escola o mais eficiente deles, por sua aparência de neutralidade – servem para lembrar justamente que "o legado de bens culturais acumulados e transmitidos pelas gerações anteriores pertence *realmente* (embora seja *formalmente* oferecido a todos) aos que detêm os meios para dele se apropriarem".[3]

Além disso, como descobri ao longo da pesquisa, as possibilidades abertas para pedagogas e tecnólogos são diferentes para cada grupo, e as escolhas que são obrigados a fazer os colocam por vezes em posições antagônicas.[4] Diante do desafio de situar um estudo de

---

2 De modo que uma das considerações feitas por Wright *et al.*. *Op cit.*, quando confrontado o problema da classe média enquanto localização contraditória é a capacidade de um profissional ou especialista aumentar sua renda através de certificados ou credenciais, distinguindo assim as rendas por credenciais (*credential rents*), como o diploma universitário, das rendas do emprego (*employment rents*).

3 Pierre Bourdieu. *A economia das trocas simbólicas*. São Paulo: Perspectiva, 2009, p. 297 (grifos do autor).

4 Como diz Wright *et al.*. *Op. cit*, p. 287, "trabalhadores, por exemplo, encaram escolhas entre várias estratégias de mercado individuais (via treina-

caso nesse contexto, tomei como referência um campo de atuação tradicional, porém em longo processo de desvalorização social (a formação de professores), e um dos setores que, mesmo assim, mais cresceu nas últimas décadas. Esse campo sintetiza as principais características do atual regime de acumulação no setor de serviços e seu estudo de caso tem similaridades com a pesquisa de Braga, pois foca em um grupo que faz parte do precariado brasileiro: trabalhadores jovens, não-qualificados ou semiqualificados, sub-remunerados (recebendo, em média, 1,5 salário mínimo) e inseridos em relações trabalhistas que dificultam sua organização coletiva.[5] A fala de Jéssica, uma das estudantes de tecnologia entrevistadas, é representativa das dificuldades impostas aos jovens que buscam se inserir no mercado de trabalho por meio dos cursos de tecnologia, assim como daqueles que já estão na área e pretendem nela continuar, casos que veremos mais detidamente adiante.

> *Você acha que as pessoas que estão na área fazem esses cursos [de tecnologia] ou, ao contrário, elas fazem os cursos e depois vão para a área?*
>
> Tem pessoas que estão na área e só fazem o curso para ter diploma. Tem muita gente que quer entrar na área, como eu, então faz o curso para aprender. Aí, no meu caso é um pouco mais difícil, porque

---

mento, promoções, mobilidade geográfica etc.) e vários tipos de estratégias coletivas (sindicalização, política revolucionária etc.). E, é claro, eles encaram a escolha de participar de vários tipos de estratégias coletivas em progresso das quais eles podem se beneficiar ou ser um carona das ações de outros. Descrever membros de uma classe compartilhando interesses materiais comuns, portanto, sugere que eles compartilham dilemas comuns a respeito da ação coletiva assim como a busca individual por bem-estar e poder econômicos" (tradução minha).

5 Braga. A *política do precariado*. *Op. cit.*

> você chega sem saber nada, você chega com o básico que você tem para você concorrer com uma pessoa que já está na área. Então tinha muita gente que estava fazendo o curso comigo que só estava fazendo o curso para poder pegar o diploma. E tinha muito menino que tinha saído do ensino médio e foi fazer faculdade porque queria entrar na área porque o pai mandou... (Jéssica, 24 anos)

Com a estagnação do ensino médio, o problema é retomado como em uma espiral: uma crescente desvalorização deste nível de ensino e a proletarização do ensino superior. Com 24 anos, ela já trabalhou como babá, com transporte escolar, em uma gráfica e em *telemarketing* e no momento da entrevista, procurava emprego novamente. Naquele momento, por sinal, cinco deles estavam desempregados, mas apenas dois ainda não haviam trabalhado na área – Fernanda vinha de uma experiência como assistente na área de previdência privada e Luís Otávio tinha sido escriturário no Banco do Brasil, ambos com contratos temporários. Com exceção de Ricardo e Juliana, ele há três anos e meio e ela há dois anos trabalhando na mesma empresa, os demais são casos típicos da alta rotatividade que atinge o trabalho informacional. Jéssica é um caso emblemático: não por acaso, desistiu do curso antes da conclusão da pesquisa.

Os tecnólogos e a salvação pelo diploma

Jéssica fez um ano do curso de Tecnologia de Sistemas para Internet, no campus Barra Funda da Universidade A. Ela tinha uma bolsa integral do Prouni, mas não gostou do curso, que ela imaginava ser semelhante à publicidade ou marketing quando, na verdade, trata-se de um curso voltado para a área de tecnologia. Com 24 anos, filha de policial militar aposentado e de uma funcionária de escola pública, mora no bairro Cachoeirinha, na Zona Norte da capital. Sua experiência no telemarketing, ela classificou como "um pouco ruim, porque você tem que lidar com pessoas que se acham na razão de estar certas estando erradas". Por causa do estresse do trabalho, não permaneceu por muito tempo na profissão.

Como foi o seu primeiro emprego?

Eu trabalhei como babá. Eu olhava a filha da minha sobrinha, da minha cunhada... foi interessante, mas eu fiquei pouco tempo.

Você trabalhou outras vezes?

Trabalhei. Eu trabalhei como babá, de novo. Eu trabalhei com transporte escolar. Eu trabalhei como... eu trabalhei onde eu estou fazendo curso agora. Eu trabalhei com telemarketing. Trabalhei em gráfica. Eu fiz bastante coisa depois.

Você trabalhou quanto tempo com telemarketing?

Dois anos. Não, foi um ano e meio numa empresa... é, foi dois anos. E seis meses em outra.

O que você achava do trabalho?

É uma coisa para quem quer ganhar dinheiro fácil e rápido. Porque essa empresa foi boa para ganhar dinheiro fácil e rápido, mas é uma coisa que se você não tomar cuidado, você vai acabar surtando lá dentro.

Por quê?

Porque é uma coisa muito puxada, o funcionário é muito desvalorizado. Apesar de você ter a parte financeira boa, mas não compensa muito. Mexe muito com a estrutura psicológica da pessoa. O tempo que eu trabalhei lá... eu saí de lá por questões de saúde, porque eu já não estava mais aguentando, estava mexendo... mexe muito com o seu psicológico... dependendo da área que você trabalha, se é no SAC [Serviço de Atendimento ao Consumidor], se é cobrança, se é atendimento ao cliente, se é vendas... é meio puxado.

Você trabalhou em qual setor?

Eu trabalhei sempre com cobrança. Seis meses eu trabalhei com cobrança de cartão de crédito e um ano e meio eu trabalhei com cobrança de veículo.

Difícil?

Um pouco. É ruim porque você tem que lidar com pessoas, pessoas que se acham na razão de estar certas estando erradas. É difícil.

É verdade que há um controle até para ir ao banheiro?

É verdade. Pelo menos onde eu trabalhava, assim, não... os gerentes não passavam, não tinham muito contato como a gente, mas os supervisores, se você levantava muitas vezes para ir no banheiro eles ficavam questionando. "Por que você está indo no banheiro? Você está demorando demais". Até que mudou de sindicato da empresa que eu estava e o sindicato foi lá. Aí a gente perguntou e gravou. "Isso é justo? Isso está certo? A gente não poder ir no banheiro. Poder só ir no banheiro nas horas das pausas e não poder ir no banheiro em outro horário?" O

> sindicato falou: "não, isso está errado". A gente até gravou para mostrar para os supervisores. "Não, eu vou no banheiro a hora que eu quero e a hora que eu preciso". Mas acontece.
>
> *Deu certo?*
>
> Em partes, deu. Deu porque eles não podiam mais reclamar, não podiam mais falar nada, porque a gente sabia que a gente estava dentro da lei. (Jéssica, 24 anos)

Dentro do contexto do trabalho informacional, identificamos nesses jovens o interesse prioritário *em se manter em condições competitivas no mercado de trabalho* que, por conta da grande oferta, seleciona cada vez mais pelo critério do diploma. A racionalidade por trás das decisões dos entrevistados é medida a cada passo, e elas nada têm de aleatórias. A condução dos estudos é pouco valorizada e a relação cliente/empresa se afirma para eles sobre a questão pedagógica. Os trabalhos de curto prazo são a regra. Os entrevistados desse estrato, apesar de disporem de poucas possibilidades de ascensão social através da formação universitária de tecnólogo, parecem conformados em apenas manter seu status social, o que os conduz a perspectivas bastante limitadas e, ao mesmo tempo, mostras de frustração: estas se manifestam quando esses estudantes são confrontados com a necessidade de reflexão sobre o futuro e planos de longo de prazo. Ou seja, as preocupações imediatas os levam a conformação, e a elas tentam se apegar como fuga da fragilidade das opções futuras.

> *Você acha que a sua vida, da sua família, vai melhorar nos próximos anos?*
>
> Olha, eu pretendo que melhore, eu espero que melhore. Se continuar do jeito que está a gente vai con-

> tinuar estável. Porque a gente vai continuar do jeito que dá, do jeito que pode, do jeito que consegue... Se as coisas melhorassem um pouco mais, todas essas questões políticas, sociais, tudo, acho que poderia melhorar. Eu espero que melhore porque... aí que nem eu te falei, a geração que está vindo agora, a gente que está começando, o pessoal que vem depois de mim, eles têm uma visão um pouco mais diferente do que os meus avós tinham, os meus tios, que são mais velhos, tinham. Então eu espero que com isso tudo... vai melhorar, porque como eu te falei, ou vai ter guerra, porque vai ser uma contradição muito grande de formações de ideias, ou vai resolver. Então ou vai melhorar ou vai decair de vez. (Jéssica, 24 anos)

Anderson é um exemplo desse fenômeno importante do mundo do trabalho e que acompanha a expansão relativamente recente do trabalho informacional. Ele tem 19 anos, estuda Ciências da Computação no campus Barra Funda da Universidade A, mora com a mãe no Brás e sustenta a casa com o novo salário, de 1,5 salário mínimo – ele trabalha como programador[6] há cerca de dois anos em uma empresa de desenvolvimento de *websites* no município de

---

6 A carreira de programador recebeu tratamento privilegiado pelos estudos do pós-fordismo informacional a partir do conhecido estudo de Manuel Castells, *A sociedade em rede*. Rio de Janeiro: Paz e Terra, 2016. Contudo, para Ruy Braga. "A vingança de Braverman: o infotaylorismo como contratempo". *Op. cit.*, tomando como base os trabalhadores das Centrais de Teleatividades (CTAs), ao contrário da promessa de emancipação presente na utopia da sociedade da informação, a realidade do setor difere bastante da proposta por Castells, mostrando contradições e ambivalência. O que pretendo destacar aqui é que, a despeito de estar inserido nesse contexto, a possibilidade de que um jovem formado em uma universidade privada brasileira de massas venha a se integrar à utopia informacional é mínima, restando-lhe o *contratempo* observado por Braga.

São Caetano do Sul, primeiro como estagiário e depois efetivado. Seus pais são separados: ela é manicure e ele, professor de história na rede pública. Como já trabalhava na área, Anderson repetiu o exemplo que é a regra entre os tecnólogos que entrevistamos: procurou um curso que lhe garantisse o diploma, fundamental para crescer na empresa, tendo começado na posição de estagiário. Havia sido registrado na empresa poucas semanas antes da nossa primeira entrevista. Ele representa um grupo de trabalhadores que tem crescido de maneira exponencial, desde o início das privatizações no setor de telecomunicações no país, na segunda metade da década de 1990. Anderson, um dos mais jovens, deposita confiança no futuro, mas sabe que a formação que está adquirindo na Universidade A está mais assentada no âmbito da exigência do mercado do que necessariamente em um diferencial qualitativo.

> Cara, eu acho que vai abrir bastante coisa, vai abrir bastante oportunidade, porque na minha área é necessária uma faculdade, 80% das vagas são pra pessoal formado, então se você não se forma você não tem como arrumar uma vaga, por menor que seja a vaga. Então eu acho que vai abrir algumas portas, algumas oportunidades boas.
>
> *Mas então você acha que a universidade é uma exigência ou ela de fato abre portas?*
>
> Antes, eu acho que ela abria portas, agora é mais como exigência. Porque tem muito cara que entra, assim... o cara fez administração, mas tá entrando num cargo completamente diferente. Então a faculdade acabou se tornando uma exigência... algum conhecimento em si, você aprende o que você precisa pra entrar. Tem muito cara que faz só por fazer e

> pronto, só pra ter uma faculdade, um diploma e pra conseguir uma vaga. Então, acho que hoje em dia é mais uma exigência do que uma abridora de portas. (Anderson, 19 anos)

O otimismo de Anderson com o futuro contrasta com a pouca materialidade que ele é capaz de colocar nos seus projetos futuros. Ele sabe que a formação que a faculdade lhe proporciona serve apenas como uma garantia mínima, a de não ser eliminado nessa primeira barreira do mercado de trabalho. O otimismo serve como um valor ético, atemporal que, ao contrário de negar o extremo realismo que ele e os demais cultivam, os paralisam em naquela condição de curto prazo. Como diz Sennett, Anderson "tornou-se estático; está encurralado na pura e simples afirmação de valores".[7]

Juliana, estudante do curso de Sistemas da Informação no campus Vergueiro, tem 19 anos ainda também não pensa muito sobre o futuro, mas tem opiniões agudas sobre o presente. Ela acha que seus colegas na Universidade A *não se esforçam muito*, e pensa o mesmo sobre seus amigos do bairro do Jabaquara, na Zona Sul, alguns deles moradores de uma favela nas proximidades do seu condomínio – bairros de classe média baixa como o Jabaquara continuam a formar habitações precárias como resultado do aumento do custo de vida na capital e da opção de muitos por se manterem próximos ao emprego.[8] Para ela, "ninguém mais pega na sua mão e diz que tem que fazer porque é importante", afirma em relação ao ensino atual, de modo que "você faz se você quiser" e quem não se esforça não consegue continuar. Para ilustrar sua tese, ela calcula que no seu primeiro ano na universidade, mais da metade da turma desistiu ainda

---

7 Sennett. *Op. cit.* p. 31.

8 Lúcio Kowarick. *Escritos urbanos*. São Paulo: Editora 34, 2000.

no segundo semestre.[9] Há dois anos está numa empresa de cobrança no centro da capital, como auxiliar de suporte técnico, com carteira de trabalho assinada e salário de R$ 900,00. Como mora com os pais, oriundos do interior do estado, paga com seu salário a diferença na mensalidade do curso, já que sua bolsa do Prouni é parcial. Sua mãe é contadora e seu pai é motorista na Prefeitura de São Paulo e, para conseguir uma renda extra, ele conduz panfleteiros para os locais onde fazem serviços sob demanda de lojas e serviços financeiros nos fins de semana.

Muito apegada aos pais, Juliana conta do orgulho deles em ver o irmão (também aluno da Universidade A) e ela no ensino superior, que eles não tiveram oportunidade de cursar – sentimento recorrente entre os pais dos entrevistados, o que se explica em parte pela relação demonstrada por Pialoux e Beaud de uma geração anterior com as próprias referências e a sofrida constatação de que nada têm a ensinar a seus filhos, trabalhadores precários cuja experiência e o destino profissionais

> demonstraram, de alguma forma, a numerosos operários da fábrica que, daí em diante, era amplamente ilusório acreditar que seus filhos poderiam entrar sem 'bagagens' na fábrica e que também se tornara aleatório apostar na inserção profissional estável pela via tradicional do ensino profissional".[10]

9 A percepção de Juliana é justificada pelos números. Segundo o Censo da Educação Superior, em 2013 as matrículas em cursos de graduação tecnológicos chegaram a 852.577 (presencial e à distância). Desses, 466.00 pessoas chegaram a ingressar no curso, mas apenas 176.724 conseguiram concluí-lo. INEP. *Op. cit.*

10 Pialoux e Beaud. "Permanentes e temporários". *Op. cit.*

Mas Juliana tem uma opinião *sui generis* sobre o diploma universitário, extremamente realista. Para ela, o certificado de conclusão é "aquela coisa escrita", "burocrática", "para colocar no currículo" e que importa mais porque as empresas exigem. Não que ela não considere necessário adquirir conhecimento, mas "não é só o diploma que faz uma pessoa, mas sim o esforço". Além do mais, "o conhecimento está na nossa cara" diz, se referindo à internet. O esforço e o mérito atravessam toda a sua fala, em praticamente todos os temas.

> Para mim, o diploma não é fundamental. Eu, infelizmente, estou fazendo só para ter no meu currículo. É claro que eu busco o conhecimento também, mas hoje as empresas só querem ver o que está escrito no seu currículo. Na verdade, acho que o objetivo de todo mundo é esse mesmo. (Juliana, 19 anos)

Sem a mesma desenvoltura de Juliana e com muito menos ênfase, Luís Otávio, de 21 anos e morador do Itaim Paulista, diz que incrementar o currículo é prioridade. Tanto que ele faz dois cursos ao mesmo tempo. Enquanto cursa Gestão de Tecnologia da Informação na unidade Vergueiro da Universidade A, com bolsa integral do Prouni, frequenta ainda um curso de Tecnologia da Informação em outra universidade privada da capital. Seu pai trabalha em uma tecelagem no Bom Retiro, região central, e sua mãe tem uma oficina de costura em casa. Ambos são de São Paulo (seus avós são mineiros). Ele não sabe bem por que escolheu o campus Vergueiro em detrimento do Barra Funda, próximo da Linha 3-Vermelha, que leva à Zona Leste. Era importante estar próximo do metrô, ele diz, sem nem mesmo verificar quais eram os cursos disponíveis na unidade mais próxima. Ele atribui toda sua disposição de estudar à namorada, sete anos mais velha, que o inscreveu nos dois cursos que faz. "Graças a ela", diz, "que me inscreveu para o Enem. Antes disso eu não fazia. Eu ainda estava pensando o que eu queria. Aí ela que falou, 'você gosta dessa parte de informática, vê se você gosta'". Luís Otávio trabalhou como escriturário no Banco do Brasil e saiu ao fim do contrato de um ano, quando recebia R$ 1000,00 mensais (pouco menos de 1,5 salário mínimo).

Por que você escolheu a Universidade A?

Na verdade, eu olhei, aí apareceu os nomes lá, Universidade A... pronto. Não teve muitos detalhes. Foi mais por olhar a pontuação e a repercussão do curso. Olhei a grade, mas a grade não influencia tanto das outras.

O que te interessou nessa área?

Ah, então, na verdade eu entrei nessa área meio sem saber como ela funcionava, porque eu era da parte de ferramentaria. Aí eu queria algo que me ajudasse com raciocínio lógico, porque quando a gente trabalha essa área de ferramentaria, a gente precisa ser muito preciso. E a gente precisa pensar, tipo, cinco, seis passos muito à frente. E eu descobri que envolvia esse jeito, só que o jeito menos perigoso, porque a gente não precisa operar aquelas máquinas e afins. Aí eu falei, "bom, vou tentar".

E por que você escolheu esse curso, especificamente?

Porque complementava o outro que eu estava fazendo. A Universidade A também tem um bom nome. Aí eu olhei conceitos, vi que era a maior pontuação. Apesar da minha nota no Enem não ter sido muito alta, eu vi que dava pra ter ficado com uma das

> vagas. Aí eu falei, "bom, então eu vou tentar duas oportunidades. Ou eu continuo no TI, eu coloco Gestão de TI como primeira e tento me manter aqui, ou escolho Logística e tento me manter no banco". Até pensar em outra coisa. Aí eu consegui entrar aqui. (Luís Otávio, 21 anos)

Essa busca pouca refletida por qualificações profissionais não chega a ser novidade diante da reprodução do trabalho precário que faz da precariedade a condição do moderno capitalismo brasileiro. Luiz Pereira, ao estudar as escolas profissionalizantes e a formação da mão de obra operária nos anos 1960 – que tem no Estado elemento central do processo de acumulação, investindo recursos públicos (ou abrindo mão de impostos) na qualificação em favor do aumento da produtividade e liberando o empresário industrial dessa tarefa –, vê o operário como sujeito ativo do processo de qualificação técnica do trabalho na fábrica.[11] Por seu lado, a busca por cursos de qualificação ainda mantinha uma perspectiva de estabilização em uma determinada função na fábrica, que pouco poderia variar, o que não parece ser o caso de trabalhadores como Luís Otávio, premidos pelas incertezas dos planos e empregos de curto prazo e pela busca desesperada, porém irrefletida, por certificados redundantes.

Juliana e Luís Otávio têm opiniões parecidas sobre a própria formação, mas as expressam de maneira bastante diferente. Enquanto a primeira parece decidida e ressalta o mérito pessoal e o esforço que para ela independe do ensino superior, o segundo é "empurrado" pela namorada, dá passos sem muita clareza e imagina que a formação universitária deve bastar para a vida que decidiu quase que por acaso. Durante a entrevista, ele por diversas vezes

11 Luiz Pereira. *Classe operária: situação e reprodução*. São Paulo: Duas Cidades, 1978.

definiu a universidade, a política e o bairro como tendo "coisas boas e coisas ruins", sem nunca manifestar opiniões firmes. Mas ambos estão no mesmo campus, em cursos afins, e razoavelmente satisfeitos com a Universidade A. Eles não tentaram uma universidade pública e estão preocupados com o currículo. Não que qualquer outro jovem inserido ou prestes a entrar no mercado de trabalho também não se preocupe, em alguma medida, com seu currículo. No entanto, não estão em uma disputa de prestígio, nos termos de Bourdieu, mas lutam por uma inserção menos precária no mercado de trabalho.

Com gradações não muito notáveis, os alunos entrevistados demonstram, de modo geral, pouca noção do que esperar do futuro nas profissões que escolheram e seguem quase como barcos à deriva no amplo mercado do trabalho informacional. Típico de uma geração marcada pela inserção precária no mundo do trabalho, eles se preocupam em resolver seus problemas imediatos – se manter no emprego e ajudar nas contas da casa –, em um setor que muda de perfil constantemente pela introdução de novas tecnologias e pelo tipo de regulação pós-fordista. Em nenhum momento algum deles se referiu a perspectivas de longo prazo, denotando tanto uma acomodação com uma certa estabilidade econômica momentânea, mas que os fazem fugir de reflexões mais aprofundadas, quanto uma necessidade inerente à rotatividade deste setor, que exige mais certificados e devolve baixos salários e pouca estabilidade.

Outro aspecto da mesma questão é que as características da expansão do ensino superior no Brasil fazem com que a massa de cursos oferecidos pela rede privada na área de tecnologia se assemelhe muito aos cursos técnicos de nível secundário, implicando em um achatamento da qualidade do ensino entre os dois níveis.[12]

12 O conceito Enade é um indicador de qualidade que avalia o desempenho dos estudantes a partir dos resultados obtidos no exame e vai de 0 a 5. No

Assim, a desvalorização do diploma universitário no Brasil equivale à desvalorização do ensino médio do estruturado sistema de ensino francês, como vimos na comparação com o estudo de Beaud e Pialoux.[13] Para ilustrar a questão em termos práticos, o professor Fabrício, que paralelamente ao emprego na Universidade A faz doutorado na Escola Politécnica da USP, afirma não se sentir "fazendo um papel de professor de ensino superior". Ele classifica o nível dos alunos, a quem se esforça em ensinar conceitos de gestão de planilhas e bancos de dados, entrada e saída de produtos de um estoque ou a relação de fornecedores, como um "técnico avançado".

> Você faz chamada, todos "vazam" [vão embora], não estão nem aí. Muitos simplesmente faltam e não estão nem se importando. Então, assim, o aluno também não tem muita consciência, simplesmente ele acha que ele está comprando o diploma, a Universidade A acha que ela está vendendo. Agora, tem alunos bons? Tem. Eu diria que eu dou aula para uns 10%, assim, no máximo, por turma. Fazer o ensino superior de verdade, no sentido de você pedir "olha pessoal, leiam o capítulo tal, se vocês quiserem eu estou aqui para dúvida. Qualquer coisa, procura o monitor". Isso não existe aqui. Tem que pegar o cara pela mão, justamente pelo perfil do cara. Não adianta. Se você não fizer isso, não sai nada. O cara não sai do lugar. Ele é muito pouco autônomo. O aluno tem uma baixa autonomia absurda. (Fabrício, professor da Universidade A - Barra Funda)

---

exame de 2014, por exemplo, um curso como o de Tecnologia em Análise e Desenvolvimento de Sistemas na Universidade A, com duração de cinco semestres, tem conceito Enade de 1,5099 (faixa 2). O curso de Pedagogia tem conceito 2,6965 (faixa 3).

13 Beaud e Pialoux. *Retorno à condição operária*. *Op. cit.*

Neste ambiente educacional pouco promissor, uma das características que diferenciam os bolsistas do Prouni dos demais é a dedicação pessoal, como veremos adiante. Um dos "bons alunos" para quem Fabrício ministra seu curso é Rodolfo, 22 anos, estudante de Segurança da Informação no campus Vergueiro. Em uma noite de outubro de 2014 em São Paulo, ele me recebeu na entrada da faculdade, usando sobretudo e com ar soturno: Rodolfo seria o que se pode chamar nestes tempos de *geek*, um aficionado por tecnologia, jogos eletrônicos, e toda uma subcultura ligada ao mundo da fantasia, do *Role-Playing Game* (RPG), das histórias em quadrinhos, dos filmes de ficção científica e dos *mangás* japoneses. O sobretudo, ele me contou ao final da entrevista, é uma referência ao filme Matrix (1999), que o inspirou também a buscar na internet seu nicho: redes sociais não convencionais e o mundo dos *hackers*. Não por acaso, ele chegou a ser próximo do Anonymous, a comunidade global que, de forma descentralizada, organiza protestos virtuais pelo mundo e cujo símbolo é a máscara do personagem V, da *graphic novel* V de Vingança.[14] O caso de Rodolfo é excepcional: ele escolheu o curso de Segurança da Informação porque é a opção mais próxima de suas afinidades, "mas não para sair invadindo as coisas e roubando bancos", alerta cautelosamente.

Mas Rodolfo também tem uma vida "real" e certamente ele é o que se encontra mais próximo da classe média entre seus pares entrevistados. Seu primeiro emprego foi em 2009 como estoquista em uma loja de roupas, onde ficou por cerca de sete meses. Na épo-

14 Um bom histórico da origem do Anonymous em 2005 a partir de comunidades e fóruns online, de sua ideologia niilista e da maneira como o grupo tem se inserido no debate político americano, ver Dale Beran, "Trump, os nerds do 4chan e a nova direita dos Estados Unidos". *Folha de S. Paulo*, 19 mar. 2017. Disponível em: http://www1.folha.uol.com.br/ilustrissima/2017/03/1867370-trump-os-nerds-do-4chan-e-a-nova-direita-dos-estados-unidos.shtml. Acesso em: 15 dez. 2017.

ca, ele fazia o ensino médio e trabalhava, quando começou a fazer um curso técnico de informática em uma Escola Técnica Estadual (Etec), junto do ensino secundário, e deixou o emprego. Assim que ele nasceu, os pais e as duas irmãs mais velhas se mudaram para a Vila Mariana, atualmente um bairro de classe média na Zona Sul. Segundo Rodolfo, a Vila Mariana é "na medida, porque ela não é um bairro só de quem é de poder aquisitivo alto, nem de quem é de poder aquisitivo muito baixo". Seus pais vieram de Pernambuco, ele é cozinheiro e ela, babá. O pai começou como auxiliar de cozinha em padarias quando chegou a São Paulo, e conseguiu progredir até se tornar cozinheiro profissional. Eventualmente visitam parte da família que ainda mora no interior do estado nordestino.

A despeito da inflação que atingiu o valor dos imóveis na capital nos anos 2000 (e principalmente em bairros próximos ao centro como a Vila Mariana), Rodolfo justifica a melhora das condições de vida ao fato de ele e suas irmãs terem começado a trabalhar cedo e porque o aluguel é antigo e os donos são amigos da família. Diz que sem o Prouni não teria como fazer faculdade e, desempregado, não poderia arcar com a despesa. Começou a se interessar por informática ainda durante o ensino médio frequentando um telecentro da Prefeitura de São Paulo, implementado pela gestão petista da ex-prefeita Marta Suplicy, quando teve a primeira oportunidade de acessar a internet. Rodolfo admite que a situação da família melhorou nas últimas décadas, apesar de atribuir, como é recorrente nas entrevistas que fiz, a relativa estabilidade econômica atual ao trabalho e à perseverança da família.

> Eram três crianças pra alimentar, e o que eles tinham, assim? Eles começaram só com o emprego do meu pai. E a gente morou de aluguel. Aliás, antes das outras casas também, eles foram mudando de aluguel em aluguel. E quem sustentava era meu

pai. Minha mãe estava grávida de mim. As minhas irmãs, a gente nasceu em anos diferentes, então foram pelo menos uns três anos, ou mais, nesse ritmo antes de vir pra casa onde a gente está agora, na Vila Mariana. Era pior antes. A gente só tinha o básico, se você analisar bem, até o suficiente, eu diria, que é um sofá, a casa, a comida, a cama. A gente dormia em camas de madeira, então era engraçado aquelas camas espalhadas pela casa. A casa, agora, passou por algumas melhorias, tipo, não tinha reboco na parede, era só no tijolinho. Lá tinha uma área que era um sítio, a dona do terreno segmentou a área e fez daquele sítio um estacionamento. Aí reduziram o nosso espaço, e com o movimento das máquinas deteriorou um pouco a casa. Aí foi passando o tempo e a gente foi reparando. Aí o pessoal já começou a trabalhar, minha irmã fez faculdade e começou a trabalhar, minha outra irmã também, depois eu, aí a situação foi melhorando, porque eles já não precisavam custear sozinhos a casa nem a assistência dos filhos. Ou, pelo menos, não o tempo todo.

E como vocês estão hoje?

Eu diria que melhorou assim. Todos os familiares, a gente tem uma história de luta assim, por trás, sabe? A minha irmã, pra começar a trabalhar, pra custear a faculdade, fez faculdade privada, ela custeou. Ela corria, mudava de emprego com certa frequência pra encontrar um que conseguisse pagar, e pra ela conseguir se estabilizar e tudo mais. A mesma coisa pra minha outra irmã. Elas também fizeram ensino público, só que a escola delas não... elas não tiveram a mesma sorte que eu tive de encontrar uma escola que funcionasse. Assim, diga-se de passagem, a escola onde elas estavam não funcionava. Comigo foi assim também, só que foi um pouco mais tênue, porque o meu ensino médio aconteceu de forma relativamente tranquila. Teve esse contratempo por causa do trabalho no estoque, né, que atrapalhou um pouco ali no finalzinho do ensino médio, por motivos óbvios, não conseguia administrar meu tempo, e era uma folga por semana. E era em shopping, então eu nunca saía antes do horário necessário, era sempre mais. Acordava seis horas da manhã e chegava em casa meia-noite, tinha que tomar banho, tudo mais.

E depois, o que você fez?

Trabalhei por dois anos, na área de tecnologia, e nos últimos meses aí eu fiz uma aposta em uma *startup*.[15] A aposta não rolou, e agora eu estou desempregado.

Você tentou ser empreendedor, então?

Não, na verdade eu fui participar de uma *startup* aí. Eu fui participar de um empreendimento que já estava rodando, mas o desafio aí era diferente, era um contexto diferente, aí não rolou.

15 Uma companhia *startup* é uma empresa recém-criada e em fase de desenvolvimento e pesquisa de mercado. O termo se tornou popular internacionalmente durante a bolha da internet, quando um grande número de empresas "ponto com" foram fundadas. Por ser embrionária, umas de suas características é contar com baixos custos iniciais, apesar do risco inicial típico desse tipo de empreendimento.

> *Mas você estava empolgado com a ideia?*
>
> Estava empolgado. Era algo diferente do que já tinha trabalhado, porque eu trabalhei em consultorias muito tradicionais, e era diferente trabalhar na *startup*. E lá é totalmente diferente, a maneira como as coisas são organizadas, como o pessoal se ajuda. Como uma *startup* eles precisam que todo mundo tenha bastante responsabilidade em diversas tarefas diferentes, já que não é tudo separado em setores grandes, lotados de pessoas. (Rodolfo, 22 anos)

Se para Rodolfo, que apesar de ter rodado por muitos empregos, fazer parte de um pequeno, mas arriscado empreendimento é até viável – ele diz que abriu mão da empreitada para se qualificar, mas sugere que deu um passo além das possibilidades –, a regra entre os entrevistados segue sendo a da dificuldade em manter padrões de vida médios. Mesmo no seu caso, há a sensação de que o custo de vida teria aumentado nos últimos anos. Para ele, que expressa maior desenvoltura ao comentar a questão, mesmo que de forma imprecisa, "a avaliação que a gente [a família] vê ao longo dos anos, do quanto era possível levar para casa com R$ 50,00 em, sei lá, 2002, e agora, é gritante".

> Eu diria assim, o dinheiro hoje fica justinho porque é tudo planejado agora. Antes a gente tinha mais uma flexibilidade em relação a esse tipo de compra. Agora tem que ser feita com mais cuidado. Então não acaba sobrando, mas não falta, porque a gente acaba procurando alternativas, a gente reaproveita. A gente nunca teve problema em visitar bazar pra verificar se tem alguma coisa bacana por lá que seja útil pra casa, tipo roupas ou coisas assim. Tem que

> ser feito mais um planejamento mesmo, porque subiu muito. (Juliano, 22 anos)

O contexto de desigualdades locais no tecido urbano de São Paulo também influencia a percepção dos alunos diante dos obstáculos colocados pela inserção no mercado de trabalho. Em outra região da cidade, jovens que veem no trabalho informacional uma saída para um eventual destino operário miram um estilo de vida diferente e semelhante ao da classe média tradicional. Apesar de reconhecer o Itaim Paulista como uma região carente, Fernanda, aluna do curso de Tecnologia em Sistemas para Internet no campus Barra Funda, não leva esse aspecto em consideração quando compara seu bairro à Zona Sul paulistana, mais desenvolvida. Filha de pais nordestinos divorciados – a mãe é pernambucana e dona de casa e o pai, com quem não tem contato, é baiano – ela, com 24 anos e mãe solteira de uma filha, costuma sair do bairro no extremo da Zona Leste para se divertir na Zona Sul. Fã da série de literatura medieval *Game of Thrones*. Fernanda se identifica com o lugar no qual gostaria de estar.

> *O que você identifica de tão diferente assim entre as zonas Leste e Sul?*
>
> Na Zona Leste, eu não gosto muito dos bares de lá. Não gosto. A estrutura dos lugares, a educação das pessoas... é tudo diferente, os hábitos. A gente tá na mesma cidade, mas de uma zona pra outra é completamente diferente.
>
> *Por que você acha que é assim?*
>
> Não sei te dizer. Não posso dizer que é a condição financeira porque isso não influencia na pessoa, isso

> vem da cultura dela mesmo. Mas na Zona Leste, eu acho muito bagunçado. Eu não me identifico com a Zona Leste. (Fernanda, 24 anos)

Fernanda procurava estágio na área quando conversamos pela primeira vez, em 2013 – ela diz não ter se identificado com o último emprego de onde havia saído cerca de dois meses antes da entrevista, como escriturária na área de previdência privada do Banco do Brasil. Para isso encarou o ciúme do ex-marido, que não a deixava estudar, prestou o Enem e mirou na área de Tecnologia da Informação (TI). Mas assim como outros entrevistados, escolheu o curso pela facilidade de acesso – ela gosta mais de banco de dados, "que é a parte que está por trás do que você vê" na internet, explica.

Também vivendo no extremo da Zona Leste, Ricardo é aluno do curso de Sistemas da Informação no campus Barra Funda – o curso ensina a elaborar softwares que vão desde programas básicos de controle de estoque até sistemas de processamento de informações. Morador do bairro de Ermelino Matarazzo, ele tem 28 anos – o mais velho dos estudantes de tecnologia que entrevistei. Seu pai, gerente de uma loja de material de construção, e sua mãe, dona de casa, são separados e ele sustenta a casa em que mora com a avó, trabalhando em tempo integral em uma empresa de *outsourcing* de impressão[16] há três anos e meio, com salário de R$ 1.100,00 (cerca de 1,5 salário mínimo), perto do aeroporto de Cumbica, em Guarulhos. Costuma passar os fins de semana na casa da namorada, em

16 A gestão de *outsourcing* de impressão centraliza o processo de cópia, digitalização, encadernação, entrega e impressão dos documentos de uma empresa. A terceirização ou *outsourcing* é uma prática empresarial que pode ser usada para atividade-meio e atividade-fim. É considerada como uma forma de redução de custos com os trabalhadores das atividades-meio ao se contratar uma empresa terceirizada para fornecimento da força de trabalho de um profissional.

Carapicuíba, município da Região Metropolitana de São Paulo, e não costuma sair muito pela cidade, inclusive porque acha o transporte público "uma porcaria".

> *O que você acha da Zona Leste?*
>
> Putz, a Zona Leste... é complicado, também. Lá tem muita desigualdade, assim, de um bairro pra outro você vê uma diferença muito grande. Que nem, a diferença do Tatuapé pra Penha, que é um bairro bem próximo do outro, é gritante. No Tatuapé você vê prédios, mas prédios bonitos pra caramba, é outro padrão social. E na Penha que é do lado você vê... tipo, é nítido a divisão que tem isso daí. (Ricardo, 28 anos)

Cético, Ricardo não tem uma boa avaliação sobre o seu curso e sua universidade que "não deixa o pessoal pegar pesado com os alunos, porque as pessoas vêm de escola pública, e você percebe que o conhecimento delas é baixíssimo". Antes da Universidade A, Ricardo chegou a fazer o mesmo curso em outra universidade privada em São Paulo com mais prestígio, mas aí "aconteceu uns problemas com a nota de corte" e ele teve que mudar de universidade. O comentário vago e outros eufemismos indicam que ele não tinha mais condições financeiras de se manter na tradicional universidade paulistana. A experiência anterior explicita para ele a diferença nas possibilidades de mobilidade social. Para Ricardo, na Universidade A, "sem estudar, você passa".

> *Ricardo, como você avalia a Universidade A?*
>
> Por ter tido a experiência de estudar no Mackenzie, é uma diferença gigantesca. Por algumas coisas que eu

> aprendi no Mackenzie em 2009 e fui aprender aqui, é gritante a diferença. Eles não chegam nem perto do conteúdo que o Mackenzie chegou a passar.
>
> *Você acha que isso prejudica sua formação e sua posição no emprego?*
>
> Não, porque a possibilidade de crescimento lá já acabou. Eu preciso de crescimento profissional e melhorar. Então eu preciso sair de lá e arrumar outra coisa na área. Só que eu me sinto um pouco despreparado para enfrentar o mercado de trabalho na área de programação, essas coisas. Claro, eu poderia me empenhar um pouco mais, só que eu não consigo, no meu trabalho eu não tenho possibilidade de ficar estudando, o horário de almoço é curto demais e não tem nada próximo pra almoçar. E a faculdade, deixando um pouco a desejar, eu me sinto um pouco despreparado.
>
> *Em relação à universidade pública, você acha que tem problemas de acesso para as pessoas que trabalham?*
>
> Com certeza, porque a universidade pública você tem que ficar lá o dia inteiro. E como que você se mantém? Não tem como você se manter. (Ricardo, 28 anos)

Ricardo, com uma idade que extrapola a média dos estudantes de tecnologia, naturalmente apresenta situação econômica mais estável que os demais, o que, no entanto, não lhe garante um futuro mais promissor, como vimos em suas declarações. No caso das alunas de Pedagogia, por mais que tenham opiniões semelhantes sobre a qualidade da universidade, escolhem o curso motivadas por valores como vocação, gosto por ensinar ou afeição por crianças, ao invés do extremo pragmatismo que caracteriza a escolha dos estudantes de Sistemas da Informação, Tecnologia em Sistemas para Internet e assemelhados. Como discutimos no Capítulo 1, cabe a instituições como a Universidade A abastecer o mercado de trabalho com mão de obra pouco qualificada e rapidamente disponível. Não é incomum que os estudantes da área de tecnologia se importem pouco com a escolha do curso, que os levaria a ocupações muito semelhantes. Juliana, Ricardo e Fernanda, por exemplo, escolheram o curso depois de ingressar no mercado de trabalho. O curso escolhido por Lúcia (Tecnologia em Banco de Dados) também é resultado de pouca convicção com muito senso prático.

> Eu me inscrevi uma vez pro Enem, aí chegou no dia da prova eu não consegui ir. Depois eu me inscrevi de novo, aí não consegui ir de novo, aí na terceira tentativa eu falei: não, essa eu vou. Aí eu fui, fiz a prova, tirei uma nota razoável, aí comecei a procurar as faculdades. Fui olhando pela nota de corte, porque é mais fácil você ver pela nota de corte do que pelo curso que você quer fazer. Então eu fui olhando pela nota de corte, fazendo tipo uma seleção do que seria mais fácil de pegar uma bolsa, aí me inscrevi pros dois cursos, né, que eles solicitam e consegui os dois. (Lúcia, 22 anos)[17]

Em grande medida, são as vicissitudes de uma vida de oportunidades limitadas que os levam a soluções imediatistas. Todos os estudantes deste grupo trabalharam e contribuíram em alguma medida com a renda familiar em algum momento da vida. A bolsa

---

17 O período de inscrições para o Prouni dura uma semana, período no qual o candidato tem acesso a nota de corte das instituições que lhe interessam, podendo então compará-la com a nota que obteve no Enem.

do Prouni contribui para que alguns estudantes permaneçam no curso, eventualmente reduzindo a carga horária ou a necessidade de um emprego mais estafante. Os professores entrevistados para a pesquisa afirmam que não há diferença significativa entre bolsistas e não bolsistas. De acordo com o professor Josué, que dá aulas de História no curso de Pedagogia do campus Santo Amaro:

> Não vejo diferença em termos de desempenho. Inclusive, eu não sei quem são os alunos. Não dá para distinguir se é ou não [do Prouni]. Então fica um pouco até difícil para a gente saber. Toda classe tem alunos interessados, a maioria, e os desinteressados, também, ainda bem que não é a maioria. Mas eu não sei, especificamente, quem são os alunos, eu não pergunto quem é do Prouni ou não. Não sei se eu estou respondendo devidamente. Mas eu não sei para poder fazer uma comparação. (Josué, professor da Universidade A - Santo Amaro)

Para os professores, com uma formação muito superior, que não veem tanta diferença entre a massa de alunos da rede privada e que não sabem quem é bolsista e quem não é, a diferença pode ser insignificante, mas Juliana afirma que seus colegas prounistas são mais esforçados do que a média. Segundo levantamento feito pela Associação Brasileira para o Desenvolvimento do Ensino Superior (Abraes), que representa alguns dos maiores grupos educacionais privados do país (Anima, Estácio, Devry, Laureate e Kroton), alunos com bolsa integral do Prouni conseguem as melhores notas médias no Exame Nacional de Desempenho de Estudantes (Enade). O estudo cruzou as notas nos exames de 2010, 2011 e 2012 de todos os cursos avaliados pelo Enade com os dados dos questionários socioeconômicos. Enquanto a média geral de acertos nas provas ficou em 43,19, a dos estudantes com bolsas integrais foi de 49,35. Os bolsistas superam também os alunos das instituições públicas, cuja média é de 47,87; em último no ranking aparecem os estudantes com financiamento do Fies, com 42,25%.[18]

Não houve, por parte dos entrevistados, qualquer tipo de sentimento de exclusão ou estigma por conta da condição de bolsista. Não existem turmas específicas para bolsistas, nem os professores sabem quem eles são. Por outro lado, também não há um sentimento de identidade que os faria criar vínculos de solidariedade. Pelo contrário, pois como diria Robert Castel, o caráter burocrático da gestão do social "homogeneiza" os beneficiários das políticas públicas, "enquadrados por categorias jurídico-administrativas e cortados de seu pertencimento concreto a coletivos reais", produzindo um poderoso fator de individualismo. Castel formula que o Estado Social na Europa estaria no cerne de uma sociedade de indivíduos, pois "as proteções sociais foram inseridas, como se viu, nas falhas da sociabilidade primária e nas lacunas de proteção próxima",[19] do que decorre que na nova questão social, o Prouni e outras políticas sociais cumprem o mesmo papel e vão além diante da ainda mais rebaixada relação salarial no caso brasileiro, notável nas entrevistas aqui inseridas. É comum também não se sentirem "em dívida" com o governo, e muitos dos alunos de tecnologia entrevistados acreditam que poderiam ingressar em uma universidade privada por outros meios. O próprio Fies atendia à época um público muitas vezes até mais vulnerável economicamente, que não teria condições de conseguir uma boa nota no Enem – um dos critérios para a ob-

18 Luiz Fernando Toledo e Paulo Saldaña, "Bolsista integral do ProUni tem nota mais alta no Enade", *O Estado de S. Paulo*, 2 nov. 2014.

19 Castel. *Op. cit.* p. 507. O perigo contido nessa dependência em relação ao Estado, diz Castel, se revela quando ele precisa se retirar ao fim do período de crescimento, colocando o próprio vínculo social em risco de decomposição na medida em que os grandes atores coletivos e solidariedades concretas se dissolviam.

tenção da bolsa do Prouni – ou mesmo que carece de informação sobre o programa.[20]

Até a ponta do processo educacional, a sala de aula, o tempo que gastam bolsistas e não bolsistas com o deslocamento entre suas casas e empregos e a universidade, além de outras demandas que incluem, por exemplo, cuidar do domicílio, dos filhos e dos pais, conforma um conjunto de fatores que carregam sensivelmente a sua rotina. E é na sala de aula que se verificam as consequências: distração, cansaço e falta de interesse. Não é incomum ver alunos cochilando durante a aula como reflexo do cansaço e da rotina estafante. Uma das cenas mais curiosas que presenciei foi a de um aluno que, enquanto a aula acontecia, assistia a animações no *laptop*, inclusive fazendo uso dos fones de ouvido. Muitos estudantes levam seus computadores para a aula, mas, em geral, eles são usados para outras funções que não se ligam ao tema da aula, já muito prejudicada pelas conversas paralelas. Em uma aula noturna que presenciei do curso de Ciências da Computação no campus Vergueiro, dos cerca de quarenta alunos de variados cursos da área que assistiam a uma aula de Normalização de Tabelas, cujo objetivo é aumentar a eficiência de um banco de dados, apenas cinco pareciam muito interessados. Impotente, o professor não interrompia o sono dos cansados, mas chegou a perder a paciência com as conversas, que aos poucos iam subindo de tom.

Lúcia, de 22 anos, é estudante do curso de Tecnologia em Banco de Dados, no campus Barra Funda. Moradora da Vila Ré, no distrito da Penha, mora sozinha há pouco tempo, mas próxima

---

20 No final de 2014, o governo federal alterou as regras de concessão de financiamento estudantil. Com a mudança, para fazer a inscrição o estudante deverá ter nota mínima de 450 pontos no Exame Nacional do Ensino Médio e não ter tirado nota zero na redação, o que deve limitar o acesso de alunos mais carentes.

dos pais, que têm apenas o ensino fundamental completo – o pai é funileiro e a mãe ela não soube precisar. Na primeira entrevista que realizei com ela, em outubro de 2013, Lúcia trabalhava como estagiária em uma empresa de treinamento e consultoria para o software Microsoft Excel, no centro de São Paulo, ganhando um salário mínimo. Perguntada se notava uma diferença na oferta de emprego no centro da capital, respondeu que "sim, mas isso é óbvio. Eu acho que nunca vai ter, tipo, um monte de empresa na Zona Leste suficiente para dar emprego pra tanta gente que tem lá. Não tem como, eu acho". Ela se queixa bastante da escola em que estudou no ensino médio. "Tudo ruim", diz, referindo-se tanto à estrutura da escola quanto aos professores.

"Muitas das coisas de tecnologia que eu sei hoje em dia foi tudo sozinha também, que a faculdade também não tá ensinando muita coisa", conta Lúcia. Antes, ela fez o mesmo curso na unidade da Vila Maria, que achava melhor "porque os professores eram mais dedicados", provavelmente porque as salas tinham poucos alunos, "não é que nem agora que é lotada a sala, que a gente teve até que trocar porque não tinha espaço". A descrição de Lúcia parece corroborar as afirmações de Braga (2009) sobre o outro lado da moeda da utopia do trabalho informacional: um ano depois da primeira entrevista, Lúcia não trabalhava mais no mesmo emprego porque seu contrato de estágio havia se encerrado. Como vinha enfrentando dificuldade em encontrar outra ocupação na área, ela ajudava em um pet shop de uma amiga, "só pra quebrar o galho, porque cada dia parece que está mais difícil encontrar emprego na minha área".

Naturalmente, quando perguntados sobre o futuro os estudantes de tecnologia tentam demonstrar otimismo, na medida em que depositam no diploma universitário a esperança de que se mantenham em boas condições de competir no mercado de trabalho, incorrendo na repetição da afirmação de valores em que se veem aprisionados, a exemplo de Anderson. A ausência de perspectivas concretas e de reflexões apuradas se mostra destacadamente nas declarações dos entrevistados, e até mesmo uma certa resignação com que encaram a formação. Para Fernanda, uma esperança difusa é o que tem para o momento.

> Eu espero que seja melhor. Eu to correndo em busca disso, uma vida profissional melhor, pra poder dar uma vida melhor pra minha filha, dar a educação que eu não tive. To buscando isso. São meus objetivos pessoais e profissionais. (Fernanda, 24 anos)

Para esses jovens, esse conjunto de circunstâncias que atravessam sua relação com o trabalho desagua num caráter moldado por esse tipo de significação limitada de planos e relações. A "fuga para a frente" é nada mais do que esse aprisionamento na afirmação de um otimismo sem base real, já que não se fundamenta num projeto de futuro. É a sua relação com o tempo que muda, tempo que o mercado de trabalho no capitalismo flexível não lhes dispõe. Nada que faça com que uma nostalgia de um fordismo que nunca tivemos, a não ser para poucos e mesmo assim distante da utopia da sociedade salarial europeia, mas se impõe para eles uma realidade ainda mais deteriorada. Por sinal, a tarefa de decifrar seus valores já nasce com uma perspectiva diferente: para eles nunca houve degradação das condições do mercado de trabalho. Eles já sentiram este mundo "pós-fordista" a pleno vapor, o que condicionou todas as suas experiências de vida para além do próprio trabalho. "Eles entraram em um mundo já revirado",[21] onde a precariedade e o desemprego banalizaram-se, e as fronteiras entre o formal e o informal e entre o

21 Vera Telles. *Op. cit.*

permanente e o temporário cada vez mais se diluem, o que por si mesmas constituem os pilares das relações sociais contemporâneas.

Pedagogas: frustrações e aspirações

Juliana, do curso de Sistemas da Informação no campus Vergueiro, observando o perfil da maioria de seus colegas que não são bolsistas, acredita que os mais pobres não conseguem superar a barreira do Enem, que ela considera difícil, e que precisam apelar ao financiamento estatal se quiserem ingressar na universidade. Enquanto para Anderson suas chances de entrar no curso seriam iguais sem a bolsa "até porque minha qualidade financeira não é tão ruim assim, daria para eu, com esforço, pagar uma universidade", Márcia e Graziela, do curso de Pedagogia no campus Santo Amaro, acreditam que, mesmo que o Prouni seja um "tapa-buraco", também lhes permite alguma flexibilidade para frequentar o curso de Pedagogia.

As autodescrições das condições de vida são mais precárias que a dos tecnólogos e, portanto, as estudantes de Pedagogia entrevistadas assumem dilemas materiais diferentes em comparação com os últimos. Conquistar "*credential rents*", no caso delas, e distintamente do caso dos estudantes de tecnologia, significa efetivamente uma melhora nas suas possibilidades potenciais de mudança nas condições de vida, e isso se manifesta em expectativas melhores para o futuro e, portanto, em visões de mundo e de política mais próximas do lulismo, como vemos, cada uma a sua maneira, nas falas das entrevistadas Vitória e Joana, e adiante no capítulo 3.

> *Depois que você se formar, você acha que o curso vai te ajudar a conseguir um emprego melhor?*
>
> Muito mesmo, porque eu já comecei... Umas semanas atrás eu fiz o concurso da prefeitura pra pode estagiar em salas. Então tudo aquilo que já

vem na bagagem do ensino médio e algumas coisas que eu aprendi aqui, essa provinha que a gente fez, já caiu nela e eu passei. Então já vai me ajudar a arranjar um estágio, com certeza no futuro eu vou trabalhar dependendo daquilo que eu to fazendo aqui. (Vitória, 18 anos)

*

O que você espera do futuro?

Eu respondo pela minha vida. Posso dar opinião pelo país também. Eu quero, que nem eu falei pra você, me formar, ter uma experiência, mesmo que eu ficar na educação, eu quero continuar estudando. Acho que demorei muito e agora eu não quero parar mais, porque eu sempre senti falta disso, eu sempre gostei de estudar, não sou a primeira aluna da sala, porque eu tenho as minhas dificuldades, mas a dificuldade que eu não tenho é de gostar, então como eu gosto de estudar então acabam se tornando mais fáceis as outras dificuldades. Agora, o país, eu espero que continue crescendo, né? E que melhore cada vez mais, mas é uma incógnita. Eu espero, né? Eu queria que tivessem mais manifestações, mas organizadas, entendeu? Porque... ter um direcionamento certo, vamos manifestar, mas vamos manifestar dessa forma, pra isso, nem que reivindique tudo que tá errado, mas que seja organizado. Reivindique aqui, reivindique lá, e reivindique onde for pelos órgãos competentes pra conseguir. Se é assim, então vamos fazer, se é dessa forma, quem sabe na próxima, organizada, espero eu, eu esteja

> lá também, né? [Joana se refere às manifestações de junho de 2013].
>
> *Fale mais sobre sua família.*
>
> Por exemplo, eu e meu marido. Ele trabalhava de manobrista, agora ele tá trabalhando em obras. Diz que não quer trabalhar mais de manobrista, que trabalha à noite e, agora... ganha mais trabalhar em obras. Ele trabalhou numa casa, numa mansão aqui no Morumbi. E lá o dono deu tudo lá que tinha e sobrou uns cadernos, uns livros. Aí ele ligou pra mim: "você quer?" Eu falei: é livro de quê? "É livro infantil". Eu falei: "traga, traga, traga, porque isso pra mim vai ser de muita valia". Ele trouxe. (Joana, 36 anos)

As estudantes de Pedagogia entrevistadas para a pesquisa se mostram aqui em suas dificuldades cotidianas. Mais velhas e mais pobres que os tecnólogos, sentem as desigualdades simbolizadas pelos muros de maneira mais intensa e difícil de superar. Márcia, 34 anos, emigrou do estado de Pernambuco ainda criança, junto com seus pais e irmãos, há cerca de três décadas. Viveu boa parte da infância no bairro de Itaquera, Zona Leste da capital. Estudante de Pedagogia em Santo Amaro, Márcia é a única da família a ingressar no ensino superior. Tanto seus pais quanto seus nove irmãos são analfabetos ou semianalfabetos, trabalham como empregadas domésticas ou pedreiros, e vários deles sofreram os processos de espoliação descritos por Lúcio Kowarick[22]: instalaram-se em casas autoconstruídas em loteamentos irregulares na periferia de São Paulo ou em barracos em favelas.

---

22 Lúcio Kowarick. A *espoliação urbana*. São Paulo: Paz e Terra, 1980.

A família espalhou-se pela cidade, e assim Márcia mudou-se definitivamente para o bairro do Capão Redondo, na Zona Sul, por volta de 2000. Está separada do marido, com quem tem uma filha de 14 anos e com quem mora em uma casa cedida pelo ex-sogro. Viu sua renda diminuir quando entrou na Universidade A, pois precisou pedir demissão do antigo emprego de doméstica para fazer os estágios obrigatórios do curso de Pedagogia, que são remunerados.[23] Como não paga aluguel, consegue manter o mínimo necessário para ela e a filha.

> Meu pai é falecido faz uns cinco anos, pelo menos. Os dois são quase analfabetos, são semianalfabetos. Meu pai, que eu saiba, não teve nenhuma escolaridade, e minha mãe fez até a quarta série. Somos de Pernambuco, a família inteira, mas depois de um certo tempo a minha mãe com o meu pai e os meus irmãos vieram aqui pra São Paulo por oportunidade de emprego mesmo.
>
> *No que seus pais trabalhavam?*
>
> Lavoura. Cana-de-açúcar. Na época em que eles trabalhavam lá. O meu pai trabalhou em algumas empresas como operário mesmo, mas a convivência com o meu pai aqui foi pouca porque ele se separou

23 Por exemplo, o programa Residência Educacional, do Governo do Estado de São Paulo, oferecia em 2014 bolsas de R$ 600,00 (menos de um salário mínimo) para estudantes de licenciatura. O estudante selecionado atua por 12 meses na escola e o prazo pode ser renovado por igual período. Além do aprendizado na prática, o residente recebe bolsas mensais de R$ 420,00 e auxílio-transporte de R$ 180,00. A participação no programa, voltado para o Ensino Fundamental e Médio, é válida como horas de estágio obrigatórias para os cursos universitários de licenciatura. A carga horária diária é de até 6 horas, não ultrapassando 15 horas semanais.

da minha mãe. E aí a minha mãe, vendo a situação da família, começou a fazer salgados, doces, bolos, essas coisas, e começou a vender na rua, que foi onde a gente começou a acompanhar um pouco. A situação foi um pouco precária. As minhas irmãs, como já eram maiores de idade, trabalhavam como empregadas domésticas. Até hoje ainda trabalham. Mas a minha mãe, depois que todo mundo já cresceu e começou a arrumar seu emprego, melhorou um pouquinho a renda, então ela parou de trabalhar. [...] No total de filhos, a minha mãe teve nove. Quem mora com a minha mãe no momento são três filhos. Os outros são todos casados, cada um mora na sua casa, de aluguel ou de terreno da Prefeitura. No caso da minha mãe ainda é em terreno da Prefeitura. Já eu moro com a minha filha em uma casa em que eu morei uma época com o pai dela. A gente se separou já faz um tempo e eu continuo morando na mesma casa.

Você morava em Itaquera, certo?

Morei em Itaquera. É periferia ainda, né. Como era periferia e eram aqueles barracos de tábuas, quando a gente veio do Norte acabou nessas situações... então a gente morava lá. Aí tinha esse negócio da Prefeitura de tirar todo mundo e aí colocar em casinha de Cohab. Então, como as minhas irmãs trabalhavam já há algum tempo como empregadas domésticas, aí conseguiram comprar um terreno, construir um comodozinho... aí todo mundo foi socado pro mesmo lugar. Foi aí que a gente veio morar no Capão Redondo.

> *Você disse que seus irmãos melhoraram de vida...*
>
> É, cada um foi comprando a sua casa, assim, também em terreno da Prefeitura, que esse negócio de comprar casa com escritura e tudo é praticamente impossível. Aí ele [um dos irmãos] voltou pra Cohab, ele com a mulher dele ficou morando lá, e o resto da família foi procurar outras coisas. Daí ele ficou com essa casa que a Prefeitura forneceu. Os outros... uns moram de aluguel, outros foram construindo em terreno da Prefeitura mesmo, e cada um casado com dois, três filhos. Todos são pedreiros. (Márcia, 34 anos)

A segregação e o processo de separação consolidado nas últimas décadas podem ser vistos, segundo Caldeira,[24] como uma reação à ampliação do movimento de democratização levado a cabo por movimentos sociais e sua luta por reconhecimento e cidadania. Os enclaves fortificados conferem status e fazem parte de um processo que elabora diferenças e cria meios para a afirmação de desigualdades sociais. Não obstante, as antigas casas autoconstruídas das periferias ganharam neste tempo um novo adorno, justamente as grades e muros que visam garantir a separação do privado em relação à rua, ou seja, ao público. Trata-se de um modelo que parece consolidado e em que as rígidas separações entre os espaços criam consequências urbanísticas não desprezíveis. O *direito à cidade*, como não poderia deixar de ser, torna-se um ideal distante, sobretudo, para as classes subalternas, que não apenas enfrentam grandes dificuldades para chegar ao emprego ou à escola, como também

---

24 Teresa Pires do Rio Caldeira. *Cidade de muros: crime, segregação e cidadania em São Paulo*. São Paulo: Editora 34; Edusp, 2000.

são obrigadas a conviver com uma espécie de clausura dentro de seus próprios bairros.

> *Quando vocês conseguem sair, para onde vocês vão?*
>
> Como as condições de transporte são bem limitadas, pra mim em especial, que não tenho carro nem nada disso, a locomoção depende de transporte público, então eu sempre procuro um lugar que seja mais próximo. Ou vou ao parque, ou vou ao shopping ou vou ao cinema, que é tudo próximo. Shopping, eu não gosto nem de ir nesses que tem valor aquisitivo maior, porque a gente se sente até mal... no máximo o Shopping SP Market ou o Shopping Interlagos, ou no parque do Ibirapuera pra algum evento que seja, de preferência gratuito. E um cinema que seja mais barato pra ir. É o que a gente procura tentar agregar. Mas é complicado. (Márcia, 34 anos)

Tive uma amostra disso durante a incursão etnográfica, tendo que fazer grandes deslocamentos pela cidade, sobretudo para o Largo Treze de Maio, em Santo Amaro. Utilizando o ônibus, ir até a região, que conta com uma estação da Linha 5-Lilás do metrô que não faz conexão com nenhuma outra linha do sistema, pode demorar até 1 hora e meia saindo do centro de São Paulo, como descrevi acima, o que explica o fato de que todas as entrevistadas do curso de Pedagogia moram na periferia da Zona Sul. Além disso, o terminal de ônibus fica bem ao lado do campus, distribuindo a partir dali o transporte da região.

Duas coisas me chamaram a atenção de imediato quando estive pela primeira vez em Santo Amaro, ainda em 2013, em uma manhã de primavera paulistana. Chegando ao portão, observei uma série de cartazes colados no muro que fica em frente da escadaria que dá acesso ao saguão com a mensagem "Não vai ter Copa", o que indica que o movimento, de alguma forma, chegou àqueles estudantes. Um ano depois, com a campanha eleitoral na reta final, eles haviam sido retirados. Antes de entrar, por outro lado, jovens distribuíam folhetos de festas universitárias, mas que despertavam pouco entusiasmo. Já nos campi Barra Funda e Vergueiro, o cenário é um pouco diferente. Situados em regiões bastante centrais, contam com ótimas opções de transporte público para os padrões paulistanos. Por volta das 19 horas, multidões tomam as calçadas nos arredores das estações Palmeiras-Barra Funda e Vergueiro do metrô, que trazem milhares de estudantes de várias regiões da cidade. Na Barra Funda chegam jovens, sobretudo, da Zona Leste, trazidos pela Linha 3-Vermelha, que conecta na outra ponta o bairro de Itaquera. Pela facilidade de acesso, os cursos são mais caros e têm notas de corte maiores no vestibular, "elitizando", de certa forma, o público destas unidades.

A questão da mobilidade é central para compreender a impaciência das classes baixas de São Paulo. Poucos entrevistados deixaram de se manifestar contra as precárias condições do transporte público da cidade, de modo que ninguém também defendeu o sistema. Apontando para governantes e políticos em geral, as alunas de Pedagogia não se furtam às críticas, e fica claro que as boas condições que verificam nas regiões centrais estão vinculadas invariavelmente, na opinião delas, ao fato de que são os ricos (e, portanto, os que governam) que moram nestas áreas privilegiadas.

> *Você vê diferença entre os lugares onde vai?*
>
> Bastante diferença. São Paulo é totalmente mistificada. Totalmente diferente, centro é totalmente diferente, outra classe. Bairro, totalmente diferente, interior totalmente diferente, litoral, diferente. Dentro dos bairros também tem as diferenças.

> *Quais as diferenças principais?*
>
> Dentro do bairro mesmo, se você for umas ruas acima, as casas são bem diferentes. Se você descer algumas ruas você já vê favelas, já vê casas totalmente inferiores dentro de um mesmo bairro.
>
> *Por que que você acha que isso acontece?*
>
> Desigualdade social, totalmente. Você vê classe social bem diluída, bem distante uma da outra. Outros mundos. (Vitória, 18 anos)

Vitória, de 18 anos, está bem abaixo da média de idade das alunas de Pedagogia entrevistadas, mas chama a atenção que as desigualdades sejam tão evidentes que atravessam a questão geracional, comparada com a opinião de Joana, de 36 anos. Desempregada e aguardando o estágio na rede municipal de ensino, a estudante de Pedagogia já trabalhou, "e muito", como doméstica, recepcionista, teleoperadora e em uma lavanderia. Hoje ela mora com um dos filhos e com o homem com que iria se casar alguns meses depois. Ela conta que a rotina é muito cansativa quando está trabalhando, "porque os ônibus saem lotados. Você chega ali dez e meia [da noite] no terminal, você vai ver filas e filas, e pra você esperar um ônibus pra ir sentado é uma hora, quarenta minutos, mas aí eu prefiro ir em pé, no cheio, do que ficar aqui [na Universidade A] com fome, com frio".

> Ah, então, eu trabalhei como promotora também uma época, eu trabalhava nos Jardins, né? Lá você vê carrões, você vê gente bem arrumada, entendeu? É assim, vê gente bonita. Bonita! No sentido figurado, né? E, claro, você vê mais a rua... mais árvores, você vê as calçadas mais bonitas, as fachadas mais bonitas. Onde eu moro, a gente anda pelo meio da

> rua, tem a calçada, só que a calçada você tem que subir um monte de obstáculos. Eu imagino a pessoa que use uma cadeira de rodas, que não tenha mobilidade de andar, é complicado, entendeu? Então você vai para o centro, tudo organizado, tudo bonitinho, às vezes é tudo igual, as calçadas, tudo bonitinho. Podia chegar lá, né?
>
> *Por que você acha que isso acontece?*
>
> Por quê? Digamos que os nossos governantes moram lá! Simples assim. Prefeito, governador, presidente mora lá em Brasília, mas vamos dizer, quando tá aqui, se é daqui também, vai morar num lugar desses, obviamente. Ele não vem pra cá, não sente a dificuldade que o povo da periferia sente. Até mesmo os deputados, os vereadores, de certa forma, podem até morar por aqui, mas vamos dizer assim, isso não é importante. O importante é aumentar meu salário, o importante é fazer as leis pra mim, né, no caso deles, né? Não pra mim, eu tô dizendo eles. Eles pensando neles mesmos. Simples assim. (Joana, 36 anos)

A consequência disso é notável para o observador mais atento. Nas unidades Barra Funda e Vergueiro, o público é predominantemente branco, de classe média e média-baixa, espelhando as diferenças de classe mesmo entre regiões próximas e periféricas. Tênis e bolsas de marcas conhecidas, assim como uma produção mais "elaborada" são comuns entres estes jovens, mesmo entre aqueles que, aparentemente, chegam direto do trabalho, alguns carregando capacetes. Os bares da região ficam cheios no horário da noite, principalmente às sextas-feiras, e o bairro favorece a interação deles fora das salas de aula por conta da infraestrutura razoavelmente bem instalada no centro expandido da capital.

Nas unidades menos centrais, a realidade muda sensivelmente. As instalações do campus Santo Amaro reproduzem as condições oferecidas nos demais, mas são um pouco mais modestas em termos de serviços oferecidos. Um estande no local vendia também roupas e artigos para a prática de enfermagem, mas não existe a "diversidade" de lojas de *fast food*. Como há um shopping no entorno, esse problema é minimizado, na medida em que o centro comercial fecha às 22 horas. Mas o que é realmente notável é o público que estuda no local. Assim como destaquei que há uma elitização nas unidades centrais, ela se dá em relação a Santo Amaro e às demais. Negros e pardos caminham em número visível por elas, refletindo o perfil de trabalhadores da Zona Sul da capital.[25] É de bairros como Campo Limpo, Interlagos, Jardim Ângela, Parelheiros e Capão Redondo que chegam os estudantes deste campus. Entrevistei duas mulheres negras que cursavam Pedagogia em Santo Amaro. Os depoimentos das duas entrevistas revelam que ainda há uma barreira racial consistente e difícil de transpor na cidade de São Paulo.

Estas situações são impostas aos jovens a partir de uma infinidade de obstáculos que enfrentam durante sua formação. Assim, é preciso dar conta do processo de individuação a partir de um conjunto de provas estruturais comuns a todos os membros de um coletivo, mas também posições diversas e através de experiências diversas. Compreende-se, portanto, a própria vida como uma sucessão permanente de colocar-se às provas.[26] Cida tem 23 anos,

25 Segundo a pesquisa DNA Paulistano (2012), 50% da população da Zona Sul encontram-se na classe C ante 55% verificado na mesma pesquisa em 2008, enquanto a classe B passou de 30% a 36% no mesmo período. A desigualdade na região, no entanto, segue brutal. A pesquisa indica que enquanto no distrito de Moema 56% da população têm renda de mais de R$ 3111,00, no Grajaú apenas 6% têm a mesma renda mensal e 46% recebem até R$ 1244,00.

26 Danilo Martuccelli. "La individuación como macrosociologia de la socie-

mora no Jardim Panorama, também na Zona Sul, e é estudante de Pedagogia na unidade Santo Amaro da Universidade A. Ela tem um filho de três anos, a quem sustenta com a ajuda do ex-marido, está desempregada e vinha tendo dificuldades para conseguir estágio. Cida mora com a mãe (que também faz faculdade pelo Programa Escola da Família[27]), o irmão e o padrasto e faz doces para ajudar com o orçamento da casa, além de trabalhos temporários

> *Cida, você está fazendo estágio?*
>
> Ainda não, também, tá muito difícil conseguir um estágio.
>
> É muito difícil conseguir?
>
> É difícil, porque a maioria dos locais que eles mandam na nossa caixa de email, que eles mandam bastante, a localidade é muito longe, então não compensa eu pegar um estágio que não paga um valor acessível e que ultrapassa do horário de chegar na faculdade. Vou perder aula, como vou continuar dando continuidade em sala de aula sendo que eu vou perder matéria na faculdade? Aí não compensa eu pegar um estágio no momento. Não está compensando.

---

dad singularista". *Revista Persona y Sociedad*, vol. 24, n. 3, out. 2010.

27 O Programa Escola da Família foi criado no dia 23 de agosto de 2003 pela Secretaria da Educação do Estado de São Paulo e oferece às comunidades locais atividades de esporte, cultura, saúde e trabalho. No caso, universitários dedicam finais de semana ao programa e, em contrapartida, têm seus estudos custeados pelo Programa Bolsa Universidade, convênios que disponibilizam aos universitários 100% de gratuidade nos seus cursos, sendo 50% da mensalidade paga pelo Estado (limitada a um teto de R$ 500,00/mês renovável anualmente) e o restante financiado pela própria faculdade.

> *Antes da faculdade você já trabalhou?*
>
> Sim, eu trabalhava como agente de organização escolar, eu era funcionária pública, mas era contrato, né? Era temporário, aí depois acabou o contrato e eu entrei na faculdade pra ingressar nesse ramo mesmo, porque também na minha adolescência eu trabalhei muito dentro de escolas, assim, como monitora escolar, olhando as crianças, mas era em escola particular. Aí fui me apegando, aí família na área de educação, a gente foi indo pro mesmo ramo.
>
> *Você contribui com o orçamento familiar?*
>
> Sempre, sempre quando dá, a gente dá um jeitinho né? Não pode ficar parado, né, tem que fazer uns biquinhos também pra poder... com filho é difícil ficar sozinha. Não pode se acomodar com os pais, né? A gente tem que... arquei com a responsabilidade e tem que levar pro resto da vida, agora. (Cida, 23 anos)

Os desafios estruturais enfrentados por alunas e alunos de Pedagogia e áreas ligadas à tecnologia forjam um processo de individuação baseado em provas concretas dadas pela realidade histórica e social. De modo que a pesquisa foi desenvolvida para pensar o trabalho e a escola como os mecanismos sociais relevantes para a formação e dar conta dos processos sociais na escala dos indivíduos. Por exemplo, a queixa sobre a qualidade dos estabelecimentos de ensino frequentados durante a vida escolar entre os entrevistados é comum e, de certa forma, previsível, mas, sobretudo, é direcionada ao ensino fundamental e médio. Nos dois polos, é notável o tom crítico com relação à escola pública, mesmo quando se equilibram na sensatez das respostas. Graziela faz estágio remunerado em uma escola para crianças na faixa de três anos e teve experiências ambíguas na escola em que estudou no Jardim Ângela. Ela avalia que quando esteve lá a escola era "referência na região", mas que, com o passar do tempo, foi percebendo "que já tinha perdido a referência e o ensino já tinha decaído bastante".

> Acho que mais da primeira série até a terceira, acho que ainda era referência e depois foi perdendo esse termo que tinha devido também ao incentivo que os alunos recebiam, o interesse que o pessoal tem, talvez alguns professores, a violência também.
>
> *Tinha problemas de violência na escola ou na região?*
>
> Não, na região. Na escola eu nunca vi nada acontecer. O máximo que tinha eram os alunos soltando bombas na escola, né, mas violência, agressão, essas coisas não tinham, eu não vi, pelo menos. Mais é a questão do bairro. (Graziela, 22 anos)

Quando se refere à Universidade A, a maioria das estudantes evita críticas à estrutura da universidade e, eventualmente, culpa os professores pelas deficiências no ensino. Se não se manifesta desfavoravelmente, também não há entusiasmo na avaliação, sendo que respostas lacônicas como "é boa" ou "é ok" são as mais ouvidas. Desconfiança e receio da entrevista são perceptíveis nos mais jovens se questionados com insistência, mas assumir para o outro uma situação de subalternidade também parece uma preocupação para eles. De todo modo, a preocupação com a qualidade do ensino ofertado é quase sempre uma variável de menor importância. Itens como proximidade do domicílio, localização, segurança e preço são, de longe, os mais citados e sugerem que, diante da grande oferta de cursos "aprovados pelo MEC" e adornados pela publicidade que os torna praticamente indiferenciáveis, escolher pela reputação continua sendo um *habitus* para a classe média a que estão reservadas as mais bem avaliadas universidades públicas e privadas.

Dentro da sala de aula, algumas estudantes se queixam da dispersão e dificuldade em manter a concentração no ambiente muitas vezes inadequado, na visão delas. O ritmo de vida muitas vezes estafante, preenchido por responsabilidades diversas, contribui para que o espaço de aula se torne um momento de relaxamento ao invés de concentração. Graziela diz que é comum que suas colegas tragam problemas cotidianos para dentro da aula. Ela, que faz estágio, afirma se incomodar com o fato de não conseguir dispor da atenção suficiente para aproveitar o curso.

> *E que que você está achando da Universidade A, do seu curso? Era o que você esperava?*
>
> Ah, assim, eu esperava aprender aqui, né, eu não tinha muito uma noção do que que eu ia ter sobre o curso de Pedagogia, mas tem... eu acho que a gente perde muito tempo, assim, batendo papo, as pessoas querem trazer assuntos pessoais pra hora da aula... isso me irrita um pouco. Eu sou meio irritadinha. Então, eu acho que a gente poderia aproveitar mais esse tempo...
>
> *Mas conversam durante a aula?*
>
> Durante a aula. Então a gente tá na aula de psicologia, todo mundo tem um caso e quer contar pra professora. Aí eu já fico: "aí gente, volta pra aula". Então, eu acho que tá perdendo um tempo nosso que a gente podia estar aproveitando.

> *Você acha que o pessoal não fica muito concentrado na aula.*
>
> Eu gosto de me concentrar, só que eu sou bem atenciosa, então vai atrapalhando. Qual que era a outra parte da pergunta? (Graziela, 22 anos)

As alunas de Pedagogia entrevistadas para a pesquisa têm em comum o fato de viverem na periferia de São Paulo, a maioria paulista de nascimento, mas também imigrantes ou filhas de imigrantes da região Nordeste que se estabeleceram há mais de uma década na cidade. Como uma das maiores metrópoles do mundo, mesmo na periferia é possível verificar que a desigualdade existe dentro dela e afeta a relação entre quase vizinhos, mas como problemas de infraestrutura urbana, por exemplo, afetam os extremos da cidade como um todo, as queixas são sempre semelhantes: transporte insuficiente, dificuldade de acesso aos serviços públicos, falta de opções de lazer etc. Evidentemente que a população mais vulnerável é afetada com maior intensidade e dispõe de menos recursos e alternativas. Se o estudante não precisa trabalhar, ele pode utilizar o transporte público fora dos horários de pico, e se mora com os pais, não precisa se preocupar em preparar a própria refeição. Alguns moram um pouco mais perto do posto de saúde ou de um corredor de ônibus. Eventualmente, podem ir aos bairros mais centrais procurar por diversão. Por outro lado, quando uma estudante, mãe solteira, precisa pensar em si e na filha e é frequentemente incomodada pela "fala do crime" – a violência que se propaga pela mídia e pelos boatos – e nem o saneamento básico ou a pavimentação da rua são questões resolvidas, outras reações à desigualdade são ditas e refletidas.

São Paulo conta com uma desigualdade social profunda, na renda que se manifesta geograficamente: o distrito de Moema, por exemplo, detém o maior número de pessoas na classe A (33%), enquanto distritos como Itaquera, no extremo leste da cidade, têm 54% de seus moradores na faixa de renda C, em um padrão que se repete do centro expandido em direção à periferia.[28] Assim, os critérios de seleção do Prouni são pensados de modo a incluir os filhos da classe trabalhadora e da classe média-baixa, há muito estabelecidas na periferia paulistana, no sistema de ensino superior. De modo geral, são famílias oriundas dos estados da região Nordeste e que se fixaram em loteamentos clandestinos, só recentemente regularizados,[29] como vimos no caso da entrevistada Márcia. Uma relativa prosperidade atingiu uma parte minoritária delas, se refletindo em sua adesão ao lulismo, como veremos no próximo capítulo.

A universidade enquanto enclave

Umas das dificuldades em se fazer uma análise adequada do perfil socioeconômico dos bolsistas do Prouni é a falta de dados disponibilizados pelo MEC. Durante todo o decorrer desta pesquisa, em nenhum momento tive acesso a números dessa natureza, assim como uma estatística por faixa etária, mesmo quando recorri à Lei de Acesso à Informação. Neste caso, o atendimento da solicitação passou longe de ser precisa, e a ausência de um quadro completo dos estudantes beneficiários em domínio público é um entrave não apenas para as pesquisas acadêmicas, mas para a avaliação da sua boa execução e dos seus objetivos de democratização do acesso ao ensino superior. Pesquisas como a de Wilson Almeida se ressentem dos mesmos problemas e, partir dos dados escassos de que dispõem, sugerem que embora o Prouni tenha possibilitado a entrada de indivíduos antes excluídos em universidades mais conceituadas, não

28 Datafolha, *DNA Paulistano*. São Paulo: Publifolha, 2012.

29 Caldeira. *Cidade de muros*. *Op. cit.*

o faz de forma radical.[30] Em relação às universidades privadas de massa, como a Universidade A, além da dificuldade com dados que deveriam ser públicos, tive que lidar com o silêncio da própria instituição. A única referência no sentido de alguma classificação é a de raça/cor: segundo o portal oficial do programa em janeiro de 2015, 45,8% dos bolsistas eram brancos, 38,2% pardos e 12,6% pretos.

A Universidade A, base para o estudo de caso, tem como um de seus *slogans* "A universidade que é sinônimo de empregabilidade" e é um desses exemplos de expansão agigantada pelas novas condições proporcionadas pelas reformas educacionais das últimas décadas. Fundada há mais de cinquenta anos, sua primeira unidade, uma escola de Datilografia, foi inaugurada no bairro da Vila Maria, e serviu de base para a formação de uma das maiores instituições de ensino superior do Brasil na atualidade. No começo de 2008, obteve junto ao Ministério da Educação o credenciamento, mudando então seu status de Centro Universitário para o de universidade. Além dos cursos de graduação, a instituição conta com um colégio de nível médio, um centro de pós-graduação e unidades nas regiões de Bauru, Botucatu, São Manuel e São Roque. Oferecia mais de 170 cursos de graduação e pós-graduação e era formada por mais de 100 mil alunos.

O ensino superior privado em uma cidade complexa e desigual como São Paulo tem, evidentemente, muitas caras, mesmo que os recortes de renda variem pouco entre o público da maioria delas. À exceção das universidades privadas voltadas à classe média tradicional, como a Fundação Armando Álvares Penteado (FAAP),

30 Utilizando outros trabalhos empíricos de escala limitada, Almeida. *Op. cit.*, se concentra em universidades tradicionais, como a PUC de São Paulo e a Universidade Presbiteriana Mackenzie. Nestes casos, é nítido, segundo o autor, que os bacharelandos entrevistados estão mais bem localizados, morando próximos ao centro da cidade, o contrário da situação dos licenciandos, que residem mais distantes do centro.

a Universidade Presbiteriana Mackenzie ou a Fundação Getúlio Vargas (FGV), entre outras poucas escolas, as demais se valeram das novas condições de expansão do ensino privado, promovidas ainda durante o governo FHC sob a gestão do então ministro da Educação, Paulo Renato Souza, para uma nova rodada de crescimento exponencial. Em 1980, o setor privado já respondia por cerca de 63% das matrículas e por cerca de 77% dos estabelecimentos de ensino superior. Mas essa trajetória de crescimento contínuo já mostrava sinais de esgotamento. A estagnação do crescimento das matrículas nesta década, ainda que atingisse o sistema de ensino superior como um todo, afetou, sobretudo, o setor privado, que diminuiu sua participação relativa na taxa total de matrículas de ensino superior. Assim, com as alterações legais introduzidas nos anos 1990, o setor voltou a se expandir.[31]

No caso da Universidade A, o modelo de negócio adotado apontou para um público de jovens trabalhadores que começava a vislumbrar a possibilidade de mobilidade social pela via do ensino superior. Em 2014, cobrava mensalidades que não estavam entre as mais baratas do mercado.[32] Para efeito de comparação, a mensa-

---

31 A iniciativa de maior impacto na década de 1990 foi o artigo 1º do Decreto 2306/1997, que dispõe que as entidades mantenedoras poderão assumir qualquer das formas admitidas em direito, de natureza civil e comercial, e quando constituídas como fundações serão regidas pelo Código Civil Brasileiro (art. 24). Ou seja, com base nesse dispositivo, as entidades mantenedoras das instituições de ensino superior passaram a ser classificadas como: entidade mantenedora de instituição sem finalidade lucrativa e entidade mantenedora de instituição particular, em sentido estrito, com finalidade lucrativa. Esta mudança na arquitetura legal foi adornada pela presença dos assessores e consultores, que atuavam no setor de forma autônoma e que atuam mediante contrato de prestação de serviços, "assessorando" o corpo dirigente das IES. Para um panorama das mudanças no ensino superior privado no Brasil nas últimas décadas, ver Sampaio, 2011.

32 Os valores citados são referentes ao segundo semestre de 2014.

lidade do curso de Pedagogia na PUC-SP, em valores de 2014, se situava na casa dos R$ 1231,74, enquanto nas Faculdades Sumaré ficava em R$ 298,00. Na Universidade A há uma diferença sensível entre o campus da Barra Funda, mais caro, e os demais. Enquanto o mesmo curso de Pedagogia no bairro central pode custar até R$ 430,00, no campus Vila Maria ele custa R$ 358,00 ao mês (ambos no horário noturno). Os cursos das áreas tecnológicas têm um valor mais elevado: R$ 478,00 na Sumaré, R$ 1592,00 na PUC-SP e R$ 533,00 em um dos campi centrais da Universidade A, nos cursos de Sistemas da Informação.

Com cinco campi na cidade de São Paulo, a Universidade A se posiciona estrategicamente em regiões de alta concentração populacional ou abastecidas por estações do metrô e grandes terminais de ônibus. A entrada, por sua vez, ornamenta-se como um shopping, nos termos que apontamos acima, semelhança que não para por aí. A impressão, no entanto, vai se desvanecendo conforme o ambiente insípido do espaço interno mostra-se plenamente, e é quando o aluno é lembrado da realidade do ensino de massa. As típicas praças de alimentação, tão comuns nos centros comerciais, aqui também estão presentes e são, é preciso reconhecer, necessárias para uma grande quantidade de estudantes que chega diretamente do trabalho para as aulas da noite. Estive em todas as unidades e, a despeito de diferenças sensíveis entre os campi mais centrais (Barra Funda e Vergueiro) e os mais periféricos (Santo Amaro e Vila Maria),[33] o

33 A abertura de novas unidades em bairros da primeira periferia se assemelha a esta formulação de Caldeira, *Cidade de muros*. *Op. cit.* p. 244: "Com a expansão dos novos empreendimentos [imobiliários], os distritos passaram a apresentar um novo padrão de organização espacial, que mistura moradores ricos e pobres de um lado, e residência e trabalho de outro, criando assim um novo padrão de desigualdade social e de heterogeneidade funcional". A comparação parece válida especialmente no caso da unidade Santo Amaro, localizada em um dos maiores centros de comércio popular

desagradável som das catracas toma o ambiente por cerca de uma hora: os estudantes não param de chegar muito tempo depois do horário de início das aulas.

Não por acaso, em todas as unidades da Universidade A há dezenas de guichês que atendem especialmente aos estudantes que desejam ingressar ou resolver questões burocráticas relacionadas ao financiamento estudantil do governo federal. Passando pelas catracas, uma série de elementos configurados cuidadosamente para atrair a atenção dos estudantes para outro programa emblemático do lulismo. Esta prioridade verifica-se na configuração dos espaços da universidade. Como o pedido de financiamento pode ser feito em qualquer época do ano, o incentivo ao Fies está em todo lugar: passando as catracas, há estandes anunciando o programa, assim como em todas as mesas na praça de alimentação. Dezenas de guichês à entrada recebem os demandantes, que são atendidos por funcionários que vestem camisetas de incentivo à adesão ao programa. Nos laboratórios de informática, os computadores ostentam uma "orelha", com a onipresente mensagem "Com o Fies dá".

As catracas são um elemento definidor do caráter de enclave fortificado desenhado nessas unidades de ensino da Universidade A. Junto das guaritas e dos seguranças terceirizados em grande número, elas prometem segurança, mas também – e sobretudo – certa "exclusividade". Esta ideia, trabalhada por Caldeira, de que a "fala do crime" organiza a separação dos espaços, onde as inconveniências – no caso, as catracas – parecem ser "mais do que compensadas pela sensação de segurança que ganham por trás dos muros."[34]

---

e irradiação de trabalhadores de remuneração inferior de São Paulo, o Largo Treze de Maio.

34 *Ibidem*. p. 249.

> Me sinto um pouco mais segura com as catracas, apesar de que tem os seguranças também... todo lugar que você vai hoje tem isso, então a gente nem para pra pensar muito. Acho que nem é tanto pela segurança, mas mais pra eles [a universidade] fazerem parecer que a universidade é séria e que a gente tá num lugar de primeira. (Vitória, 18 anos)

Este modelo de segregação, que começou com os condomínios fechados de elite na década de 1980, sofre, de acordo com a autora, um movimento de espraiamento pelas classes baixas ao longo das últimas décadas. A eliminação do espaço público de socialização e a consequente privatização das atividades de lazer obrigam cada vez mais os moradores da periferia a procurar alternativas antes associadas às classes média e alta. Um símbolo dessa transformação são os shoppings centers, antigo reduto das classes mais ricas, em uma síntese de oferta de serviços agregada a privilégios com a paranoia por proteção e segurança. Assim como os centros comerciais populares só conseguem reproduzir fielmente o segundo item, as universidades que atendem a este perfil também se organizam para essa demanda. Como enclaves fortificados, ambos constituíram "o cerne de uma nova maneira de organizar a segregação, a discriminação social e a reestruturação econômica em São Paulo", mantendo as classes sociais separadas por barreiras físicas e sistemas de identificação e controle.[35]

As grandes corporações universitárias passaram a se assemelhar a vendedoras de serviços educacionais, e assim são vistas pela maioria dos estudantes observados na pesquisa. Coerente com essa "função" de negócio educacional, as universidades configuraram-se para aproximar suas unidades ao máximo do ambiente dos shoppin-

35 *Ibidem*. p. 255.

gs centers.[36] Algumas universidades, inclusive, estão dentro deles, como, por exemplo, o campus Shopping Aricanduva do Centro Universitário Sant'Anna da capital paulista, onde "o aluno tem à disposição estacionamento gratuito, serviços de segurança, acesso fácil às dependências das áreas do shopping, além da qualidade de vida e economia de tempo para fazer várias atividades em um só lugar", como diz um anúncio da universidade. No caso, nota-se que a fase de expansão e consolidação das instituições de ensino superior privado, além da arquitetura e da decoração *kitsch*, pelo menos em outro aspecto as grandes universidades privadas copiam os shoppings, afirma os princípios mais elementares desses centros comerciais: o discurso da segurança e da separação dos espaços entre quem está *dentro* e quem está *fora* está intimamente ligado à lógica dos muros, ou seja, um local onde as catracas ganham valor simbólico de segregação e distinção. Uma configuração que não acontece por acaso, atendendo às expectativas pela prestação do serviço.

> Seguindo as trilhas dos mais jovens vão se delineando os perfis ambivalentes da modernidade globalizada: uma experiência social que se configura nos limiares e nas passagens entre mundos distintos, entre

36 A semelhança com esses centros comerciais não pode ser arbitrária. A despeito de serem com frequência associados aos hábitos de consumo da classe média tradicional, os *shoppings* erguidos na periferia da capital em nada se parecem com os luxuosos empreendimentos do centro expandido. Com sua arquitetura simplória e pré-fabricada, shoppings como Itaquera e Interlagos são basicamente iguais, refletindo certo descaso com o público popular que os frequenta. É com esses lugares que fazemos a comparação. Não por acaso, eles foram palco dos tão falados "rolezinhos" no segundo semestre de 2013, quando milhares de adolescentes da periferia paulistana se organizaram por meios das redes sociais para encontros lúdicos no ritmo do funk ostentação. Cf. Alexandre Barbosa Pereira, "Rolezinho no shopping: aproximação etnográfica e política". *Revista Pensata*, vol. 3, nº 2, mai. 2014.

> o universo empobrecido da periferia e os shoppings centers, os lugares prestigiosos de consumo e lazer (referências urbanas inescapáveis para essa geração), os baixos empregos do terciário moderno e os circuitos do trabalho precário que tangenciam os fluxos da riqueza plasmados nos espaços urbanos. São esses limiares e essas passagens (e seus bloqueios) que precisam ser bem compreendidos e bem situados, pois é aqui que se arma uma teia de relações (e tensões) que via de regra escapa às definições modelares de exclusão social ou segregação urbana.[37]

Essa questão se desdobra em outras dimensões. A primeira é que a escola não é mais central para a socialização do estudante, que se distancia cada vez mais de um tipo ideal observado por autores em décadas passadas. Portanto, as universidades precisam ter outros artifícios para atraí-los – elas nem mesmo simulam a intenção em se parecer com um ambiente universitário tradicional como o descrito pela literatura clássica. Pelo que observei, este esforço delas é recompensado na boa impressão deixada para os alunos quando perguntados sobre sua estrutura. De todo modo, estar naquele ambiente está muito distante da experiência universitária de que falava Marialice M. Foracchi, o que levaria o estudante a um engajamento no movimento estudantil, ou mesmo uma experiência acadêmica.[38]

---

37 Vera Telles. *Op. cit.* p. 180.

38 Marialice M. Foracchi. *O estudante e a transformação da sociedade brasileira*. São Paulo: Companhia Editora Nacional, 1965. A *condição de estudante* se define, primeiro, pela busca de uma identidade social, que nesse caso, é absorvida pelo sentimento de pertencimento coletivo a uma comunidade universitária. A isso se soma a tendência à agregação e ao convívio, que seria estimulado pelo desejo de compartilhamento das aflições características dessa etapa transitória da vida.

Você gosta de estar na universidade, para além das aulas?

Não, eu não frequento muito a faculdade, eu só venho pra assistir aula mesmo. Porque, por exemplo, eu consigo fazer meus trabalhos em casa, na hora que eu chego da faculdade, ou no fim de semana, então eu não vejo muita necessidade de vir pra cá. Só quando é algum trabalho em grupo assim, mas é muito raro a gente vir pra cá, porque dá pra cada um fazer a sua parte no tempo que acha melhor, então a gente acaba não vindo. Meus amigos costumam vir mais pra cá pra fazer trabalho, pra poder estudar, mas eu não frequento muito.

Esses amigos que você fala, você conheceu aqui?

Não, é um pessoal da [unidade] Vila Maria, que veio comigo, e algumas pessoas que já eram daqui da Barra Funda.

Mas esses são amigos que você costuma sair também?

Não, não. Geralmente só vejo aqui na faculdade mesmo.

Você não tem uma relação mais extensa com a faculdade, então...

Não, porque geralmente o pessoal tem família, o pessoal que eu converso já tem um pouquinho mais... não mais de idade, mas é um pouquinho mais velho que eu, então o pessoal já tem família, aí não tem como ficar saindo sempre. Entendeu? (Anderson, 19 anos)

Não que esse fenômeno, pensado de maneira isolada, seja recente ou esteja restrito ao ensino privado de massa. Reginaldo Prandi[39] já assinalava a metamorfose do trabalhador-estudante como resultado da expansão universitária promovida pelo Regime Militar como um processo de proletarização. Mas, como veremos adiante, a atual universidade privada não só não incentiva como atua no sentido oposto da experiência universitária, estimulando uma relação cliente-empresa com seus frequentadores.

É notável que, a despeito de casos excepcionais de entrevistados que fogem ao padrão dos critérios apontados, há claramente *tendências* que separam esses grupos. As estudantes de Pedagogia têm idade mais dilatada, metade acima dos 30 anos, ocupando posições de baixa qualificação em suas trajetórias e na expectativa de melhoria de suas condições de vida. No caso dos estudantes de tecnologia temos, em sua maioria, jovens trabalhadores na faixa dos vinte e poucos anos, empregados ou não no momento da pesquisa, em áreas abrangidas pelo trabalho informacional e de classe média-baixa. Para os entrevistados deste grupo, a manutenção da estabilidade econômica imediata, ameaçada pela alta rotatividade do mercado de trabalho, se reflete na falta de perspectivas de longo prazo.

A segunda dimensão é justamente a aceitação dessa realidade por parte do aluno, buscando na universidade o serviço e o diploma ao final do processo. Não por acaso, particularmente no caso dos tecnólogos, entrar no ensino superior é consequência de já estar em um mercado bastante concorrido, invertendo o processo socialmente consagrado de entrar na universidade, constituir uma carreira e, a partir daí, buscar um espaço no mercado de trabalho. Assim, se a pessoa gosta de informática, ela tende a entrar no mercado de trabalho através de um subemprego e, só então procura um curso

39 Prandi. *Op. cit.*

que se adapte à necessidade do setor e que lhe garanta estabilidade. Chegar ao final do curso, no entanto, é outro problema.

III. Entre o Lulismo e o ceticismo

Na virada do milênio, pela segunda vez em sua história o PT conquistou a prefeitura da cidade de São Paulo, com a gestão Marta Suplicy cumprindo seus quatro anos de mandato sem, contudo, conseguir a reeleição. O partido voltaria ainda mais uma vez ao principal cargo do município, com o ex-ministro da Educação e criador do Prouni, Fernando Haddad, que concluía seu segundo ano à frente da prefeitura paulistana ao final desta pesquisa. Eleito no auge do lulismo, Haddad, que foi subsecretário de Finanças de Marta, teve vitória animadora nas eleições de 2012, mas não teve vida fácil depois de instalado na cadeira de prefeito, em parte por não conseguir repetir nos bairros mais pobres a atuação destacada de Marta e reconhecida por seus habitantes. Em uma cidade onde a questão social fora o primeiro item na lista de prioridades de sua antecessora petista, o lulismo teria um novo desafio e testaria sua resiliência em um de seus laboratórios, a periferia paulistana.

A abordagem etnográfica da política implica na verificação das condições de interação a partir dos contextos particulares e que, portanto, revelem como os atores sociais compreendem e experimentam a política. Evidentemente, a entrevista não é um acontecimento corriqueiro e, portanto, não coincide exatamente com os comentários que se fazem no dia a dia a respeito da sociedade, do poder e dos políticos. Como diz Caldeira,[1] o cotidiano é o corriqueiro e o que se vive de modo imediato é fragmentário. Analisei as experiências de vida desses estudantes com o objetivo de ordenar e dar sentido à narrativa que levará a determinadas opiniões e decisões no âmbito da política.

A hipótese contida aqui é a de que a experiência de classe atua conjuntamente com as visões de mundo e opiniões sobre a política de cada grupo, partindo de uma perspectiva inspirada em E. P. Thompson[2] em que essa experiência de constituição da classe se altera com o paradigma da flexibilização do trabalho e da emergência da nova questão social. No contexto político de hegemonia lulista que vigorou até a conclusão da pesquisa, o PT é, naturalmente, peça-chave e os sinais de desgaste do governo, assim como seus resultados, puderam ser notados já nas prévias eleitorais de 2014 entre os entrevistados do grupo de tecnólogos.[3] As expectativas de mobilidade social deles estão, definitivamente, voltadas para os resultados do esforço e do mérito individual.[4] Para estes estudantes, o Prouni parece

---

1 Teresa Pires do Rio Caldeira. *A política dos outros: cotidiano dos moradores da periferia e o que pensam do poder e dos poderosos*. São Paulo: Brasiliense, 1984.

2 E. P. Thompson, *A formação da classe operária inglesa*. v. 1. Rio de Janeiro: Paz e Terra, 1987.

3 Segundo o Datafolha, no terceiro mês de seu mandato, Dilma Rousseff apresentava 62% de avaliação ruim/péssima, 24% regular e 13% de avaliação ótima/boa. Na faixa de renda de até 2 salários mínimos, o governo era rejeitado por 60% dos entrevistados.

4 Para uma leitura do engajamento individualista e empreendedor no discurso empresarial de trabalhadores em relação de precariedade, ver Ludmila Costhek Abílio, *Sem maquiagem*: o trabalho de um milhão de revendedoras de

fazer mais sentido do que uma improvável universalização do ensino superior público e gratuito, refletindo o que Castel sugeria nos anos 1990 ao questionar se "será por acaso que a sobrecarga das políticas de inserção é contemporânea da assunção da empresa e do triunfo da ideologia empresarial?"[5] e Francisco de Oliveira ao caracterizar o toyotismo como uma "operação ideológica no sentido de operar a transferência da identidade de classe e do sindicato para a empresa".[6]

A experiência de classe formada pelas condições de vida apresentadas nos dois estratos encontrados neste estudo de caso inclui certas antinomias entre si, especialmente quando mobilizadas opiniões sobre a política. As alunas de Pedagogia que entrevistei tem um repertório relativamente mais denso de opiniões, o que atribuo ao contexto histórico de mobilização popular na periferia de São Paulo (o conteúdo simbólico de defesa dos pobres que deu origem ao Partido dos Trabalhadores). As entrevistadas da unidade Santo Amaro da Universidade A são como um rescaldo da participação cidadã que se construiu entre as décadas de 1970 e 1980 tanto pela idade superior da maioria delas em relação aos seus colegas tecnólogos, quanto pela própria Pedagogia enquanto opção de vida. Isso implica que as expectativas geradas pela chegada do PT ao poder e a prática política desenvolvida desde então pelo partido trazem dois movimentos possíveis entre elas: aceitação passiva da política enquanto *realpolitik* ou frustração e negação da política em suas manifestações cotidianas.

Para buscar as raízes do descontentamento ou relativa satisfação de parte da população precarizada, tem-se um pano de fundo impor-

---

cosméticos. São Paulo: Boitempo, 2014, e Luc Boltanski e Ève Chiapello, *O novo espírito do capitalismo*. São Paulo: WMF Martins Fontes, 2009, em especial o capítulo 1 da primeira parte, "O discurso empresarial dos anos 90".

5 Castel. *Op. cit.* p. 559.

6 Oliveira, *Classes sociais e a luta pelo socialismo*. *Op. cit.* p. 11.

tante de constituição do Partido dos Trabalhadores e a legitimidade conquistada durante mais de três décadas entre os setores mais pobres e as conquistas sociais dos governos Lula. Assim, a imagem do partido varia conforme os grupos e entre as estudantes de Pedagogia a reputação do PT se mantém em boa medida verdadeira, mas entre os prounistas de tecnologia, o desgaste acumulado em três gestões frente ao governo federal os atinge com maior intensidade. Neste capítulo procuramos demonstrar como a política é vista pelos entrevistados, enfocando a construção do sistema de ideias e o panorama político que irá reverberar nas escolhas eleitorais em 2014.

Breve história do petismo em São Paulo

A história do Partido dos Trabalhadores se confunde com o renascimento da democracia no Brasil e, especialmente em São Paulo, sua longa trajetória fincou raízes antes mesmo de sua fundação. Das greves de 1978 e 1979 surgiu a concepção radicalmente basista que marcou a formação do PT em fevereiro de 1980. Naquele momento, o "novo sindicalismo" surgia quase que espontaneamente, desafiando o Regime Militar e a proposta popular do MDB – a representação da classe enquanto *massa* e uma quase reedição da política pré-1964.[7]

Do ressurgimento do movimento operário e da negação do partido de parlamentares (o novo PMDB) nasceu o PT, se propon-

7 Segundo Francisco C. Weffort. *O populismo na política brasileira*. Rio de Janeiro: Paz e Terra, 1978, p. 27, "em um de seus aspectos, o populismo brasileiro é, por certo, um fenômeno de massas. Mas no sentido preciso de que classes sociais determinadas tomam, em dadas circunstâncias históricas, a aparência de massa [...] Esta condição mais geral do populismo como fenômeno político – ou seja, a necessidade de uma relação especificamente política entre os indivíduos e o poder que no caso do populismo toma a forma de uma relação entre o poder e uma massa de indivíduos politicamente isolados entre si – só pode ocorrer no sistema capitalista".

do a ser o autêntico partido da classe trabalhadora, em que os próprios trabalhadores seriam protagonistas.[8] Com o passar dos anos, ao se institucionalizar e se tornar eleitoralmente competitivo, a composição do petismo se transformou em termos de preferência partidária: crescimento da adesão popular ao PT, com a entrada dos segmentos de mais baixa renda e com movimento contrário das classes médias e alta, que perderam representatividade relativa na composição do eleitorado petista entre 1989 e 2006.[9]

Em São Paulo, o PT era quem desfrutava de maior penetração nas camadas menos escolarizadas ao final da década de 2010, enquanto o PSDB teria ocupado o espaço à direita deixado pela decadência do PDS-PP. Com um longo histórico de adesão a políticos de inclinação populista, o caso de São Paulo permanece intrigante, na medida em que os fenômenos do ademarismo, do janismo e do malufismo não deixaram herdeiros, de modo que até as eleições de 1985, a direita ainda obtinha votações expressivas em regiões pobres e carentes.[10]

---

8 Ver Margaret E. Keck. *PT, a lógica da diferença*. São Paulo: Ática, 1991 e Lincoln Secco. *História do PT*. Cotia: Ateliê Editorial, 2011. Para uma perspectiva crítica da formação do movimento operário brasileiro e do "novo sindicalismo", fundamental na fundação do PT, ver Braga. A *política do precariado. Op. cit.*

9 Tomando o ano de 1989 como referência, "até 2006 o PT perdeu 1,1 milhão de eleitores da ponta superior da pirâmide social, mas agregou 17 milhões da base – ou seja, mesmo descontando o crescimento de 53,3% do eleitorado nesses dezessete anos, a queda nos estratos de renda superior a cinco SM mantém-se em torno da metade, enquanto a penetração nos segmentos de renda mais baixa multiplicou-se quase dezoito vezes" Gustavo Venturi, "PT 30 anos: crescimento e mudanças na preferência partidária". *Perseu*, São Paulo, nº 5, 2010, p. 211.

10 Fernando Limongi e Lara Mesquita. "Estratégia partidária e preferência dos eleitores: As eleições municipais em São Paulo entre 1985 e 2004". *Novos Estudos*, São Paulo, nº 81, jul. 2008.

O retrato da identificação partidária nos anos do lulismo demonstravam certa estabilidade na preferência da população de baixa renda pelo PT. São pessoas que residem, em sua maioria, na periferia da capital. No outro extremo, os bairros centrais têm demonstravam fidelidade ao PSDB-DEM. O resultado é que, enquanto no distrito de Moema (Zona Sul), que detém a maior renda familiar mensal da cidade, o PSDB era considerado o "partido mais forte no bairro", com uma taxa de 40% de preferência (o PT conta com uma taxa de 3%), em bairros como o Iguatemi, no extremo leste da cidade, o PT alcançava uma taxa de preferência de 44% (o PSDB conta com uma taxa de 1%).[11] A frieza do resultado eleitoral do segundo turno de 2008, no entanto, já vislumbrava cenário preocupante para o PT, especialmente em relação às classes baixas. Um distrito importante da Zona Leste da cidade como Itaquera, tipicamente ocupado por novos detentores da classificação de renda C – 58% da população local, segundo a pesquisa DNA Paulistano – elegeu o conservador Gilberto Kassab (DEM) com mais de 58% dos votos, enquanto Marta Suplicy alcançou pouco mais de 41%. Dois anos antes, Luiz Inácio Lula da Silva teve 54,24% dos votos válidos para presidente na mesma zona eleitoral.[12]

A inflexão verificada por Singer a partir de 2006 viria a render outros frutos, como a eleição de Dilma para a presidência em 2010,[13] e de Fernando Haddad, na disputa municipal de 2012 em

11 Datafolha. *DNA Paulistano*. São Paulo: Publifolha, 2009

12 O extremo leste da cidade de São Paulo, onde está Itaquera, contava em 2009 com 62% de sua população alocada na faixa de renda C, muito acima da média da cidade: 53,1%. *Ibidem*.

13 Segundo Singer. *Os sentidos do lulismo*. *Op. cit.* p. 169, "a vitória de Dilma Rousseff na eleição de outubro de 2010 mostrou a vigência do realinhamento e garantiu por pelo menos mais quatro anos a extensão do lulismo. Candidata sem passado nas urnas, indicada por Lula por ser a sua principal auxiliar no Executivo, obteve 47% dos votos válidos no primeiro turno e

São Paulo. Na capital paulista, Haddad venceu em dez distritos em que Marta Suplicy havia perdido em 2008. Em São Miguel Paulista, por exemplo, o então candidato bateu José Serra (PSDB) por 67% a 33%, enquanto que na eleição anterior, Kassab havia superado a petista por 58% a 42%. Ao todo, Haddad venceu Serra em 35 das 58 zonas eleitorais da cidade. O caso mais emblemático foi na Capela do Socorro, na Zona Sul, tradicional reduto petista, em que Marta havia perdido em 2008. Em 2012, o distrito deu 61% dos seus votos a Haddad. Outro exemplo é o Itaim Paulista, na Zona Leste, onde Haddad venceu o tucano por 74% a 26%.

Diante de um caminho que parecia levar a uma tranquila reeleição em 2014, as expectativas dois anos antes não poderiam ser melhores para o PT. Em março de 2013, Dilma ostentava uma popularidade invejável: 65% dos brasileiros consideravam sua gestão ótima ou boa, segundo o Datafolha. Mas as manifestações de junho quebraram o encanto dos brasileiros com a primeira mulher presidente do Brasil. Ao final de junho de 2013, a popularidade da petista havia despencado de 57 para 30 pontos percentuais (com 23% de ruim/péssimo). A boa vontade do eleitorado nunca voltou ao patamar anterior. Depois de recuperar uma boa parte dela, Dilma chegou a agosto de 2014 com 38% de avaliação positiva. Mas as preocupações para o PT já apareciam no horizonte: em novembro de 2014, 73% do eleitorado não tinham preferência por nenhum partido, a maior taxa registrada pelo Ibope. A preferência pelo PT, que chegou a ser de 33% em março de 2003, logo após chegar ao governo central, e em março de 2010, despencava para 16%.[14]

56% no segundo".

14 José Roberto de Toledo. "Sem-partido batem recorde após campanha virulenta de 2014", O *Estado de S. Paulo*, 23 out. 2014. Disponível em http://politica.estadao.com.br/blogs/vox-publica/sem-partido-batem-recorde-apos-campanha-de-2014. Acesso: 20 fev. 2017.

O enredo escrito nas eleições de 2014 teve seu desfecho na disputa mais equilibrada desde 1989. A vitória apertada de Dilma Rousseff sobre o tucano Aécio Neves com derrota expressiva da presidente no estado de São Paulo, levantou suspeitas sobre o futuro do partido no estado mais populoso do país e no qual ele nasceu – 51,64% contra 48,36% para a petista no Brasil, 64,31% contra 35,69% para o tucano em São Paulo. A hipótese mais plausível, contudo, é a de que a divisão entre Dilma e Aécio tenha sido socioeconômica, e não geográfica[15]. Ao final do primeiro turno, resistiu o "rochedo lulista", como definiu Singer[16]: no final de 2013, Dilma Rousseff tinha 50% das intenções de voto entre os eleitores com renda familiar mensal de até dois salários mínimos. Dez meses depois, ela permanecia com a mesma quantidade de votos no piso da pirâmide social.

Tabela 2. Primeiro turno das eleições para presidente em São Paulo/SP – 2014

Aécio Neves (PSDB)	43.68%
Dilma Rousseff (PT)	26.08%
Marina Silva (PSB)	23.94%
Luciana Genro (PSOL)	3.33%
Pastor Everaldo (PSC)	1.35%
Levy Fidelix (PRTB)	0.79%

15 De acordo com o Datafolha, logo após o primeiro turno, o candidato do PSDB tucano ia a 74% dos votos válidos entre os que pertencem à classe alta e a 67% entre os da média alta, segundo os critérios do instituto – juntas, chegam aproximadamente a 31% do eleitorado. Na outra ponta, Dilma tinha 64% entre os excluídos (baixa escolaridade e renda) e 53% entre os da classe média baixa, que são 38% do eleitorado.

16 André Singer. "O lulismo resistiu". *Folha de S. Paulo*, 4 out. 2014.

Eduardo Jorge (PV)	0.59%
Zé Maria (PSTU)	0.09%
Eymael (PSDC)	0.07%
Mauro Iasi (PCB)	0.06%
Rui Costa Pimenta (PCO)	0.02%

Fonte: TSE

Especialmente para o caso paulistano, os critérios de renda ajudam, mas não são suficientes para identificar as escolhas e as tendências entre as classes sociais da capital paulista. Vemos pelos resultados do primeiro turno das eleições presidenciais de 2014 na cidade de São Paulo que o tucano Aécio Neves teve larga vantagem em relação a candidata do PT. Por pouco mais de dois pontos percentuais, Dilma não teria perdido também para Marina Silva.

Um grupo entre o petismo e o lulismo

O lulismo é o resultado da adesão das classes populares ao projeto de reformas graduais proposto pelo governo do ex-presidente Lula de que tratei no primeiro capítulo, e se afasta do petismo em suas demandas por reformas estruturais e universalização de direitos. Esta conformação ideológica, fruto do contexto de formação do PT, teve lugar sobretudo nas lutas populares dos trabalhadores nas periferias das grandes cidades, em movimentos de moradia e núcleos de base. Aqui apresento elementos para a reflexão sobre o trajeto do petismo ao lulismo em um grupo específico de moradoras da periferia de São Paulo, estudantes de Pedagogia bolsistas do Prouni da Universidade A. Agregando velhos e novos elementos presentes no conservadorismo popular, o lulismo tornou-se hegemônico e passou a fazer parte da realidade dessas mulheres, não sem elementos de tensão.

As histórias aqui retratadas pelas prounistas são ilustrativas das mudanças que ocorreram durante as décadas de 1990 e 2000 nos bairros de periferia de São Paulo, descritas por Feltran como o *abandono do projeto do trabalhador*.[17] Nesse cenário, a introdução de programas como o Prouni pelos governos Lula inovou a relação entre os mais pobres e a luta por direitos, típica da fundação do PT. De acordo com o sociólogo, o projeto do trabalhador foi constituído e sustentado por moradores destes bairros durante as décadas de 1970 e 1980, e consistia na ascensão social via participação em movimentos sociais, autoconstrução da moradia e trabalho fabril. A opção das entrevistadas pela Pedagogia é em si uma manifestação do projeto do trabalhador na medida em que implica na perspectiva de se constituir um ofício associado a velha classe trabalhadora. Ou seja, há neste caso uma tendência ao petismo, mesmo que diluído pelo tempo e pelas consequências da governabilidade – entre os alunos de tecnologia que entrevistei, o único simpático ao PT é filho de um professor de História da rede pública e petista convicto.

> O Prouni em si é maravilhoso, né? Eu, pelo menos, acho muito bom, é uma oportunidade que as pessoas têm de fazer. Claro que eu defendo não só isso. Prouni é bom, porém, o que eu acho é que tinha que melhorar as escolas públicas, para que nós que estudamos nas escolas públicas consigamos entrar numa USP, porque está tipo assim: pobre paga uma faculdade ou então entra em programas do governo. E o rico que tem condições de pagar entra numa pública. Claro que se fizesse isso, melhorasse as escolas públicas para que a gente pudesse entrar, seria até mais barato

17 Feltran. "Vinte anos depois: a construção democrática brasileira vista da periferia de São Paulo". *Op. cit.*

> para o governo do que ficar pagando pra gente estudar numa escola, numa faculdade. (Joana, 36 anos).

A adesão ao projeto do trabalhador pelas classes populares foi possível nessa época por conta de uma conjuntura política e econômica específica que combinava a abertura do Regime Militar com uma razoável disponibilidade de emprego na indústria. As mulheres que entrevistei tiveram pouca ou nenhuma oportunidade de uma experiência de participação cidadã. Seria razoavelmente fácil ressaltar essa construção oitentista em antigos militantes. Mas, ainda que o projeto do trabalhador evanesça, é possível identificar traços residuais a partir de trajetórias de vida triviais, mas influenciadas pelas noções de desigualdade e defesa de direitos, sobretudo no que é trazido por herança familiar.

A ocorrência da "fala do crime", narrativa por trás da ideologia expressa por parte das entrevistadas do curso de Pedagogia e que associa violência à pobreza, também é sentida pelos moradores da periferia como uma dessas novas dinâmicas. Entrevistadas como Regina procuram, ao mesmo tempo, se dissociar daquela realidade e ter uma visão crítica sobre a imagem que é feita do seu bairro.[18] Um caso emblemático é o de Cida, 23 anos, moradora do Jardim Panorama, também na Zona Sul, e estudante de Pedagogia na unidade Santo Amaro da Universidade A. Ela demonstra em seu depoi-

18 A mudança do eixo normativo de um certo discurso fortemente presente nas periferias, onde a demanda por universalização de direitos e cidadania, típica dos movimentos sociais populares no ciclo iniciado nos anos 1970, parece ter sido ofuscada pela institucionalização destes e pela ascensão do "mundo do crime", colocando sob responsabilidade do Estado a formulação e implementação de um programa que não leva em consideração a construção democrática pautada pela participação dos trabalhadores no processo de abertura política. Gabriel de Santis Feltran, "Periferias, direito e diferença: notas de uma etnografia urbana". *Revista de Antropologia*, São Paulo, vol. 53, nº 2, 2010.

mento certa desesperança, que se reflete na maneira hostil como às vezes se expressa. Cida resolveu cursar Pedagogia porque diz gostar de crianças e apenas com elas que se sente à vontade. Beneficiária do Prouni, não se sente grata e repete a opinião da maioria dos entrevistados de que a bolsa ajuda, mas é um paliativo ou até uma "enganação" para que o governo ganhe o apoio dos pobres.

> Você tem que olhar pra você primeiro, se você não sabe se no momento de fúria, de raiva você não vai fazer a mesma coisa? Então não pode julgar ninguém! Eu procuro um futuro melhor pra mim primeiro, que aí sim depois que eu ver que eu to conscientizada, que eu to bem comigo mesmo, aí se eu posso querer mostrar pra alguém... não é nem cobrar, é mostrar pra alguém um lado melhor, né? E procurar desenvolver isso, começando com as criancinhas, que é pra isso que eu estou estudando, quero trabalhar nessa área. Começar com eles, que realmente estão vindo ao mundo, são totalmente inocentes, não têm noção de nada que está acontecendo hoje em dia, já diferente dos adultos que têm toda noção e continuam persistindo no mesmo erro.
>
> *Você costuma sair pra outros lugares, outras regiões da cidade, além da Zona Sul?*
>
> Não. Nunca fui conhecer outros lugares. É difícil, acho que com meu filho... eu penso muito nele, entendeu? Assim, tudo que eu vou fazer, tudo vai cair sobre ele, então, tem que pensar nele primeiro, depois eu penso em mim. Se der, deu... se não der, não dá. Eu vivo mais pra ele, claro, é minha responsabilidade.

Você tem medo de sair com ele?

Não, sei lá. Eu não conheço, eu vou levar meu filho pra um lugar que nem eu mesmo conheço? Nem sei se é seguro nem pra mim, vou saber se é seguro pra ele? Também, o mundo de hoje em dia, o jeito que tá, não passa segurança. Você não tá segura nem no portão da sua casa. Se no portão da sua casa você corre o risco de levar um tiro e morrer, imagina em um lugar que você não conhece.

Na região onde você mora, tem medo de acontecer alguma coisa?

Bastante, porque é bem calmo. Assim, é bem "tranquilão" de tudo, então à noite fica aquele deserto, a gente tem muito medo, porque têm vários assaltos, tentativa de estupro aí na rua, a gente tem muito medo. Quando a gente vem à noite, assim, de algum lugar, é sempre, nem o vento pega, é vazando, rápido, muito rápido, muito medo. [Se chego tarde] eu tento ligar pro meu padrasto me buscar no ponto, porque é muito escura a rua. Aí ele fica lá me esperando no ponto, quando eu to chegando próximo ele sobe e me espera lá. Eu e minha mãe, porque a minha mãe também faz faculdade à noite. (Cida, 23 anos)

Trato aqui da "fala do crime" porque, na cidade de São Paulo e em outras metrópoles brasileiras, ela é cada vez mais um marcador importante para a construção de uma ideologia, na medida em que medo e ceticismo misturam-se de maneira contraditória. O *ressentimento* gerado por esta situação é um combustível para reações de individualismo no atual capitalismo flexível, manifestando sentimentos que tentam equacionar insegurança material com justificativas políticas. De acordo com Richard Sennett,

> na era do capitalismo social, as tensões no sistema econômico geravam *ressentimento*. A palavra remete a todo um conjunto de emoções, principalmente a crença de que as pessoas comuns que jogaram conforme as regras não receberam um tratamento justo. O ressentimento é uma emoção intensamente social que tende a distanciar-se de suas origens econômicas; ele gera mágoa por ter sido tratado com condescendência pela elite, raiva contra os judeus ou outros inimigos internos que aparentemente roubam recompensas sociais a que não têm direito. No passado, ao influxo do ressentimento, a religião e o patriotismo tornaram-se armas de vingança. Essa emoção não desapareceu. Nos Estados Unidos de hoje, o ressentimento pode explicar o fato de tantos trabalhadores que se posicionavam na centro-esquerda do espectro político terem se passado para a extrema-direita, traduzindo as tensões materiais em símbolos culturais.[19]

Tentando traçar uma reflexão sobre a construção ideológica das entrevistadas deste grupo, encontrei gradações em relação ao nível de envolvimento com a política sem que, no entanto, isto significasse grandes nuances quando confrontadas com as questões materiais mais sensíveis. Joana, estudante de Pedagogia no campus Santo Amaro da Universidade A, é um bom exemplo da formação

19 Richard Sennett. *A cultura do novo capitalismo*. Rio de Janeiro: Record, 2006, p. 124. Para o autor, no entanto, embora real, o ressentimento seria uma forma "acanhada" de equacionar política com economia, sendo necessário salientar a importância da insegurança material para o indivíduo.

da consciência de classe entre certo setor das classes baixas, mas exceção entre os entrevistados. Joana tem 36 anos, é fiel da igreja evangélica Sara Nossa Terra e filiada ao PCdoB, e através dele conheceu o Prouni. Sua irmã e seu pai são atuantes no partido. Com ele, Joana diz que militou bastante, pois ele era um dos dirigentes da regional do partido, mas conta que está afastada já há alguns anos. Ela se esforça para lembrar qual foi a presidente da União Nacional dos Estudantes (UNE) que lhe falou sobre o Prouni e lhe indicou a Universidade A em Santo Amaro por ser mais perto da sua residência no Jardim Icaraí, Zona Sul. É a única entrevistada que tem filiação com um partido político e demonstra ter grande simpatia por Lula, "muito carismático". Mas não tinha grande entusiasmo por Dilma Rousseff.

> *Você tem simpatia por algum político em especial? Alguém que você admira?*
>
> Olha, eu acho uma pessoa muito carismática, muito carismática, foi o Lula. Oh, homem carismático. Ele conquistou pelo carisma, foi muito carismático, eu sou fã dele. Ele pode ter errado, pode ter feito algumas besteiras, como qualquer outro. Mas eu acho que ele mudou muito, eu sou fã dele. Não sou muito fã da Dilma, não. Eu acho que algumas coisas assim, ela pecou. Não sei, talvez, ou talvez ela não tenha todo esse carisma que o Lula tinha, então acaba vendo mais os defeitos dela, entendeu? Mas assim, é o Lula, sou fã do cara.
>
> *Você acha que o Brasil mudou muito com ele?*
>
> Eu acho que sim, totalmente. Ele, até com a Marta também deu. Mudou bastante, a Marta quando ela foi prefeita aqui. Não sou fã 100% dela, assim, não,

> mas eu acho que ela como prefeita, ela mudou muita coisa aqui em São Paulo. E ele também. Só o fato dele, sabe? A estrutura em si, o ensino em si, não melhorou a qualidade do ensino, mas a oportunidade de você tá aqui estudando, já é uma mudança. Por que quando eu poderia, na época [em que era mais jovem]? Assim, uma antipatia, se você perguntar com quem eu tenho antipatia? Eu tenho... você ia perguntar isso? Eu já te respondo: o FHC. (Joana, 36 anos)

O histórico de Joana é recorrente entre as estudantes de Pedagogia entrevistadas. Pelo menos três delas (Joana, Cida e Regina) tiveram pessoalmente ou na família algum envolvimento com a política partidária, invariavelmente no campo de influência do petismo, o que nestes tempos não garante adesão incondicional ao partido: o caso da entrevistada Cida, já citado anteriormente, é exemplar da transformação ocorrida nas classes baixas em relação à política e à organização coletiva como meios potenciais de mudança social e conquista de direitos.[20] A despeito do fato de tanto sua mãe quanto seu padrasto serem adeptos do PT, Cida evidenciava no final de 2013 grande hostilidade aos políticos e à política de modo geral, além de demonstrar confusão entre os cargos eletivos, expressa como forma de distinção, ou seja, de "não se misturar" com algo de que tem ojeriza.[21] A estudante de Pedagogia conta que,

---

20 Evelina Dagnino. "Construção democrática, neoliberalismo e participação: os dilemas da confluência perversa". *Política & Sociedade – Revista de Sociologia Política*, Florianópolis, nº 5, out. 2004 e Feltran, "Periferias, direito e diferença: notas de uma etnografia urbana". *Op. cit.*

21 Feltran faz um alerta quanto as categorias de análise dos conflitos nas periferias diante da perda da identidade petista. Segundo o sociólogo, "se essa constatação faz sentido, é imperativo modificar os modos de abordar analiticamente o conflito nas *fronteiras* entre, de um lado, a esfera da democracia formal, cristalizada nos últimos anos no Brasil, e de outro, as dinâmicas

inclusive, chegou a distribuir panfletos de candidatos do PT com a família quando criança e votou "na Dilma, ou no Lula" nas últimas eleições presidenciais, alegadamente sob influência familiar.

> *Por que a sua família é petista? Por que o PT, e não outro partido?*
>
> Eu não sei... Desde pequenininha que a gente saía entregando panfletinho na rua assim, em época de eleição, eles sempre lá com aquele retângulo vermelho do PT. Eu nunca entendi nada, porque nunca fui interessada nisso. Negócio de política eu to totalmente fora, porque eu não gosto, não me interessa. Só na época da eleição que eu vou atrás de saber alguma coisa de alguém pra eu poder... Eu sou desinteressada, eu sou uma que o povo fala que não sabe nem porque que tá votando, eu sou mesmo, confesso, sou ré confessa. Não sei.
>
> *E o que você acha da Dilma e do Lula?*
>
> Eu acho que o Lula, ele fez uma coisinha melhor pela população, assim, as melhorias no transporte público, ele e a Dilma também fez, né? Os pavimentos, as ruas, essas coisas, esses negócios de árvores, poluição, tirou, colocou... Contribuiu um pouco, se eu to vendo que tá contribuindo para o povo, então tá servindo, agora depois que o Haddad entrou, não sei o que foi que ele fez, só roubou dinheiro do povo, não fez mais nada.

---

de subjetivação política nessas periferias que, em certa medida, se fundam em dimensão alheia aos marcos do projeto de 'integração social' anterior". *Ibidem*. p. 595, grifos do autor.

> *Você acha que está pior agora do que há alguns anos?*
>
> Eu acho que tá. Como eu nunca fui muito interessada nisso, então eu não sei direito, assim, te explicar detalhadamente, mas pelo Lula e pela Dilma que são os mais recentes que eu lembro, pela Dilma, estavam melhorzinhas as condições públicas, estavam melhorzinhas, até os hospitais estavam melhorzinhos. Agora, esse Haddad aí, tá deixando a desejar. (Cida, 23 anos)

Joana diz que, se pudesse, "ia dar uns toques pro Haddad, que ele tá pisando na bola com algumas coisas", que esperava mais da administração petista e achou que "esse negócio da votação que ele fez do IPTU, uma falta de respeito, totalmente" porque, segundo ela, faltou discussão.[22] Ela esperava que o governo Haddad fosse "mais parecido com a Marta, porque ela era mais do lado da periferia". As declarações de Joana e Cida, a despeito da diferença de tom e de discernimento sobre os cargos e responsabilidades institucionais, esmaecimento no sentimento de identidade com o PT, Lula e Dilma. Mesmo Cida, mais reticente e confusa, ao final de 2013 manifestava boa vontade com os governos petistas na esfera

---

22 A cidade de São Paulo enfrentou nos últimos meses de 2013 um acalorado debate sobre a proposta de reajuste do Imposto Predial e Territorial Urbano (IPTU). No mês de novembro daquele ano, a Câmara dos Vereadores aprovou um reajuste na tabela de valor venal dos imóveis, na chamada PGV (Planta Genérica de Valores). O aumento previa aumento de até 20% para imóveis residenciais e de até 35% para imóveis comerciais, mas previa também a redução ou isenção do imposto em muitos bairros da periferia paulistana, afetando sobretudo os moradores dos bairros centrais. Em dezembro, a Justiça barrou o reajuste após ação movida pelo PSDB e pela Federação das Indústrias do Estado de São Paulo (Fiesp), decisão posteriormente mantida pelo Supremo Tribunal Federal (STF). A Prefeitura recorreu da decisão.

federal. Ambas, contudo, já começavam a demonstrar alguma insatisfação com o momento do país e apontavam críticas a diferentes atores, da presidente Dilma ao prefeito Fernando Haddad, além de certo saudosismo, como no caso de Joana em relação à ex-prefeita Marta Suplicy. Na maioria das questões discutidas, elas e as demais entrevistadas resumem suas queixas àquela entidade abstrata chamada "governo". Nesse processo, ativar opiniões sobre a política assume muitas vezes a forma de um incômodo contra um conjunto de questões que se poderia chamar de desigualdade, vista pelos mais pobres como fundamento para a precariedade em que vivem em oposição ao privilégio despendido aos ricos pelo poder público.

Mas os processos subjetivos, não raro, resultam em muitas ambiguidades. Veremos que o Prouni, por exemplo, é recebido por muitas como "nada mais que obrigação" do governo em determinado contexto e valorizado em outros. Positivo enquanto solução individual, insuficiente para os problemas do país. As entrevistas com as estudantes de Pedagogia lembram do fato de que políticas públicas neste modelo nunca estiveram no arco de inspiração das reivindicações da esquerda e dos movimentos sociais tradicionais e nem são frutos de uma luta coletiva (com sementes plantadas para as gerações seguintes). O Prouni basta enquanto uma benesse – bem-vinda – disponibilizada pelo governo.[23]

Graziela é estudante de Pedagogia no campus Santo Amaro e tem 22 anos. Seus pais são do Ceará – ele trabalha em uma mercearia e ela é babá. A estudante contribui com o orçamento familiar,

23 Outro aspecto importante na análise das opiniões dessas mulheres diz respeito ao próprio curso de Pedagogia. Mesmo que inserido na lógica empresarial do ensino privado de massas, é de se esperar que o contato com a problemática do ensino público tenha relevância na formação de uma consciência no sentido que propomos, mas não é possível, a partir das entrevistas, afirmar categoricamente o tamanho desta influência, que não se manifestou explicitamente.

mas menos do que quando trabalhava no antigo emprego. Hoje ela faz estágio remunerado, ganhando R$ 600,00, e precisa pagar a diferença na mensalidade, já que sua bolsa do Prouni é parcial. Graziela atribui às pessoas que "têm condições" e que querem se afastar da "bagunça" do Jardim Ângela, onde mora com os pais, o fato de haver bairros mais bem estruturados na cidade, como Moema, onde gostaria de viver. "Do jeito que pode, cada um se ajeita", diz.

> Ai, eu não sei falar quem [critica o Prouni]... eu acho que eu não sei responder isso. Eu acho que é esse mesmo negócio da classe dominante, né? Não querer que os governos, que os partidos políticos do povo ganhem força, então, tipo assim, faz todo um trabalho pra colocar como os benefícios que eles oferecem não sendo bons, sendo jogo político, eu penso que é isso mesmo. Os políticos da classe dominante, né, os grupos lá da elite. Então, pra nós o Prouni foi muito bom. E pra quem corre atrás e estuda, né, porque tem muita gente que quer, mas não estuda, acha que é só fazer a prova e pronto. Você tem que também ter um certo conhecimento. Mas é isso, pra nós o Prouni foi bom. (Regina, 40 anos)

*

> *O que você acha do Prouni?*
>
> Do Prouni em geral? Eu penso, quando eu vou pagar o meu boleto, "aí o governo tá me ajudando"... Mas eu to me ajudando também. Porque parece mais uma coisa que eles põem pra dizer que tá ajudando. Porque não é exatamente, pô, não dá acesso, porque não é só a mensalidade. Tem mensalidade, tem muita apostila, tem a condução, a gente traba-

> lha e estuda, você vai querer comer, também, né. Então tem que ajudar muito mais do que dar só a mensalidade. E não é só pra uma pessoa que conseguir, pra gente se desenvolver mesmo, melhorar mesmo, teria que ser todos na universidade, tinha que ter uma capacidade legal pra todo mundo também. Aí parece que eles põem isso só pra dizer que tá ajudando, pra dizer que tá contribuindo com a educação e o desenvolvimento, mas acho que merecia mais atenção o Prouni. Tanto que todo mundo fala dessa burocracia, que já não vai entrar por isso, né. Então acho que devia ter um outro método de selecionar as pessoas. (Graziela, 22 anos)

Quando indagadas sobre as questões concretas do cotidiano, a boa vontade delas com os políticos se esvai. Como o "governo", aí incluído o uso da força policial, responde, em última instância, ao poder econômico, a própria reivindicação de direitos e do cumprimento dos compromissos assumidos pelo governante torna-se arriscada e passível de represália por parte do Estado.[24] Nas falas das estudantes de Pedagogia, é notável a ideia de que o "governo" está comprometido com os interesses dos ricos, enquanto suas escolas são ruins, assim como o transporte público e a escassez de opções de lazer. A desconfiança em relação aos políticos também é justificada pelo ressentimento, na medida em que o governante é eleito para ajudar os pobres, a quem eles recorrem em época de eleição.

---

24 Como já observava Caldeira. *A política dos outros*. *Op. cit.* p. 218, em suas pesquisas nos anos 1980, para os pobres o poder é uma prerrogativa dos ricos, um aspecto da desigualdade social. Dizia ela que "o governo continua aparecendo como um lugar de onde se exerce o poder, mas o verdadeiro poder de ditar as regras, a verdade que se transforma em ordens, é do dinheiro e dos ricos. Sendo assim, se a pessoa (o funcionário) que ocupa o cargo não faz aquilo que interessa a este verdadeiro poder, 'não segue ali'".

> Influência da classe social, entendeu? Na verdade, quem tem é quem manda. Digamos que os governantes que nós elegemos, que acha que vai nos beneficiar de alguma forma, não vai. Ele vai beneficiar quem tem poder. O empresário é que tem o poder e é quem manda nele. "É assim assado e vai ser dessa forma", e vai ser dessa forma. E o que a população pode fazer em relação a isso? Sair na rua e apanhar da polícia? É difícil, é meio revoltante, pra falar a verdade, você ver cada situação dessas. Então, você não sabe muito o que fazer. Você escolhe o cara achando que ele vai defender os direitos do pobre que tá lá sofrendo à beça. (Márcia, 34 anos)

*

> Eu também faço parte de um projeto de moradia, porque onde eu moro é um terreno da Prefeitura, porque o meu pai sempre mexeu com isso, ele era presidente de associação. Onde a gente mora era pra ser um lugar legalizado só que a Prefeitura em si não construiu. Deu o material, os moradores construíram em forma de mutirão, porém [a Prefeitura] nunca foi lá nem pra receber o que eles investiram e nem pra dar nenhuma documentação. Então tá ali, ninguém paga nada, mas também não tem como comprovar que é meu. Não é meu e não é da Prefeitura, porque a gente construiu, mas a Prefeitura deu os materiais. (Joana, 36 anos)

Diante da regularização de loteamentos clandestinos – os "terrenos da prefeitura" citados por Márcia e Joana – e da incorporação da periferia na estrutura formal de serviços, houve melhorias significativas na infraestrutura. Como a urbanização da periferia foi deixada para a iniciativa privada até sua consolidação nos anos 1970, refletindo o caótico processo de abertura e venda de lotes iniciado três décadas antes, a melhoria dos serviços públicos só teve significativo avanço nos últimos anos do Regime Militar, aliada à abertura política.[25]

> Eu lembro muito que eu fui nos comícios da Diretas Já, e eu lembro. Às vezes a polícia vinha correndo, meu cunhado me pegava e saía correndo. Então a gente sempre esteve muito ligado a isso, né? Ali no meio, por mais que eu não tenha todas as informações, meio que algumas coisas, quando eu preciso, o telefone tá aqui, sempre eu recorro ao meu pai, porque ele ainda é militante, só não tá militando mais em São Paulo, mas ele milita onde ele tá [na Bahia].
>
> *O que ele faz?*

---

25 Dois movimentos, a partir dos exemplos que citei, atuam para manter a sensação de abandono por parte das classes baixas, um material e outro simbólico: a melhoria da infraestrutura, assim como a regularização dos lotes e sua incorporação no mercado formal de imóveis, e a "fala do crime", que trouxe para o plano da narrativa hegemônica a violência crescente no espaço urbano – que discutirei mais à frente. O primeiro fenômeno teve como consequência a diminuição dos estoques de lotes baratos, já que o valor dos terrenos aumentou como resultado da construção de equipamentos urbanos, encarecendo a moradia na periferia e inviabilizando-a para a população empobrecida. Em suma, o crescimento da pobreza na década de 1990, combinado com melhores condições e terrenos mais valorizados, expulsou os mais pobres para os limites da cidade ou para outros municípios da região metropolitana, dificultando a autoconstrução da casa própria e forçando uma grande parcela dessa população a viver em favelas e cortiços, um aumento de 1,1% da população da cidade em 1973 para 19,1% em 1993. Caldeira, *Cidade de muros*. *Op. cit.*

> Então, ele agora... Porque assim, ele teve que largar tudo e todos, porque minha avó mora lá e foi cuidar da mãe dele. Aqui ele era mestre de obras. Lá ele abriu um mercadinho e tá tocando a vida assim. Ele até pensou em ser vereador na cidade, só que lá na Bahia é meio complicado. Ainda pensa-se que não, mas ainda existe muito aquele negócio dos fazendeiros tomar conta, é perigoso, então ele... a gente mesmo aconselhou ele, não, é melhor o senhor ficar só militando, da forma que o senhor sempre fez e não se envolver muito. Não diretamente, porque lá você faz como eles querem ou é perigoso você até morrer.
>
> *Você sabe como ele conheceu o PCdoB?*
>
> Então, exatamente como ele conheceu, eu sei mais ou menos a história. Eu fui morar no Icaraí com três anos de idade. E quando a gente chegou lá tinha uns vizinhos que já eram militantes e aí, conversando, meu pai, que sempre foi questionador das coisas, aquela pessoa que não aceitava tudo daquele jeito. Eles [vizinhos] meio que já eram do partido, e foram trazendo ele aos poucos, até que apresentou o PCdoB, que ainda estava na clandestinidade, fazia tudo escondido e ele continuou. Tá até hoje. (Joana, 36 anos)

Retomei o contato com Regina para uma nova conversa às vésperas do segundo turno de 2014. Assim que me identifiquei, ela foi logo dizendo, ansiosa: "estava me lembrando de você nestes dias!". Perguntei se ela estava acompanhando as eleições e ela prontamente me respondeu que estava com medo. Já imaginando a resposta, pelo que havíamos conversado um ano antes, perguntei do que ela tinha medo e a resposta foi direta: "do Aécio ganhar, ora!". Regina é uma petista relativamente recente, mas que parece saída de outros tempos. Ela não estava à frente de movimentos sociais, não frequentava as Comunidades Eclesiais de Base (CEB) e não se engajou nas lutas sociais que fizeram do PT o partido das classes trabalhadoras no começo dos anos 1980. Era apenas uma filha de metalúrgico e moradora da periferia de São Paulo que, como tantos outros trabalhadores brasileiros, viu renascer a luta social nos estertores da ditadura militar. A partir da gestão de Marta Suplicy na prefeitura paulistana, transformou interesses materiais em consciência de classe. Foi nesse partido que ela aprendeu a confiar, a partir da influência daqueles movimentos, e com o qual se identificou assim que notou que havia ali um partido que se propunha a representá-la, que representava o "povão".

> *Em quem que você votou para presidente em 2010?*
>
> Votei na Marta... é Marta? Não! É Dilma! (risos). Votei na Dilma. Não, e eu voto no PT, se tiver um candidato do PT eu voto no PT, porque eu acho que é o que tá mais voltado pro povo, e eu sou do povo, entendeu? Por mais que tenha muita gente do povo que não entende isso. Porque a elite, né, faz toda aquela ideologia e tal, e aí as pessoas não têm conhecimento, acabam acreditando no que ouvem, né. Mas eu, eu sou do partido do povo.
>
> *Você sempre votou no PT?*
>
> Não, eu nem sempre votei no PT, não. Eu comecei a perceber esse negócio, porque eu também ia naquilo que a mídia falava, né? Achava que era bom o que a mídia fala que é bom, então também não tinha esse conhecimento de, como fala, de pensar, de refletir, de questionar, né? Por que as coisas são

> assim? E adquiri isso há bem pouco tempo. Eu acho que da Marta pra cá... Eu disse Marta! E inclusive depois que a Marta foi prefeita e veio o outro [Serra], aí eu não me conformava com o povo. Falava assim: caramba, a Marta fez tanta coisa aqui pra nós, aí agora o povo não percebe e vai e vota no outro que não é... entendeu? Mas eu voto no partido que vai beneficiar mais o povão. Nenhum é bom, nenhum deles vai fazer as coisas perfeitas, vai sempre ter desvio, roubo, essas coisas que eu não me conformo, não me conformo, não me conformo. Mas, assim, melhor do que os outros, né? (Regina, 40 anos)

O período em que Marta e o PT estiveram à frente do poder municipal é emblemático.[26] Citada por vários entrevistados, sua gestão fez da nova questão social paulistana um laboratório para políticas públicas que viriam a se tornar hegemônicas em âmbito nacional.[27]

---

26 Cibele Saliba Rizek. "Práticas culturais e ações sociais: novas formas de gestão da pobreza". *XIV Encontro Nacional da Anpur*, Rio de Janeiro, mai. 2001.

27 A partir da Secretaria de Desenvolvimento, Trabalho e Solidariedade, inteiramente apoiada no discurso da inclusão social, ela desenvolveu duas categorias de programas: Redistributivos e Emancipatórios. Ludmila Abílio descreve os programas da SDTS a partir do critério principal do desemprego e da geração de renda – para todos os programas era necessário ter renda familiar inferior a meio salário mínimo per capita. Foram delimitadas faixas etárias e desenvolvidos programas específicos para cada uma delas: "para crianças até 14 anos, o Renda Mínima, que atrelava o recebimento do benefício com a frequência escolar. Para jovens de 16 a 20, o Bolsa Trabalho, que além da renda tinha como critério de elegibilidade não estar participando de qualquer atividade remunerada. Para pessoas entre 21 e 39 anos, o Operação Trabalho, para os que estavam desempregados há mais de um ano. Finalmente, o Começar de Novo, dirigido a pessoas com mais de 40 anos que estivessem desempregadas há mais de seis meses. Dessa forma, os Programas Redistributivos consistiram na concessão

Rodolfo, do curso de Sistemas da Informação, já fizera menção ao telecentro implementado pela petista. A diferença entre ele e Regina é a clareza com que ela percebe essa *cidadania regulada*[28] como o horizonte palpável a ser alcançado pela continuidade da gestão petista, o que não se confirmou. Repensada como projeto do trabalhador, tratava-se de estender a sociedade salarial para além das poucas categorias integradas pelo Estado Novo. Efetivamente, aquela se consolidou para poucas categorias, entre as quais a dos professores. Sua assimilação recente pela precariedade só confirma o rebaixamento dos horizontes de expectativa tanto de candidatos ao tradicional ofício do magistério, mesmo nos padrões brasileiros de desenvolvimento da precariedade funcional ao regime de acumulação.

Apesar dos apelos e da convicção de Regina, já não é tão fácil carregar o partido para dentro de casa. Na segunda conversa, ela lamentava que o filho mais velho, de 13 anos, havia se deixado levar

---

de um benefício para pessoas pobres e desempregadas, de acordo com a idade. Com exceção do Renda Mínima, o recebimento estava atrelado à participação em algum dos programas Emancipatórios. Firmava-se assim uma estratégia de concessão de uma renda mensal e de encaminhamento dos beneficiários para algum tipo de capacitação ou outra atividade. O programa Emancipatório aqui analisado foi o Oportunidade Solidária, que tinha como objetivo a formação de empreendimentos coletivos e autogestionários". Ludmila Costhek Abílio. *Dos traços da desigualdade ao desenho da gestão*: trajetórias de vida e programas sociais na periferia de São Paulo. Dissertação de mestrado. FFLCH-USP, São Paulo, 2005.

28 Wanderley Guilherme dos Santos, *Cidadania e Justiça*. Rio de Janeiro: Campus, 1979, p. 75, cunhou o termo cidadania regulada para explicar a inserção controlada de algumas categorias de trabalhadores pelo Estado Novo. Segundo Santos, "por cidadania regulada entendo o conceito de cidadania cujas raízes encontram-se, não em um código de valores políticos, mas em um sistema de estratificação ocupacional, e que, ademais, tal sistema de estratificação ocupacional é definido por norma legal. Em outras palavras, são cidadãos todos aqueles membros da comunidade que se encontram localizados em qualquer uma das ocupações reconhecidas e definidas em lei."

pelo clima antipetista que tomou conta de parte da classe trabalhadora de São Paulo em 2014. Ele manifestava desprezo pelo PT, o que reforça o conteúdo geracional da aversão ao partido. Assim como Bourdieu,[29] e Beaud e Pialoux[30] já haviam notado na França, onde os filhos da grande classe operária francesa já não queriam vestir com orgulho o macacão azul dos pais (ou votar no PS ou no Partido Comunista), o que os fez romper com hábitos e práticas de conotação classista, fugir do ensino profissionalizante para disputar o mercado de trabalho em profissões tradicionalmente ocupadas pela classe média, naturalmente mais familiarizada com o ensino médio e superior, e valorizar o mérito individual, como veremos com maior ênfase no caso dos estudantes de tecnologia. Dizem os sociólogos franceses que os filhos da classe operária

> experimentam uma juventude que imita aspectos da adolescência burguesa. A passagem para o ensino médio cria, e às vezes aviva, o conflito entre o *ethos* operário dos pais e o *ethos* colegial dos filhos. A participação na cultura adolescente, a descoberta no colegial da ilegitimidade de certo número de práticas populares e a adoção (sob forte limitação

29 Para Pierre Bourdieu. "As contradições da herança". In: A *miséria do mundo*. Petrópolis: Vozes, 2012, p. 589-90, a questão da herança é a do filho que, para "fazer a vida", deve negar a trajetória do pai, "recusando, pura e simplesmente, herdar e ser herdado e anulando assim retrospectivamente toda a empresa paterna, materializada na herança rejeitada". Este efeito de limitação das ambições, diz o sociólogo, traz toda a sua força quando o pai ocupa "uma posição dominada, seja do ponto de vista econômico e social (operário, pequeno funcionário), seja do ponto de vista simbólico (membro de um grupo estigmatizado) e por isso está inclinado à ambivalência com respeito ao sucesso de seu filho e como com respeito a ele mesmo".

30 Beaud e Pialoux. *Retorno à condição operária*. *Op. cit.*

> orçamentária) de um estilo de vida colegial acarretam um certo distanciamento do meio de origem.[31]

Este exemplo indica o quanto *a questão geracional sugere a diluição do petismo*, no caso dos estudantes que entrevistei. A partir do exemplo francês, Ruy Braga afirma que nas rupturas e descontinuidades na história das relações de classe há uma descontinuidade geracional:

> dentre essas rupturas, destaca-se a descontinuidade geracional, ou seja, a interrupção dos antigos mecanismos sociais responsáveis pela transmissão, de uma geração a outra, das ideias e da visão social de mundo que tradicionalmente pertenciam ao grupo operário. Esse aspecto da ruptura histórica compreende tanto a chegada da nova geração de jovens operários, trazida pela direção da Peugeot no momento em que são introduzidas as novas formas de organização do trabalho associadas à informatização da fábrica, quanto a fratura ocorrida entre pais e filhos, decorrente, em grande parte, de políticas escolares vinculadas ao desmantelamento do ensino técnico-profissional.[32]

Enquanto o ideário do partido se mantém como uma brisa remota de uma geração ainda presente, mas resignada, a hegemonia lulista é tensa pois não se funda nas posições históricas do PT, como vemos no caso do Prouni, e, portanto, não tem o mesmo lastro. Este esmaecimento do ideário petista, assim como a perda de força de bandeiras tipicamente vinculadas a esquerda brasileira

---

31 *Ibidem*. p. 181.

32 Braga. "A vingança de Braverman", p. 67.

pós-ditadura,[33] abre caminho para a adesão pelas classes baixas de outras dimensões ideológicas de apelo imediatista, em que se destaca a adesão crescente ao neopentecostalismo[34] e sua incorporação na política institucional a partir da problemática das periferias das grandes cidades e da multiplicação de vetores ideológicos.[35] Feltran (2007),[36] ao analisar a trajetória do Movimento de Defesa do Favelado (MDF) desde sua constituição no final dos anos 1970 aos dias de hoje, observa que a institucionalização do movimento popular implicou no afastamento da sua narrativa dos novos habitantes das periferias urbanas. Esta ininteligibilidade foi aprofundada pela introdução de outras organizações populares e religiosas que surgiram para com ele concorrer, introduzindo novas narrativas mais atrativas para esses personagens, com repercussões nas gerações atuais.

---

33 É preciso destacar que apesar da proposta de organização do PT se basear no princípio da democracia participativa, "os núcleos possivelmente nunca congregaram mais do que 5% dos filiados [...]. O espectro da falta de quórum rondava os militantes". Ainda assim, a capital paulista concentrava a maior parte deles e o núcleo de moradia era especialmente atuante em um momento crítico da formação da segunda periferia de São Paulo e com frequência se utilizavam dos espaços da igreja. De todo modo, já nos anos 1990 muitos núcleos haviam sido dominados por cabos eleitorais de parlamentares do partido recrutados em filiações em massa. Secco. *Op. cit.* p. 82.

34 Ronaldo Almeida. "Religião na metrópole paulista". *Revista Brasileira de Ciências Sociais*, São Paulo, nº 56, vol. 19, out. 2004. De 1991 a 2000, o número de pessoas que se declaram evangélicas pentecostais subiu de 6,18% para 13,59% na Região Metropolitana de São Paulo, alçando as igrejas desta denominação a importante ator das últimas eleições, negociando pautas e forçando os principais candidatos a se manifestarem publicamente contra, por exemplo, o casamento homoafetivo e a descriminalização do aborto, mesmo que a existência de um estrito "voto religioso" seja bastante questionável e o cruzamento de vários fatores seja o mais plausível.

35 Antônio Flávio Pierucci. "Eleição 2010: desmoralização eleitoral do moralismo religioso". *Novos Estudos*, São Paulo, nº 89, mar. 2011.

36 Feltran, "Vinte anos depois: a construção democrática brasileira vista da periferia de São Paulo". *Op. cit.*

A substituição de uma certa solidariedade católica pelo *ethos* renovado do pentecostalismo nessas áreas periféricas, inserida no contexto da crise econômica do final dos anos 1980, criou terreno propício para a adesão evangélica que veio na sequência. Esse fenômeno, contudo, pode ser visto como consequência da dessolidarização social que atingira as fábricas e locais de trabalho em geral, onde a ideologia da empresa atomiza seus funcionários em favor do controle exercido pela empresa e da sujeição do trabalhador ao sistema de administração participativa, que envolve tanto consentimento quanto engajamento e controle, ao mesmo tempo em que "o sistema requer um conformismo e um direcionamento de todos os esforços no sentido do cumprimento das metas empresariais".[37] Assim, o ressentimento que leva a soluções mediadas pelas igrejas neopentecostais atua no sentido de fortalecer essa desintegração e a favor da diferenciação e do individualismo, o que pode representar um golpe para o PT das origens, mas que é bastante coerente com o destino do projeto lulista.

Vemos aqui um exemplo. Vitória é estudante de Pedagogia no campus Santo Amaro e tem 18 anos, a mais jovem do grupo entrevistado e muito abaixo da média das estudantes do curso que pesquisei. Está desempregada, mas já trabalhou como monitora de escola. Seu pai é porteiro e veio de Pernambuco, sua mãe é cabeleireira e baiana, e eles moram no Campo Limpo, na Zona Sul. Assim como Joana, ela é evangélica, mas da Igreja Universal do Reino de Deus, e diferentemente da colega, que tem ligações familiares com o PCdoB, Vitória não tem nenhum vínculo que poderia levá-la a simpatizar com algum partido político, exceto a igreja. Pela pouca idade, é improvável que tivesse tido contato com o primeiro PT sem influência familiar.

---

37 John Humphrey, "O impacto das técnicas 'japonesas' de administração sobre o trabalho industrial no Brasil". In: Castro, Nadya A. de (org.). *A máquina e o equilibrista: inovações na indústria automobilística brasileira*. Rio de Janeiro: Paz e Terra, 1995, p. 125.

Não precisei perguntar qual era a igreja da qual é adepta: quando a entrevistei, ela exibia na orelha um brinco com uma pomba branca dentro de um coração vermelho, o símbolo da Igreja Universal.[38]

> *Você se lembra em quem votou para prefeito em 2012?*
>
> Não lembro nem quem foi. Eu não lembro, eu tenho problema de memória. Sério, não lembro.
>
> *Havia o Fernando Haddad do PT e o José Serra do PSDB no segundo turno.*
>
> Ah, votei no Haddad. Não! Perdão! Segundo turno eu não votei. Eu votei no primeiro. Porque eu era "de menor", aí minha mãe falou: você não é obrigada a votar, vamos que a gente tem que sair (risos). Aí eu votei no primeiro turno. No primeiro turno se eu não me engano eu votei no Celso Russomanno.
>
> *O que te influenciou mais a votar no Russomanno?*
>
> As propostas dele. Não tanto o currículo dele, mais as propostas mesmo.
>
> *Sua família também?*
>
> Todos votaram nele. (Vitória, 19 anos)

---

38 Antônio Flávio Pierucci. "Um toque de classe, média-baixa". *Novos Estudos Cebrap*, São Paulo, nº 4, fev. 1987 já notara a influência da direita evangélica na década de 1980 nas bases do janismo e do malufismo. O alvo, sintomaticamente, era a arquidiocese de São Paulo, então engajada na teologia da libertação. O pentecostalismo já começava a dar sinais de um poderio nada desprezível, com recursos materiais abundantes e acesso à mídia, elemento que vai avolumando o caldo cultural da direita, "em razão direta da escalada do moralismo e da expansão do consumo", na esteira da crise dos valores.

A estudante confundiu-se várias vezes quando tentava responder se tinha simpatia por algum partido. Mencionou o PSB e o PSC, antes de se lembrar do político de maior destaque do partido naquela eleição: Celso Russomanno, que chegou a liderar a corrida para a Prefeitura, mas terminou fora do segundo turno ao perder fôlego na reta final. Enfim, descobrimos o partido de preferência de Vitória, o Partido Republicano Brasileiro (PRB), fundado pelo ex-vice-presidente José Alencar e hoje dominado pela Igreja Universal. Presidido pelo bispo Marcos Pereira, o PRB faz parte da base parlamentar do governo Dilma, esteve no ministério da gestão petista com o senador Marcelo Crivella, do Rio de Janeiro, e continuou na coligação da candidata para 2014. Quanto a Vitória, ela me revelou seus votos na última eleição, desta vez sem confusão: Dilma no primeiro e no segundo turno. Dificilmente sua motivação tenha sido a mesma de Regina ou Joana, mas sim pelas pressões difusas características do lulismo.[39]

A transição para o lulismo vai se acentuando conforme o tempo vai passando e a lembrança do antigo ideário parece desbotar. Márcia, por exemplo, moradora do Capão Redondo e uma das mais reflexivas das estudantes de Pedagogia, é incisiva na sua certeza de que a política é feita pelos ricos e, portanto, para os ricos, e que sua classe social é relegada porque a desigualdade é resultado da exploração dos trabalhadores. Ao mesmo tempo, é fã do ex-presidente do Supremo Tribunal Federal (STF), Joaquim Barbosa – relator do processo do "mensalão" –, e votou em Celso Russomanno para prefeito em 2012, "uma cara nova", mesmo tendo votado em Lula e Dilma em 2006 e 2010.

---

39 Para um panorama da relação entre voto e lulismo em uma igreja evangélica da periferia de São Paulo nas eleições de 2014, ver Vinicius S. M. Valle. *Pentecostalismo e lulismo na periferia de São Paulo: estudo de caso sobre uma Assembleia de Deus na eleição municipal de 2012*. Dissertação de mestrado. FFLCH-USP, São Paulo, 2013.

> "Todo mundo sempre corre em torno de um benefício próprio. É muita cara velha, muito roubo, é muito jogar a culpa no Fulano, no Sicrano e aí, pra que serve a Justiça do Brasil se não consegue pegar, não consegue fazer nada? A população é esquecida, é fato". (Márcia, 34 anos)

Já em 2014, Márcia canalizava para a corrupção todos aqueles problemas que no momento da primeira entrevista identificava na desigualdade. Um ano depois, ela passava a manifestar vários traços de *conservadorismo popular*,[40] assim como outras entrevistadas também sugeriam. Pierucci notou a exaltação das *diferenças* e da maneira como elas definem, inclusive, características morais e intelectuais, no perfil da mentalidade conservadora na São Paulo dos anos 1980. Segundo o sociólogo, esse traço estruturante das direitas, tanto a autoritária quanto a hierarquizante, tira seu substrato da incapacidade de abstração, o que se explica pela padronização de ideias e valores ao nível do sensível, da "verdade imediata e inconteste". É o fato *concreto* que determina o comportamento político, moral e cultural das direitas em qualquer momento histórico. Do outro lado, a aceitação da ideia de progresso (econômico) pelo

---

40 Singer. *Esquerda e direita no eleitorado brasileiro. Op. cit.*, notou que a vitória de Fernando Collor nas eleições de 1989 não decorria apenas de "promessas fáceis". Havia, nas classes baixas, uma hostilidade às greves, cuja onda ascensional prolongou-se desde 1978 até as vésperas da primeira eleição direta para presidente. O cientista político observou um aumento linear da concordância com o uso de tropas para acabar com as greves conforme declinava a renda do entrevistado, indo de um mínimo de 8,6%, entre os que tinham renda familiar acima de vinte salários mínimos, a um máximo de 41,6% entre os que pertenciam a famílias cujo ingresso era de apenas dois salários mínimos.

populismo de direita seria também um indicador do desfoque da díade esquerda-direita no Brasil.[41]

E em 2010, você se lembra em quem votou?

Era a do Lula? Não, era a da Dilma, né? Votei na Dilma. Apesar de que o governo dela não tá lá muita coisa, né? Com o do Lula eu achava que teve uma mudança até que boa na política, eu acho que ele conseguiu se impor mais lá fora. Acho que não ficou aquela coisa meio banalizada do Brasil ser sempre aquela coisa que vai por baixo, sabe? Então ele conseguiu, pelo menos, se impor com essa história de ser analfabeto. E analfabeto não sabe fazer nada? Meus irmãos são todos analfabetos e fazem uma bela de uma casa. Então eu discordo bastante disso. É até comprovado isso, a gente estuda bastante na Pedagogia também, que você tem que ver o histórico da pessoa, né. A atividade tem que ser apresentada por aí. Então eu acredito que ia realmente ter uma progressão em relação a isso. Mas não me parece que está acontecendo isso agora. Não tô vendo muito... o pessoal tá bem insatisfeito. Na próxima eleição, com certeza, eu não voto nela [em Dilma].

Se fosse o Lula, você votaria nele?

---

41 Pierucci. "Um toque de classe, média-baixa". *Op. cit.* A questão das identidades culturais tomou assim a dianteira das preocupações tanto da esquerda quanto da direita: a interpelação moralizante, afirma Pierucci, não se põe como defesa de interesses materiais, mas apela para a defesa das identidades em um mundo em transformação – especialmente em uma cidade como São Paulo, onde "o que há de tradição é não apenas desgastado ou desvirtuado, mas destruído num ritmo alucinante".

> Agora eu não votaria mais. Eu fiquei decepcionada com aquela parceria que o Lula foi fazer com o Maluf, entendeu? Eu acho que ninguém gostou. Foi uma coisa em que o cara já é podre, já vem de uma política safada, e aí vem o outro que tinha um, digamos, um grande "ibope" da população e aí ele pega uma parceria só pra conseguir voto. Ah, não sei. Eu não concordo muito com essas políticas, mas enfim. Eu não votaria nele de novo não. (Márcia, 34 anos)

O vínculo com a liderança carismática de Lula aparece para Márcia assim como já havia surgido para Joana, um dos traços característicos do lulismo. Ainda mais significativas são as razões para tal relação de respeito e adoração: ter sido um analfabeto e mesmo assim ter conseguido se impor "lá fora" evidencia a figura do ex-presidente enquanto alguém que veio de baixo e "deu certo", ou seja, superou as dificuldades da pobreza para conquistar seu espaço na sociedade de classes, o que poderia ser visto como a concretização do sonho de realização do trabalhador brasileiro. Este ideário não é novo, e sugere que o germe do lulismo já estava inoculado na nova classe trabalhadora dos anos 1980.

Mas Márcia não manteve a promessa e votou em Dilma no primeiro e no segundo turnos de 2014. Das seis alunas de Pedagogia entrevistadas, cinco repetiram o mesmo padrão de voto, e apenas uma anulou no primeiro turno e votou em Aécio Neves no segundo (Graziela). Cida, que apesar da família petista e de sempre ter votado no partido demonstrava enorme aversão ao PT na primeira entrevista, também retornou aos braços do partido em 2014, demonstrando a força do lulismo e afastando a adesão das classes trabalhadoras a projetos extremistas, como verificado na França nos últimos anos.[42]

---

42 Beaud e Pialoux. *Retorno à condição operária. Op. cit.*

O Brasil não apresenta, com relevância eleitoral, características que fazem parte do discurso do *Front National* francês, como o nacionalismo exacerbado e a xenofobia.[43] No entanto, o ressentimento manifestado pelas estudantes de Pedagogia quando as campanhas eleitorais não influenciam em suas opiniões, a adesão de algumas delas ao político e apresentador de TV Celso Russomanno, que se apresenta como justiceiro e começou sua carreira política indicado por Paulo Maluf, além dos elementos que compõem as visões de mundo do pentecostalismo, podem indicar que há um espaço na sociedade para um projeto vitorioso de direita adaptado às condições locais onde hoje o lulismo é hegemônico.

A chamada "crise das ideologias", contudo, também ajuda a alimentar o lulismo, fundado sobre pacto conservador e ampla política de alianças. Assim, é preciso reconhecer que os aspectos particulares que fazem o perfil dessas mulheres – frequentar o ensino superior especificamente no curso de Pedagogia e através do Prouni – as mantêm no raio de ação do lulismo com especial potencial de adesão. Isso implica que, apesar de servirem aos propósitos da pesquisa, não representam rigorosamente o lugar onde vivem, de modo que, enquanto não há um partido autenticamente de direita para conseguir o voto da massa instalada na periferia paulistana, o PSDB serve ao mesmo propósito: no Capão Redondo, bairro de Márcia, Aécio venceu Dilma no segundo turno de 2014 com 50,43% dos votos válidos contra 49,57%, assim como no Campo Limpo, bairro de Vitória (55,25% para o tucano contra 44,75% da petista). Parelheiros, bairro de Regina no extremo da Zona Sul, deu

43 O *Front National* nasceu em 1972 fundado por Jean-Marie Le Pen. Hoje é comandado por sua filha e deputada no Parlamento Europeu, Marine Le Pen, mantendo o discurso anti-imigratório do partido, mas moderando seu conteúdo racista. Candidata às eleições presidenciais de 2012, terminou em terceiro lugar com 18% dos votos, o melhor resultado do partido em eleições nacionais.

vitória para Dilma: 60,28% contra 39,72% do tucano, reproduzindo o padrão da votação da petista na capital, onde venceu nas extremidades, além da periferia consolidada.[44]

A possível transição do fenômeno conservador via lulismo da periferia consolidada de São Paulo para a extrema periferia, caracterizada pela imigração nordestina, pode ser notada pela solidariedade decrescente mostrada pelos entrevistados com seus parentes no Nordeste. Como se sabe, por conta das políticas públicas realizadas durante a última década, especificamente a partir de 2004, a distribuição dos empregos criados teria atingido principalmente as mulheres, os jovens entre 25 e 34 anos, pessoas não brancas e trabalhadores das regiões Nordeste, Norte e Centro-Oeste, os quais concentraram metade do total dos novos postos de trabalho, ao contrário dos anos 1980, quando as regiões Sudeste e Sul responderam por 56% do total da ocupação para os trabalhadores de salário de base (até 1,5 salário mínimo).[45] Além disso, 51% das 14 milhões de famílias beneficiadas pelo Bolsa Família encontram-se na região.

---

44 Os distritos onde Dilma venceu situam-se todos nos limites da cidade: Perus, Valo Velho, Piraporinha, Grajaú, Parelheiros, São Mateus, Cidade Tiradentes, Guaianases, Itaim Paulista e Jardim Helena.

45 Pochmann, *Nova classe média? Op. cit.* Segundo cálculos do Banco Central, a economia do Nordeste manteve ritmo de crescimento acima da média nacional no trimestre encerrado em maio de 2014, aumentando 3,6% no trimestre, em relação ao trimestre anterior, quando aumentou 1,2%, considerados dados dessazonalizados. O indicador cresceu 3,1% no período de doze meses encerrado em maio (*Boletim Regional do Banco Central do Brasil*, julho de 2014). Pela medição do IBGE, a economia do Brasil encolheu 0,2% de janeiro a março e 0,6% de abril a junho de 2014.

Quadro 3. Alunas de Pedagogia e estados de origem da família

Nome	Idade	Bairro	Origem
Cida	23	Jd. Panorama	São Paulo
Joana	36	Jd. Icaraí	Bahia
Regina	40	Parelheiros	São Paulo
Vitória	18	Campo Limpo	Pernambuco/Bahia
Márcia	34	Capão Redondo	Pernambuco
Graziela	22	Jd. Ângela	Ceará

Os dados ajudam a entender porque Dilma teve 50,5% dos votos válidos na região Nordeste, contra 28,2% de Aécio Neves e 18,1% de Marina Silva, e quase 72% dos votos válidos no segundo turno, menos do que teve Lula em 2006, reeleito com 77% dos votos dos nordestinos. No entanto, a disparidade desse resultado com o das votações nas regiões paulistanas que receberam grande fluxo de imigrantes nas décadas de 1960 e 1970 revela que a solidariedade verificada entre imigrantes e parentes já não é tão forte. Pesquisas realizadas na periferia da capital paulista verificaram nos últimos anos que o vínculo do lulismo com o desenvolvimento acelerado do Nordeste e com os programas sociais repercutiram na população oriunda da região.[46] Há indícios, contudo, que apontam para uma nova percepção sobre a questão. Graziela, cujos pais são do Ceará, nota essa ligação, mas não pensa da mesma maneira.

> *Sua família tem simpatia por algum partido?*
>
> Ah, meu pai, minha mãe, tem muito isso com o PT, né, não sei se é porque lá no Nordeste também, já

46 Ver Camila Rocha. *Encontros e desencontros entre petismo e lulismo: classe, ideologia e voto na periferia de São Paulo*. Dissertação de mestrado. FFLCH-USP, São Paulo, 2013.

era essa cultura que eles tinham. Mas eles votam no PT.

Por que que você não vota também?

Ah, eu não... bom, quando era a época da Dilma eu não tinha muita fé nela, assim. Não botava muita esperança nela. Eu acho que qualquer um que entrar vai fazer pouco, né. Por mais que tenham os planos de governo, não tem esse plano de mudar o Brasil, revolucionar.

E o que você espera para o Brasil?

Então, eu não tenho essa ilusão, assim, essa esperança de que o Brasil vá melhorar, porque se você for acompanhar tudo o que acontece aqui, o que acontece no Sul, no Norte, Nordeste, tá muito diferente. Cada região eles procuram fazer uma coisa que tá faltando, eles procuram suprir, né, com alguma ajuda, alguma coisa que falta, pra dizer que fez alguma coisa. Mas não procuram ver todos os problemas, melhorar em todas as questões. Eu acho que precisava olhar pra tudo, né, para o Brasil como um todo. Eles não falam "Brasil, um país de todos", né? Mas e eles, tão olhando pra todos os problemas que têm? Então acaba tampando um buraco enquanto muitos tão abertos. Então, para o futuro, eu penso, eu não quero me acomodar também, depender do governo, mas eu também não vou deixar tudo na mão do governo, o que eu puder fazer por mim eu faço, o que eu puder passar para os meus amigos, para os meus filhos, família, eu vou fazendo. (Graziela, 22 anos)

Graziela é uma exceção entre as estudantes de Pedagogia entrevistadas. Ela, inclusive, chega a comentar que busca no ofício uma maneira de dar bons exemplos para sua família e para seus futuros alunos. Isso não quer dizer que Graziela, que votou em Aécio Neves, o faça por aqueles motivos, mas sim porque há, cada vez mais, uma *dissociação* dentro da classe trabalhadora paulistana entre o que se considera o "bem comum" e os meios para alcançá-lo, e eles passam longe da política, vista de maneira imediatista e, muitas vezes, clientelista. No caso de Graziela, seu voto no tucano justifica-se porque "ele vai dar um impulso no desenvolvimento", demonstrando que a política, para ela, prescinde de elaborações aprofundadas e justificativas convincentes.

Ainda assim, apesar de o ressentimento ser um catalisador para posturas em termos de conservadorismo popular, é a questão material – a bolsa do Prouni e as possibilidades que ela abre – o fator preponderante na hora do voto para presidente. Como diz Singer, "fora do conflito distributivo só interessa a quem já está com seus problemas materiais resolvidos".[47] No caso da eleição para prefeito, as motivações passam longe do Prouni, uma política federal, e focam no cotidiano e em questões imediatas, por isso o voto recorrente em candidatos que flertam com o populismo, como Russomanno, e como Jânio Quadros e Paulo Maluf antes dele. Quando aspectos mais gerais entraram em cena, como os rumos da economia ou a continuidade de uma política pública, o lulismo manteve sua força de atração e as estudantes de Pedagogia deram um voto de confiança para a sua candidata.

47 André Singer. "Brasil, junho de 2013: classes e ideologias cruzadas". *Novos Estudos*, São Paulo, nº 97, nov. 2013, p. 38.

O cibertariado e os limites do lulismo

O percurso das futuras pedagogas descrito acima tem sua origem na situação de precariedade oferecida às classes baixas da metrópole paulistana, que aqui procurei mapear. A raiz do ressentimento dessas mulheres encontra-se na desigualdade evidente e que é percebida por elas na medida em que avançam em responsabilidades domésticas, o trabalho se avoluma e o poder público não oferece as condições necessárias para o bem-estar da população pauperizada. Com as entrevistas, é notável também o quanto existe de diferença entre as condições de vida dessas estudantes e dos alunos dos cursos de tecnologia que analisaremos a seguir. A despeito de terem uma renda semelhante – o recorte de 2 a 5 salários mínimos é amplo, mas é o que vem sendo usado pelas pesquisas eleitorais –, outros aspectos corroboram para a sensação de maior precariedade vivida pelas mulheres da periferia consolidada da Zona Sul e que se deslocam basicamente até o bairro de Santo Amaro, onde fica a universidade. A idade mais avançada e as responsabilidades que vêm com ela, como filhos e manutenção da casa, entram em conflito com a vida menos rigorosa a que os tecnólogos estão sujeitos, morando na maioria dos casos com os pais, mesmo que contribuam para as despesas da casa quando estão trabalhando.

Enquanto as pedagogas demonstram maior indisposição com a situação social, alguma referência da luta por direitos e, por conseguinte, uma reflexão mais sofisticada em relação ao Prouni, o estrato social em que se encontram os futuros tecnólogos parece mais adaptado a essa nova realidade educacional. Não é por acaso: mais jovens e ocupando um espaço há pouco criado pelo novo capitalismo pós-fordista, essa parcela do trabalho precário responde a outros estímulos, muito diferentes daqueles que rondaram o imaginário das classes trabalhadoras há cerca de três décadas e que vão diluindo as expectativas de transformação social através da participação cidadã e na busca por direitos universais, mesmo que na forma tímida e pouco sistemática elaborada pelas alunas de Pedagogia. A política para os jovens estudantes de tecnologia que entrevistei é algo distante não apenas do seu cotidiano, mas também indefinível em seus conceitos básicos. Poucos souberam mobilizar posições de esquerda ou de direita, identificar coerentemente seus representantes e se associar com eles. Com frequência, honestidade (e a falta dele, principalmente) é a característica mais notável para eles, e o pouco respeito que demonstrar pela categoria está basicamente ligada a ser ou não ser corrupto. Por exemplo, perguntado se admirava algum político, Ricardo deu um parecer curioso:

> *Algum político que você tenha simpatia, Ricardo?*
>
> Eu acho que o Eduardo Suplicy, só. E o Plínio de Arruda também. Eu acho que só, os únicos que não... pelo menos nunca ouvi falar nada de ruim. Um cara que eu gostava era o Enéas, ele era muito inteligente, só que ninguém levava ele à sério. (Ricardo, 28 anos)

Neste caso, não se trata nem mesmo de uma influência indireta, mas de outra geração nascida para a política já com o PT no poder e que não viveu criticamente os anos 1990, a década da consolidação do neoliberalismo no Brasil. Com uma reiterada sensação de que não há grandes diferenças entre os partidos, restando o apego a personalidades que fujam do estereótipo, Ricardo, por ser o mais velho entre seu grupo, tem mais condições de avaliar diferenças entre os últimos governos. Mesmo assim, ele encontra nas ações mais chamativas deles a justificativa para seu ceticismo.

> *Você tem alguma lembrança governo FHC? Vê diferença entre aquela época e hoje?*

> Eu não era muito ligado a política. Mas não vejo diferença nenhuma. Pra mim a maior jogada do Fernando Henrique foi o [Plano] Real, que estabilizou um pouco o país, sei lá. Mas falar que os caras fizeram algo além de vender todas as nossas estatais, não vi diferença nenhuma. E a Dilma fazendo a mesma coisa, um partido que era, dizia-se de esquerda, agora fazendo a mesma que todos os outros fizeram.
>
> *Você acha que o PT no poder não tem diferença?*
>
> Nenhuma. Nenhuma diferença. (Ricardo, 28 anos)

Quando perguntados se têm condições de estabelecer comparações entre o governo Lula e os que o antecederam, os entrevistados deste grupo não conseguiam fazer associações convincentes, nos casos excepcionais daqueles que apontavam alguma. A maioria não se sentia habilitada a exprimir opiniões sobre o governo FHC, o que se explica pela pouca idade dos entrevistados – apenas Ricardo tinha idade para votar em 2002, ano da primeira eleição de Lula. Avaliar a relação que esses jovens têm com o lulismo é uma tarefa que acaba dificultada pela pouca idade, pela reflexão superficial (o que revela sua pouca disposição para a política) e pela falta de referências ideológicas, como o petismo ainda é, em parte, para as estudantes de Pedagogia. Com exceção de Anderson, nenhum dos estudantes de tecnologia demonstra afinidade com o PT, mesmo que alguns tenham votado em Dilma no segundo turno de 2014, por motivos que analisarei adiante.

> *Por que você votou no PT nas outras vezes?*
>
> Cara, pra mim é o que tem a ideologia que eu mais me identifico, assim, de igualdade, de distribuição de renda, é o que eu mais me identifico. É só ideo-

> logia que o PT tem, porque na prática não é bem assim. Mas eu votei, eu fui pela ideologia, então, pelo conceito, então eu votei por causa disso.
>
> *Se eu te perguntar se você é esquerda, centro ou direita, você consegue se definir?*
>
> Eu sou um pouco mais pra esquerda. Meu conhecimento não é tão grande assim pra afirmar com tanta certeza, mas pelo que eu sei eu iria mais pra esquerda. (Anderson, 19 anos)

Anderson é o único entre os prounistas de tecnologia que se declara petista. Sua mãe não gosta do PT, mas seu pai, com quem diz não ter muito contato (eles são divorciados) é simpatizante do partido. Ele tem votado no PT nas últimas eleições, mas não admite ser por influência do pai, professor de história da rede estadual e "que vai votar de camisa vermelha e tudo mais". Diz que começou a notar a política com as manifestações de junho de 2013 e achou que, naquele momento, precisava tomar um lado. "Aí fui na internet, comecei a procurar, li uns artigos, não lembro de quem agora, mas eu li uns artigos. E aí eu comecei a me informar um pouco". Tudo indica que Anderson, apesar de não admitir, tem uma visão idealizada em relação ao pai, a única conexão com o PT que existe em seu relato. A família da mãe, com quem tem mais contato, é refratária ao partido e tem votado na oposição. Na relação com eles, Anderson diz ser "do contra".

Apesar do caso excepcional de Anderson indicar pouca adesão ao debate político da maioria dos entrevistados, não deixa de ser interessante, contudo, o que esta geração associa à política. Um exemplo é a própria opinião deles sobre o Prouni. Como tenho insistido, o arcabouço que envolve o projeto do trabalhador e a universalização de direitos, que já aparecia esmaecida entre as pedagogas, aqui é praticamente inexistente. O Prouni se revela nas falas dos entrevistados como um programa apropriado a estes tempos, não sendo produto de luta coletiva, mas uma obrigação do governo. De qualquer governo.

> *O que você pensa sobre o Prouni?*
>
> Pra mim é bom pelo fato de ajudar a quem precisa e tudo mais, só que também gera uma desigualdade. Porque aí já separa quem pode pagar uma universidade de quem não pode, pra mim é a mesma questão das cotas para afrodescendentes. Que todo mundo é contra o racismo só que isso é uma forma de racismo. Pra mim é a mesma coisa, é uma forma de desigualdade. Não é ruim, mas é uma forma de desigualdade.
>
> *Se não fosse o Prouni você acha que suas chances seriam iguais?*
>
> Eu acho que seriam iguais. Eu acho que seriam iguais, assim, de ingressar, até porque minha qualidade financeira não é tão ruim, daria pra eu, com esforço, pagar uma universidade. Mas... acho que daria, sim, teria as mesmas chances. (Anderson, 19 anos)
>
> *
>
> *O Prouni, por exemplo, foi implementado pelo governo Lula...*
>
> Vendo por esse lado, sim, foi uma boa política, mas o plano do Prouni, eu acho que veio já do governo Fernando Henrique. Já tava meio que trabalhando isso, não tava?

> *Quem implementou foi o governo Lula, mas se tinha algum projeto parecido antes, eu não sei.*
>
> Não sei se era Prouni, mas eu acho que tinha um projeto parecido.
>
> *O Fies já exista. Existiam outros programas.*
>
> Tinham outros programas, mas eu acho que o Prouni já era uma coisa que já tava engatilhada pra acontecer e aí essas mudanças de governo que a gente tem, aconteceu. (Ricardo, 28 anos)
>
> *
>
> Para mim [o Prouni] é uma ótima iniciativa, mas, ao mesmo tempo, eu acho que eles não estão fazendo muito mais que a obrigação, então isso não vai me influenciar em nada na hora de votar. Por causa de uma coisa boa, isso não vai, tipo, fazer com que eu mude totalmente o meu jeito de pensar. Eu continuo achando o governo ruim, eu continuo achando que não tem candidatos bons, independente de eu ter o Prouni, de eu ter conseguido o Prouni. Querendo ou não, eles deram o suporte, mas também se não fosse o meu esforço pra entrar, eu também não teria conseguido, então não muda muito a minha opinião, não. (Lúcia, 22 anos)

Chegando à universidade em condições socioeconômicas apenas minimamente confortáveis, esses estudantes de renda média-baixa encontram pouco tempo livre para o convívio universitário. Este é mais um aspecto a cercar esses estudantes das vantagens da interação universitária, e que é involuntariamente estimulada por políticas públicas como o Prouni. Não apenas por conta do trabalho, mas também pelo esforço redobrado que lhes é exigido em função das deficiências da educação básica. Além disso, meus entrevistados manifestam por vezes valores de ascensão social pelo mérito pessoal, e a valorização positiva e o respeito em relação às autoridades professoral e universitária. Tais fatores reduzem sensivelmente a disponibilidade desse estudante para a experiência universitária ou para o engajamento estudantil.[48] Assim, muito embora a mudança de perfil possa suscitar potenciais motivações de engajamento em torno de pautas como a assistência estudantil, por exemplo, ela tende a introduzir variáveis que reforçam o quadro há muito desfavorável ao engajamento político.

Karl Mannheim[49] já enunciava que a constante irrupção de novos portadores de cultura é um fenômeno frequente, e mesmo necessário. Por outro lado, a sucessão de gerações implica em perdas de bens culturais acumulados e, consequentemente, em alterações profundas na experiência geracional dos indivíduos. Nota-se aqui, entre os dois grupos pesquisados, que em relação à política é cada vez mais difusa a ideia de participação democrática, assim como o alcance dos partidos é cada vez mais curto conforme as gerações se sucedem. Ou seja, se não há um trabalho constante e organizado de reposição de um ideário, a tendência é que ele se dilua progressivamente com a entrada destes novos portadores de cultura.

> É porque a classe média... é engraçado eu dizer. Eu tinha um amigo que ele era de classe média. Ele morava ali perto da Vila Mariana, ele tinha um excelente apartamento, grandão, tal, eles eram uma família... a gente brincava, você é maior "ricão",

48 Foracchi. *Op. cit.*

49 Karl Mannheim. "El problema de las generaciones". *Reis*, nº 62, 1993.

mas eles eram de classe média. Mas teve um contratempo, e por um deslize hoje eles são de classe baixa. Então assim, pra ter um deslize e pra você recair ou subir, não é porque você está no meio, é porque você estava em um patamar e você desceu pra outro. "Ah, aconteceu um acidente, agora sou da classe baixa e daqui uns dias eu volto pra classe média, daqui uns dias eu sou da..." Eu diria assim, se é tão flexível que você mude de classes, então não existe essa do meio. Ou você é uma ou você não é. Então se você é quase rico, você é pobre, se você é quase pobre, você é rico.

O que você acha que uma família precisa fazer para subir? O que é mais importante?

Cara, levando em conta o contexto de São Paulo, ou de cidades em geral, eu diria que é... o que te faz sobreviver nas cidades? É dinheiro. E como você consegue dinheiro? Exercendo uma profissão. A profissão que você exerce te fornece o dinheiro que você precisa? É sim ou não. Se não, você precisa de algo pra você conseguir aumentar esse status. E como se consegue hoje no perfil da cidade? É com capacitação. E onde que está isso? No curso técnico, com certificados, faculdades, cursos, oficinas, palestras, e por aí vai. Então depende muito dos estudos. Eu acho que depende muito do estudo, e as outras coisas vão ser uma consequência. (Rodolfo, 22 anos)

*

No que a universidade poderia te ajudar?

> Crescer profissionalmente, claro, e eu acredito que é um mérito pra você mesmo, por isso que eu fui atrás.
>
> *Como você acha que vai ser a sua vida depois da universidade?*
>
> A universidade não é tudo pra uma pessoa, é claro que ela ajuda, porque você só consegue uma profissão hoje em dia se você tiver uma faculdade, mas isso depende de você, se você quer uma coisa você tem que correr atrás e buscar e a universidade ela ajuda, ajuda você a entrar numa vida profissional, entrar num lugar onde você cresça profissionalmente e com isso você consegue realizar objetivos pessoais, profissionais. Eu acredito que seja assim. (Fernanda, 24 anos)

Anne Müxel comentava, sobre a juventude francesa dos anos 1990, que a palavra "política" suscitava rejeição e imagens negativas, trazendo a crise de representação para a superfície. A socióloga francesa coletou em sua pesquisa denúncias de promessas não cumpridas pela esquerda francesa e o desencanto gerado, levando a uma falência da própria ideia de projeto político. A retórica do desencanto, por sua vez, acabava servindo para alimentar a suspeita de mentira da qual a política é acusada e para legitimar um relacionamento desiludido e distanciado desta.[50]

50 Segundo Müxel, "esta perda generalizada de credibilidade estabelece um tipo de ruptura nos laços que podem unir os jovens ao mundo político. Este é percebido como um mundo "paralelo" que suscita cada vez mais incompreensão e em relação ao qual eles têm cada vez mais de se identificar e se situar [...]. Além disso, os jovens têm o sentimento de dispor de poucas chaves para compreender a atual situação política. A sofisticação dos debates e das clivagens políticas cultivada pela mediatização dos shows políticos mantém uma impressão de confusão". Anne Müxel, "Jovens dos

O processo identificado pela autora na França recolheu depoimentos de jovens que haviam iniciado sua participação na política institucional durante o governo socialista de François Mitterrand, exatamente o responsável pelo "fim das ilusões", nas palavras dos entrevistados pela socióloga. A passagem do PS pelo governo francês foi um marco na desconstrução da identidade operária, partindo exatamente do novo paradigma educacional oferecido para os jovens da classe trabalhadora.[51] A partir deste exemplo, é possível interpretar as entrevistas com os jovens brasileiros do século XXI sob o mesmo prisma. Isso significa aceitar que estes "nasceram" para a política durante um governo do Partido dos Trabalhadores, finalmente quando a esquerda local chegava ao poder e estabelecia uma longa hegemonia, o que chamamos de lulismo. Exatamente porque não há para eles a experiência de outra agremiação que simbolizasse o poder, é compreensível que esses jovens na casa dos 20 anos não façam associação ideológica, positiva ou negativa, com o partido que detém a hegemonia.[52]

A entrevistada Jéssica demonstra como os novos hábitos associados a esta geração, em especial o uso intenso das redes sociais, denotam uma nova relação com a política e potencializam o desconforto de alguns jovens desse estrato social com o PT. Contando

---

anos noventa: à procura de uma política sem 'rótulos'". *Revista Brasileira de Educação*, Rio de Janeiro, nº 5, mai./jun./jul./ago. 1997, p. 153.

51 Beaud e Pialoux. *Retorno à condição operária*. *Op. cit.*

52 Em evento de campanha em São José dos Campos, Lula afirmou que "[é preciso] votar na presidente Dilma para que a gente não deixe o Brasil voltar ao que era antes de 2002. Os mais jovens não sabem o que era o Brasil antes de eu chegar à Presidência. Por favor, perguntem para os seus pais, para os seus avós, para saber que este país era o país do desencanto, era o país em que o ministro da Fazenda, todo final de ano, ia a Washington pedir esmola para fechar o caixa deste país". Tatiana Farah, "Lula diz para eleitor não acreditar em quem faz apologia à 'não-política'". *O Globo*, 28 ago. 2014.

o caso de uma "informação" a que teve acesso através do Facebook, deparei-me com uma mistura de ingenuidade e má vontade com a presidente Dilma. Uma "notícia" compartilhada na rede social, das mais inverossímeis, não suscitou a desconfiança de Jéssica. Pelo contrário, serviu para legitimar sua posição.

> Questão de política mesmo, eu não sabia da história da Dilma. Um professor meu publicou uma reportagem no Facebook e eu fui ler. Aí eu fiquei sabendo coisas da Dilma. Foi uma das partes que também me desagradou do PT. Que eu não sabia, por exemplo, que ela não podia pisar em vários países porque ela era procurada. Tem várias coisas que para mim, eu não fazia ideia, então foi importante na minha questão de opinião política. Isso interferiu bastante, porque como eu já não simpatizava muito, não tinha muito que me agradasse, mas não tinha o que me desagradasse. Quando eu comecei a ler e fiquei sabendo um pouco mais, por esse meu professor, eu comecei a ter coisas contra. Antes eu não tinha nem a favor, nem contra, eu passei a ter coisas contra. (Jéssica, 24 anos)

Sua fala leva à reflexão sobre o papel dos meios de comunicação nas disputas eleitorais. Não é uma discussão nova, sobretudo na esquerda brasileira, sobre o suposto viés partidário de alguns veículos, opinião disseminada e intensificada a partir da posse de Lula em 2003. Desde então, o PT e movimentos e organizações próximos defendem a tese de que a mídia deve ser democratizada. A ideia já teve várias idas e vindas desde então, sendo engavetada pela atual gestão, mas a reeleição de Dilma em 2014 reacendeu a iniciativa dentro do partido e foi defendida pela própria presidente reeleita. Esta discussão não está no foco deste trabalho, mas cabe pontuar que, a despeito das opiniões que atribuem à mídia influência decisiva na decisão e até no humor dos eleitores em relação ao governo petista, a pesquisa empírica aqui desenvolvida tenderia a relativizar esse aspecto e a reforçar o papel das redes sociais na formação ideológica desses jovens.

> *Como é que você costuma se informar?*
>
> É 90% internet. Eu vejo blog geralmente, quase todo dia... quase todo dia, não, todo dia eu vejo, principalmente de tecnologia, que é uma coisa que eu gosto bastante, mas eu leio também notícias do dia a dia, sobre o mundo, economia... eu queria me interessar um pouco mais por política, eu não tenho esse interesse, assim, muito grande, mas eu leio uma coisa ou outra, assim.
>
> *Por que? Falta tempo?*
>
> Não, eu acho que é um pouco de falta de interesse mesmo, que eu não tenho tanto tempo... eu não tenho tanto tempo pra pesquisar. Política é um tanto quanto complexo, então você precisa entender bastante pra você poder pegar gosto. E como eu não tenho tanto tempo assim pra poder estudar, pra poder ler bastante coisa a respeito, acabo não tendo tanto interesse em ler coisas assim do dia a dia. (Anderson, 19 anos)

As menções espontâneas à mídia, sintomaticamente, vieram de uma simpatizante do PT justamente às vésperas do segundo turno. Para Regina, aluna de Pedagogia, a mídia ajudou a desgastar o governo. Mesmo entre as alunas de Pedagogia, quando perguntadas sobre como se informavam, as citações a revistas e jornais de grande circulação eram poucas, enquanto que entre os tecnólogos elas simplesmente não apareceram. Com a exceção de Juliana, que citou as revistas *Veja* e Época, mas que diz ler muito raramente, e que pareceu pouco confiante em citar reportagens que tivessem chamado a sua atenção, mesmo na segunda entrevista em outubro de 2014, corroborando a pesquisa Agenda Juventude Brasil,[53] encomendada pela Secretaria Nacional de Juventude, que revela que apenas 5% dos jovens citam as revistas semanais como fonte de informação, enquanto a internet é mencionada por 56%, aumentando para 65% entre as pessoas com ensino médio completo. Quando perguntados sobre o que acham da mídia, alguns, inclusive, indicam uma posição crítica, como Ricardo, ao ser questionado sobre as manifestações de junho de 2013:

> *O que você achou da cobertura da mídia sobre as manifestações?*
>
> Engraçado, né, porque os caras... uma hora tava tomando partido do governo, na outra já tava tomando partido da população, depois não sabia mais porcaria nenhuma. E foi supersensacionalista, como a nossa mídia sempre é.
>
> *Você tem uma visão crítica da mídia, então?*
>
> Tenho, cara, pelo menos a mídia televisiva, de rádio, essas coisas, é sensacionalista e manipula muito a informação.
>
> *Você acha que existe um jeito de driblar essa manipulação?*

53 SNJ. *Op. cit.*

> É, como a mídia tá na mão deles, toda a mídia, acho que só na internet e em alguns blogs e ou fóruns, ligados a política e tal, que você consegue ter alguma informação verdadeira, porque na mídia mesmo, tá tudo na mão da Globo, das mídias televisivas, esses grupos aí. (Ricardo, 28 anos)

Estes depoimentos nos levam a outra indicação quanto aos instrumentos de formação cultural desses jovens: a quase unanimidade na menção às redes sociais como principal fonte de informação entre os entrevistados – apenas Rodolfo, da área de tecnologia, claramente aficionado pelo ambiente virtual e mais próximo de um perfil de classe média, diz não gostar do Facebook justamente por ser uma rede social "pouco "profissional. De todo modo, as entrevistas deixaram claro, em especial o caso relatado por Jéssica, que há uma espécie de submundo noticioso, responsável por informações literalmente inventadas e que se alastram com rapidez espantosa. Além disso, ele parece muito mais eficaz em influenciar as opiniões sobre a política do que a mídia convencional. Associado à "fala do crime" e à exacerbação das dinâmicas típicas da classe média tradicional, o discurso meritocrático e antipolítico começa a ganhar força entre o público aqui estudado e se espalha rapidamente pelas redes sociais, substituto da convivência universitária.[54]

Reunindo essas indicações, as entrevistas apontam para a afirmação do individualismo e do discurso do mérito. Consequente-

54 *Ibidem*. Dados da pesquisa dão algumas indicações. Perguntados sobre quais fatores são mais importantes para a vida hoje, para a garantia de direitos e para melhorar de vida, 68% dos jovens entre 15 e 29 anos acreditam que é o esforço pessoal o fator mais importante para melhorar de vida, e apenas 15% acreditam que são as políticas do governo o fator responsável. Além disso, a percepção de que a violência é o principal problema brasileiro manifesta-se em 43% das menções, e entre os problemas que mais incomodam, vence a corrupção, com 67% de menções (Respostas estimuladas e múltiplas).

mente, trata-se de um projeto político que se estabelece por oposição ao projeto do trabalhador e ao ideal de cidadania, símbolo do petismo histórico. Trata-se de uma verdadeira "ressignificação" que parte da própria reconfiguração da sociedade civil, como descreve Evelina Dagnino:

> a ressignificação da participação acompanha a mesma direção seguida pela reconfiguração da sociedade civil, com a emergência da chamada "participação solidária" e a ênfase no trabalho voluntário e na "responsabilidade social", tanto de indivíduos como de empresas. O princípio básico aqui parece ser a adoção de uma perspectiva privatista e individualista, capaz de substituir e redefinir o significado coletivo da participação social. A própria ideia de "solidariedade", a grande "bandeira" dessa participação redefinida, é despida de seu significado político e coletivo, passando a apoiar-se no terreno privado da moral.[55]

Um exemplo entre os entrevistados é Fernanda. Apesar de reconhecer o Itaim Paulista como uma região carente, ela não leva esse aspecto em consideração quando compara seu bairro à Zona Sul, na porção que faz parte do centro expandido da capital. Filha de pais nordestinos divorciados – a mãe é pernambucana e dona de casa e o pai, com que não tem contato, é baiano –, ela se declara abertamente *antipetista*, e por isso votou em Marina Silva no primeiro turno das eleições de 2014 e em Aécio Neves, no segundo. Um ano antes, Fernanda era mais comedida. Dizia que tinha "uma opinião sobre o PT", que era, na verdade, uma sentença: "eu não voto nesse partido". Ela já havia votado em José Serra na eleição presidencial de 2010. Assim como Jéssica, usa a imprensa para legitimar uma posição que

55 Dagnino. *Op. cit.* p. 151.

é ideológica, porque, diz Fernanda, "o PSDB pega num nível mais alto", uma clara referência ao elitismo que muitos associam aos tucanos, e neste caso visto de forma positiva.

> *Por que você não gosta do PT?*
>
> Assim, é errado eu pensar dessa forma, mas eu não gosto de discutir sobre política. Pode me agregar, mas eu não tenho conhecimento pra discutir sobre isso. Mas é uma opinião que eu tenho a respeito do PT, sobre muitas coisas, até mesmo que a gente vê na imprensa, então, naquela época eu decidi por votar no Serra.
>
> *Você acha que tem diferença entre o PT e o PSDB?*
>
> Tem diferença, mas eu acredito que o PT tem que de alguma forma trazer os seus eleitores, assim, um público mais carente. Eles pegam um ponto mais carente. E o PSDB já pega num nível mais alto. Eu não entendo muito disso, então, por isso que eu decidi... eu não tenho nenhuma opinião formada sobre nenhum dos partidos, então por isso que eu votei nulo nas últimas eleições [municipais] em São Paulo. Eu vou continuar assim.
>
> *Sobre o governo Dilma, você tem alguma opinião?*
>
> É um governo carente. A Dilma, eu acredito que ela tá muito perdida no governo dela. Ela tá sendo baseada, sendo sustentada pelo Lula, eu acredito que seja isso. Mas é só essa opinião que eu tenho. Eu acredito que é um governo que não tá sendo bom. E tem muito a desejar. (Fernanda, 24 anos)

Fernanda materializa sua rejeição ao PT naquilo que é mais frequente na crítica das classes médias tradicionais ao partido: sua vinculação aos pobres e ao voto supostamente irrefletido manifestado por eles, uma acusação bastante semelhante ao que se fazia ao populismo varguista e que tem sido frequente nas últimas eleições.[56] Quando diz que o PSDB "pega num nível mais alto", a prounista moradora do Itaim Paulista, no extremo leste de São Paulo, faz referência ao eleitor geralmente associado aos tucanos, ou seja, o morador do centro expandido, de melhor renda e escolaridade. Em contraposição, o PT falaria "para baixo", para os menos instruídos e carentes da capacidade cognitiva necessária para o exercício do voto. O discurso de Fernanda explicita não apenas esta visão manifesta por parte da classe média, mas como setores do trabalho precário, sobretudo os mais jovens, está disposta a assimilar este ideário quando alcança melhores condições materiais de vida, mirando o lugar onde quer chegar, como sugere Singer.[57] Foi durante a década lulista, por ironia, que este avanço material se efetivou.

Para Jéssica e Juliana, o apelo antipetista foi determinante no frigir dos ovos de 2014, quando se juntaram a Fernanda no apoio à candidatura de Aécio Neves, cujo contexto analisarei mais detidamente na próxima seção. Até este momento, as duas reforçavam uma visão cética sobre a política e o senso comum de que a política

56 A vitória de Dilma Rousseff nas eleições de 2014 estimulou reações indignadas entre os adeptos do adversário tucano, como este raciocínio de um eleitor carioca de 40 anos logo após a apuração dos votos: "as cabeças pensantes estão indo embora. Se eu ficar aqui eu vou virar o que? Vou ser guardador de carro? Quanto mais eu estudo, menos eu ganho", disse o gerente de tecnologia de uma multinacional indiana instalada no Brasil. Para ele, o governo petista estimula que as pessoas tenham baixa formação através da concessão de bolsas. Lucas Vetorazzo, "No Leblon, eleitores de Aécio falam em deixar o país". *Folha de S. Paulo*, 26 out. 2014.

57 Singer. "Brasil, junho de 2013: classes e ideologias cruzadas". *Op. cit.*

corrompe, e os candidatos menores não têm "competência". Portanto, nenhum político serve e tudo vai continuar como está – por isso o voto nulo em todos os níveis na primeira rodada eleitoral. Quando Juliana ressalta que o PT está há doze anos no governo, no entanto, a visão cínica da política aponta diretamente para o partido que está no poder e sofrendo o desgaste da longevidade. Não há referência, para estas jovens que votaram pela primeira ou segunda vez, de virtudes ou escândalos políticos de outros partidos. Juliana também não gosta do governador de São Paulo, o tucano Geraldo Alckmin, mas não sabe identificar um motivo específico. De modo que a Presidência da República canaliza as insatisfações de uma parte da juventude paulistana precarizada, representada pela maioria dos estudantes entrevistados, que rejeitaram Dilma no primeiro turno e aderiram em minoria no segundo, e que acredita que dependa apenas de si mesma.

> Eles [os políticos] têm uma facilidade muito grande de enganar as pessoas. Sou muito pessimista em relação à política, acho que nunca vai melhorar, só se jogar uma bomba no Congresso Nacional. São coisas que a gente vai percebendo e é por isso que tá essa merda. Eu falei com os meus pais e eles disseram que sempre teve muito lixo na política. Mesmo que um político tenha boa intenção no começo, depois que ele entra nesse meio... é muito poder, muito dinheiro envolvido, e ele acaba perdendo o foco da missão que ele tinha. (Juliana, 19 anos)

A tendência a associar o antipetismo a opiniões conservadoras, contudo, é desafiada quando os entrevistados são colocados diante de questões comportamentais. Junto da valorização do mérito individual e da indisposição com a política demonstrados aqui, vemos entre muitos deles tolerância a certas posições progressistas que não faziam parte do repertório das estudantes lulistas de Pedagogia. Um exemplo curioso é o de Jéssica. Filha de policial militar aposentado, ela demonstra má vontade com Dilma e o PT e rejeitou ambos nas eleições de 2014. Contudo, ela surpreende quando questionada sobre certas questões comportamentais sensíveis para o ideário conservador, como a legalização das drogas. Sua posição favorável demonstra o terreno espinhoso em que se encontra a constelação de valores juvenis desta década.

> *Você falou da legalização da maconha. Você é contra?*
>
> Não. Apesar de eu não usar, de eu não poder com fumaça, com nada dessas coisas, eu não sou contra, não. Porque, assim, eu acho que seria uma questão de... vamos supor, "eu vou legalizar, mas vocês vão ter que fazer do meu jeito. Tá. Vai ser uma opção de vocês, vocês andarem errado ou na linha. Ou vocês andam na linha do jeito que eu estou disponibilizando ou vocês vão continuar andando errado". Eu acho que ajudaria um pouco, porque as pessoas iriam... não sei se seria o certo ou não. Iriam andar menos escondido ou iriam fazer coisas menos erradas. Porque já que eu posso... já que eu posso então eu vou fazer do jeito que eu posso, do jeito que dá. Fala: ah, tá, tem uma área específica para eu utilizar certa coisa. Então tá, eu vou para essa área específica já que eu posso. Em vez de falar: não, eu vou fazer aqui que é escondido, não estou nem aí se vai prejudicar outras pessoas, porque ninguém pode me ver, porque ninguém pode... ninguém pode saber. Então eu acho que se legalizar cada um sabe o que faz... (Jéssica, 24 anos)

Na justificativa das escolhas eleitorais em 2014, vários estudantes de tecnologia entrevistados se basearam em posições comportamentais na hora da escolha dos candidatos, especialmente no primeiro turno. O mapeamento que propus parece indicar, entre eles, uma dissociação entre as pautas progressistas e as posições eleitorais dentro do contexto de diluição do petismo enquanto ideologia política. O que o pensamento que identifiquei parece apontar é que estas posições comportamentais em nada se contrapõem ao individualismo e ao discurso do mérito, assim como a valorização da educação formal atua no sentido da qualidade das escolhas eleitorais individuais em oposição às bandeiras coletivas e ao projeto do trabalhador.

O perfil dos prounistas entrevistados nesta pesquisa são um indício do esmaecimento do projeto do trabalhador em seus princípios de participação democrática e organização coletiva, entre os jovens das classes baixas de São Paulo. Se as prounistas de Pedagogia já são um rescaldo do que moveu a formação do antigo petismo, os estudantes de tecnologia, mais jovens e imersos no capitalismo flexível, nem mesmo valorizam o Prouni como uma política pública lulista. Isso porque o programa faz mais sentido *exatamente* para o estrato social em que estão localizados, uma vez que inseridos e educados em contexto onde a relação com o conhecimento através da universidade é secundária, quando não irrelevante em um setor da economia altamente representativo do regime de acumulação flexível. O Prouni, portanto, *faz sentido* dentro do atual momento do capitalismo pós-fordista: não é o que se espera de um governo petista, mas o que se espera de qualquer governo em tal contexto, em que só há projetos de curto prazo para atividades de igual duração. Como diz Sennett, a formação do caráter depende das relações de longo prazo, responsáveis por sentimentos de lealdade e confiança.[58] Ou seja, a concessão

58 Sennett. *A corrosão do caráter. Op. cit.*

de bolsas ou financiamentos para a simples obtenção de um diploma da forma menos onerosa possível é *racional* quando sujeitados a lógica na qual o mundo lhes parece funcionar.

O impulso deles à fuga para a universidade como saída de emergência e fuga do destino operário, aqui entendido como a referência geracional, é resultado da necessidade imediata de se manter em condições de competição em um mercado de trabalho onde se paga pouco e a rotatividade é crescente, rompendo com os vínculos identitários do trabalho que podem ter feito a diferença para a geração de seus pais. A associação entre as experiências de classe dos jovens tecnólogos entrevistados e o rompimento dos laços que serviam à geração anterior (e em alguma medida às alunas de Pedagogia que entrevistei) sugerem que, nessas condições, o petismo não deve ter vida fácil entre eles.

IV. Os prounistas nas eleições de 2014

A formação dos campos de significados que procurei identificar até aqui chega a termo final, do ponto de vista de escolhas eleitorais, no pleito de 2014. Algumas opções já foram demonstradas no decorrer do texto no sentido de demonstrar aspectos ideológicos dos entrevistados. Assim, os dois grupos de estudantes bolsistas do Prouni aqui destacados se dividiram com bastante nitidez: as entrevistadas do curso de Pedagogia com inclinação francamente lulista, com todas as contradições que apontei, no apoio quase unânime a candidatura de Dilma nos dois turnos, e os entrevistados dos cursos da área de tecnologia, cujos votos pulverizados no primeiro turno, e minoritários em Dilma no segundo, refletiram o comportamento ideologicamente difuso, indiferente ao petismo histórico e por vezes avesso à política desses estudantes mais jovens, menos vulneráveis e que fazem parte do universo do trabalho informacional na cidade de São Paulo.

A opção por analisar as votações no primeiro turno com tanta atenção quanto as opções no segundo se deve tanto às possibilidades abertas pela pesquisa de tipo qualitativo quanto pelas características do grupo de estudantes de tecnologia. Diante de jovens sem clara identificação partidária e sem condições de estabelecer comparações com outros governos além dos petistas, o leque de opções e o debate gerado por esta pluralidade, potencializada pelas redes sociais que facilitam o acesso às propostas dos candidatos menores, o primeiro turno é adequado enquanto lupa do pensamento que os caracteriza. Essa percepção é fortalecida quando, dos oito entrevistados tecnólogos, apenas um escolheu PT ou PSDB, os partidos que têm polarizado as disputas em âmbito federal desde 1994. Com o método qualitativo, conseguimos identificar as motivações desses votos e o percurso ideológico até a decisão final no segundo turno.

As escolhas feitas pelos 14 prounistas entrevistados nesta pesquisa em 5 de outubro de 2014, data da realização do primeiro turno das eleições foram, portanto, meu principal termômetro em relação às suas preferências eleitorais. Diante de onze candidaturas homologadas, eles concentraram seus votos em três presidenciáveis: Dilma, Marina Silva e Luciana Genro, além da opção feita por duas tecnólogas pelo voto nulo e da abstenção de outro deles. Com a chegada do segundo turno e a restrição das opções a dois candidatos, a escolha entre o lulismo ou a negação do que ele representa se impôs na percepção balanceada entre a imagem desgastada do partido do governo ou as questões materiais, ou seja, a continuidade dos programas sociais e a relativa estabilidade econômica. O lulismo mostrou assim a sua força através de uma eficiente campanha eleitoral, alertando aos jovens deste novo proletariado que seus interesses materiais, assim como os programas sociais dos quais são beneficiários, poderiam estar em risco. Assim, três entrevistados do grupo de tecnólogos fizeram a escolha pela continuidade, enquanto três não se sensibilizaram com o apelo governista e votaram com a maioria do eleitorado paulistano em favor do candidato do PSDB. Outros dois preferiram não tomar posição e anularam seus votos.

Diante de uma juventude atravessada por contradições e pela indisposição com a política tradicional e suas práticas, Dilma, Marina e Luciana disputaram esse setor expressivo da sociedade, que vai do precariado a uma classe média liberal e ponta de lança do capitalismo globalizado, ambos, contudo, atingidos pela corrosão do caráter implicados no novo capitalismo em que o alcance dos projetos é curto e instável, assim como os programas dos partidos. No caminho das escolhas, o processo de incorporação dessas tendências pelos prounistas entrevistados sofreu a intervenção das manifestações de junho de 2013. Com níveis de interesse variados, eles acompanharam os protestos e, naquele momento, foram absorvidos por algumas das reivindicações ali demonstradas. As alunas de Pedagogia expressaram as insatisfações com suas condições de vida, mas se mantiveram longe das ruas: a falta de identificação com o público dos protestos as colocam na posição de encarar os manifestantes como "eles". Já os bolsistas do grupo de tecnólogos, embora também ausentes das manifestações, fazem parte de uma parcela majoritária dos jovens paulistanos que, com posições semelhantes a algumas das inúmeras encontradas nas ruas naquele momento, torceram de casa para que os protestos chegassem aos ouvidos dos políticos.[1]

O voto dos entrevistados em 2014

Faltando poucos dias para o primeiro turno das eleições, a campanha eleitoral era razoavelmente agitada nos arredores do campus Barra Funda da Universidade A. Por volta das 18 horas,

1 Em 19 de junho de 2013, pesquisa Datafolha indicava uma taxa de apoio às manifestações na cidade de São Paulo de 84% dos paulistanos na faixa de 16 a 24 anos. O mesmo índice foi verificado na faixa de 25 a 34 anos. Na mesma pesquisa, verificava-se a tendência do aumento no desprestígio do Congresso Nacional e dos partidos políticos na última década, alcançando 42% de "nenhum prestígio" para o parlamento e 44% para as agremiações partidárias.

cabos eleitorais dos candidatos a deputados estaduais Fernando Capez (PSDB) e Leci Brandão (PCdoB) faziam suas bandeiras tremularem próximos a umas das entradas da universidade. No chão, santinhos e panfletos eram vistos abandonados e nos postes, cartazes com diversos desaforos ao candidato tucano ao Palácio do Planalto decoravam os postes: inimigo da educação, agressor de mulheres, consumidor de drogas ilícitas, eram algumas das acusações feitas a Aécio Neves – algumas assinadas pela União da Juventude Socialista (UJS), a organização de juventude do PCdoB. Bem de frente para a entrada, estudantes da USP e militantes do Juntos (umas das organizações de juventude do PSOL) se alinhavam em uma banquinha, onde abordavam os alunos e ofereciam diversos materiais impressos, com alguma adesão: próximo ao horário de entrada, entre dois e três estudantes se alternavam interessados na candidata Luciana Genro.

Uma minoria de estudantes que chega para a aula mais cedo fazia o que fazem praticamente todos os dias, principalmente quando a semana vai chegando ao fim: se aglomeravam em número razoável nos bares do entorno, alheios à movimentação eleitoral – os estabelecimentos continuam cheios mesmo depois do início das aulas. Em um estacionamento entre a universidade e a estação de metrô, algumas faixas do candidato a deputado federal pelo PT, Vicente Cândido, adornavam a entrada. Esse era basicamente todo o clima de eleição que se podia observar às vésperas da eleição na Universidade A no primeiro turno, da porta para fora. Passando as catracas, não existia mais campanha, e segundo o relato dos estudantes, nem professores, nem alunos, comentavam o processo eleitoral. Também não havia movimento estudantil local engajado.

Quadro 4. Alunos da área de tecnologia e seus votos para presidente

Nome	Idade	Curso	Bairro	1º turno	2º turno
Ricardo	28	Sistemas de Informação	Ermelino Matarazzo	Absten-ção	Dilma
Fernanda	24	Tecnologia em Sistemas para Internet	Itaim Pau-lista	Marina	Aécio
Anderson	19	Ciências da Computação	Brás	Dilma	Dilma
Jéssica	24	Tecnologia em Sistemas para Internet	Cachoeiri-nha	Nulo	Aécio
Lúcia	22	Tecnologia em Banco de Dados	Vila Ré	Luciana Genro	Dilma
Luís Otávio	21	Gestão em Tecnologia da Informa-ção	Itaim Pau-lista	Não quis informar	Não quis informar
Rodolfo	22	Segurança da Informação	Vila Ma-riana	Não quis informar	Não quis informar
Juliana	19	Segurança da Informação	Jabaquara	Nulo	Aécio

Jéssica e Juliana anularam o voto no primeiro turno e partiram para Aécio no segundo. Jéssica teve uma breve aproximação com o Partido Verde, mas acabou anulando todos os votos na primeira rodada. "Preferi não escolher ninguém a escolher qualquer um, pois não tive tempo de analisar e o pouco que vi sobre os depoimentos dos candidatos não foi o suficiente para eu ter certeza que mereciam ser escolhidos". Ela pensava o mesmo sobre os candidatos no segundo turno, mas, de última hora, mudou de ideia, "porque, com a Dilma, provável que vai continuar tudo como está e mudando a presidência talvez pudesse mudar alguma coisa. Mas continuo com a opinião de que tínhamos a opção de escolher entre 'seis' ou 'meia dúzia'". Jéssica expressava dois sensos comuns, o de que políticos são todos iguais, mas se está ruim, qualquer mudança pode ser positiva. Um ano antes, ela ainda tinha a expectativa de que algum partido de verniz renovador pudesse lhe convencer de que havia alternativas.

> Não, não tenho ninguém específico. Eu estava pensando em analisar o Partido Verde, buscar algumas informações dele, porque por mais que falem, não votam no Partido Verde porque quer legalizar a maconha. Tá, mas e o que eles têm de benefício? Ninguém deu oportunidade para eles se exporem, de ver o que eles têm. Porque os partidos menores, eles não aparecem, você não sabe quem está lá, você não sabe o que acontece. Alguns [candidatos] você sabe que são de outros partidos, que não aguentaram ficar em outros partidos [grandes] e foram para aqueles. Eu acho que, nesse meio termo está o Partido Verde, eu vou dar uma analisada para ver se eles têm alguém que me agrada. (Jéssica, 24 anos)

Também pessimista, Juliana achava que seria necessária uma reforma política, mas "para os partidos não ficarem brigando entre si" e "para o Brasil avançar", de modo que, apesar do antipetismo, não votou no PSDB para os demais cargos. Tive a oportunidade de conversar com ela também após a eleição. Antes, ela já achava que Marina, Luciana Genro e Eduardo Jorge "não conseguiriam carregar o peso de governar o país", então diz ter optado por Aécio porque "pelo menos governou lá Minas Gerais", diz. Sua família também votou em Aécio. Tentando explicar o contexto familiar que levou a este padrão de votação, Juliana conta que seu irmão quer se mudar do país o quanto antes, para um país "mais humanizado". Ela concorda.

> *E o que mais chamou sua atenção nesta eleição?*
>
> A Dilma ter ganhado. Eu não acreditava em nenhum dos dois candidatos, mas a apresentação do outro candidato [Aécio] fez o pessoal ficar mais esperançoso em relação ao Brasil. Aí, eu pensei "caramba, não é possível que o PT está há doze anos no poder e não vão tirar esse partido nunca!"
>
> *E a Marina, o que você achava dela?*
>
> Acho que era mais jogada de mídia, mesmo. Acho que a mídia queria que ficasse ela contra a Dilma no segundo turno. (Juliana, 19 anos)

Fernanda se juntou a Jéssica e Juliana entre os estudantes deste grupo que se inclinaram para a direita e votaram em Aécio Neves. No primeiro turno, no entanto, ela foi a única entre os oito a votar em Marina Silva. Sua motivação principal, como destaquei anteriormente, foi o antipetismo, mas outros estudantes também cogitaram o voto na candidata do PSB. Assim como notaram as pesquisas eleitorais, a rejeição a ela foi crescendo ao longo do primeiro turno até finalmente sucumbir a poucos dias da eleição.[2] A principal questão que se refletiu entre os entrevistados foi o recuo diante do combate a homofobia. Logo na introdução de seu progra-

---

2 Na semana em que apresentou seu programa de governo, Marina atingia 34% das intenções de voto, empatada com Dilma, situação que se manteve até a semana seguinte. À medida que a campanha avançava, no entanto, a petista alargava sua vantagem e a pessebista perdia fôlego: a partir de 17 de setembro, Marina começou a cair abaixo da margem de erro de 2%, chegando à véspera da eleição com 22%, empatada tecnicamente com Aécio, mas numericamente abaixo. Ainda no auge da popularidade, ela chegava a 42% na faixa dos 16 aos 24 anos, 43% entre aqueles com ensino superior e 38% na faixa entre 2 e 5 salários mínimos, sofrendo variação negativa de 4 a 5% nesses recortes até o dia 4 de outubro.

ma de governo, Marina dizia que vivemos em "uma sociedade sexista, heteronormativa e excludente em relação às diferenças" e que "os direitos humanos e a dignidade das pessoas são constantemente violados e guiados, sobretudo, pela cultura hegemônica de grupos majoritários (brancos, homens etc.)."[3]

A busca por alternativas que fugissem da polarização tradicional, que parecia beneficiar Marina em um primeiro momento, acabou revertendo votos para a candidata do PSOL, Luciana Genro. Dois entrevistados citaram especificamente questões comportamentais como motivos para não votar em Marina, aderindo, sintomaticamente, a Luciana na primeira rodada eleitoral. Ricardo, aluno de Sistemas da Informação na unidade Barra Funda, chegou a cogitar dar seu voto a Eduardo Campos, e depois em Marina. Segundo ele, mudou de ideia quando a candidata "começou a colocar religião no meio". Já Lúcia, estudante de Tecnologia em Banco de Dados no mesmo campus, diz que faltou tempo para acompanhar as eleições. Ao falar sobre a campanha eleitoral, Lúcia elogiou a ati-

---

3 Na ocasião, a candidata apresentou os principais pontos do documento. Entre eles, o de que um eventual governo seu apoiaria propostas com o objetivo de "aprovar projetos de lei e da emenda constitucional em tramitação que garantem o direito ao casamento igualitário na Constituição e no Código Civil". Pretendia ainda "articular no Legislativo a votação do PLC 122/06, que equipara a discriminação baseada na orientação sexual" às leis existentes para quem discrimina "em razão da cor, etnia, nacionalidade e religião"; daria "efetividade ao Plano Nacional de Promoção da Cidadania e Direitos Humanos LGBT"; e iria "manter e ampliar serviços existentes" em ofertas de tratamentos e serviços de saúde para demandas da população LGBT. Estes pontos, após uma "intervenção" do pastor Silas Malafaia em uma rede social, foram moderados ou eliminados no dia seguinte à divulgação do documento, com a justificativa que ele apresentava "equívocos" frutos de "falha processual na editoração" e que não retratava "com fidelidade os resultados do processo de discussão sobre o tema durante as etapas de formulação do plano de governo".

tude de Luciana Genro em defesa da descriminalização do aborto em um cenário, para ela, pouco animador.

O que te chamou mais a atenção na campanha?

Que tudo está uma droga. Vai continuar tudo do mesmo jeito, independente de quem for eleito. A tendência, pra mim, pelo que pareceu pra mim, é só piorar. Então...

Tem algum candidato que te chamou atenção?

Tem. Eu votaria na Luciana Genro.

Por quê?

Ah, eu não sei. Eu gostei das propostas dela, gostei do que ela apresentou, gostei do jeito que ela age, aí... e ela está melhor do que os outros, então...

E a Marina, o que você acha?

A Marina não voto, não. Porque eu não gosto do fato dela ser evangélica. Ser cabeça fechada. E pra mim não tem como. É uma coisa que... ela tem os princípios dela e eu tenho os meus, e aí acaba que, do mesmo jeito que ela não gosta de gays, por causa dessas coisas, eu também não gosto dela.

E o que você acha quando da "nova política" que ela defende?

Ah, não... nada do que ela falou me atrai. Eu acho que ela não tem o pulso firme. Pra mim parece que, se ela for eleita, vai ser só pra falar mesmo. Quem vai fazer são outras pessoas. É o que ela me faz parecer,

> né? Tudo bem que todos são assim, mas ela parece que é mais do que qualquer um. (Lúcia, 22 anos)

Ricardo também teria votado em Luciana Genro se não tivesse aumentado o bloco das abstenções – ele estava na casa da namorada em Carapicuíba e achou que o deslocamento para sua seção eleitoral na Zona Leste não valia a pena. A adesão à candidata do PSOL (dois dos oito bolsistas de tecnologia) chama a atenção, mas não surpreende. Genro teve 3,3% das intenções de voto na capital paulista, mais que o dobro de sua votação nacional. Na última pesquisa Datafolha antes do primeiro turno, ela alcançava 4% na faixa de 16 a 24 anos e nos eleitores com ensino superior. Os entrevistados também afirmaram ter notado a campanha do PSOL no entorno da universidade, o que pode ter chamado a atenção para a candidata do partido. Nos debates na TV, Genro pouco falou sobre bandeiras tradicionais da esquerda como a reforma agrária, a taxação de grandes fortunas ou a demarcação de terras indígenas, pontos sensíveis do governo petista. A candidata, por outro lado, se destacou nos embates em torno da pauta da homofobia, protagonizando um ríspido confronto com Levy Fidelix (PRTB), que pregou o "enfrentamento aos gays" em debate na TV Record. Genro soube canalizar as reivindicações da comunidade LGBT e transformou sua campanha em pauta quase exclusiva, juntamente da descriminalização do aborto.[4]

---

4 Em um hipotético segundo turno entre Dilma e Marina, a candidata do PSB venceria a presidente entre os eleitores de Genro por 45% a 34%, segundo pesquisa Datafolha da véspera do primeiro turno. Partidos como o PSOL tendem a canalizar esforços para pautas pós-materialistas, e apelando a propostas de fácil assimilação, como a taxação de grandes fortunas. Contudo, é preciso reconhecer que, no âmbito parlamentar, o PSOL teve atuação de certo destaque: nascido a partir da expulsão de três parlamentares que votaram contra a determinação do PT na Reforma da Previdência do setor público em 2004, fez oposição ao abrandamento do Código Flo-

Este aspecto ajuda a entender as motivações de dois dos nossos entrevistados em direção à candidata do PSOL. Como não houve o segundo turno entre Dilma e Marina, não é possível afirmar quais seriam suas escolhas neste caso.[5] Lúcia e Ricardo escolheram como a maioria e decidiram por Dilma no segundo turno. Ambos manifestaram repúdio a posições conservadoras e preocupação com um possível fim dos programas sociais do governo. Lúcia e Ricardo, de fato, demonstravam saber muito pouco sobre ele, mas Lúcia chegou a classificá-lo como "muito conservador", e Ricardo temia pelo fim do Prouni. Os argumentos apontam, mesmo que de maneira difusa, para a candidatura de Aécio enquanto ameaça de retrocessos no plano social.

Poucas semanas antes do primeiro turno, o candidato ao governo de São Paulo pelo PT, Alexandre Padilha, havia feito na Universidade Nove de Julho (Uninove) seu ato de apoio com artistas e intelectuais e a candidata à reeleição presidencial, Dilma Rousseff, repetira o bom resultado de seu colega de partido e então candidato a prefeito, Fernando Haddad, com um evento no mesmo local especificamente para prounistas, organizado pela UNE, UEE, Ubes e demais entidades de juventude que apoiavam seu governo. A adesão dos alunos da universidade, contudo, é outra história. Segundo um participante que abordei em um dos eventos, havia uma espécie de "lista de interesse" em participar do evento. Não que ele fosse fechado para o público – houve ampla divulgação nos dois casos –, mas para ocupar o espaço era importante garantir que estudantes e familiares simpáticos ao PT e a Dilma estivessem em bom número.

---

restal em 2012 e é um dos principais defensores das causas indígenas. Estas questões, no entanto, pouco surgiram na campanha eleitoral de 2014.

5 Na mesma pesquisa Datafolha, 41% dos eleitores de Genro migrariam para Dilma, 32% para o tucano, e 23% não escolheriam nenhum dos dois.

Mesmo com uma razoável identificação com o PT, Anderson não sabia dos eventos e não tinha certeza se votaria na reeleição de Dilma. Mas acabou, de véspera, sendo o único entre eles a escolher a petista no primeiro turno, repetindo o voto no segundo. Na sua avaliação, "o governo não está bom, mas também não está ruim. Está ok".

> *Você está acompanhando a eleição?*
>
> Estou acompanhando bem pouco. Eu pretendo agora acompanhar, como já está acabando, dia 5 é a eleição, domingo, eu vou tentar acompanhar um pouco mais, ler, dar uma pesquisada, porque ainda não formei nenhuma opinião.
>
> *E a Marina, você conhece?*
>
> Eu vi pouca coisa, mas o que eu vi é que ela é muito contraditória. Eu vi assim como ela é muito sensacionalista, mas eu vi por campanha de outros candidatos. Então nunca vão falar bem de outro candidato. Então não tenho também opinião muito formada, mas eu tenho quase certeza que eu não vou voltar nela. Porque eu não gosto muito.
>
> *E o Aécio?*
>
> Talvez. Também não tenho opinião formada. Eu levo em consideração o governo aqui de São Paulo, que não está bom. Para mim, o Alckmin não está legal. Então talvez seja a mesma coisa, talvez seja um pouquinho melhor, ou um pouquinho pior, mas como é do mesmo partido, eles devem ter as mesmas ideias, os mesmos planos de governo. Então eu acho que não. (Anderson, 19 anos)

Anderson tem uma visão mais sistematizada da política, o que não o absolve de dúvidas a respeito da condução do governo, e seu petismo parece muitas vezes tensionado. Assim mesmo, está mais próximo de Lúcia e Ricardo que, a despeito de manifestaram grande indisposição com a política, têm preocupações progressistas e são a favor de políticas sociais. Os três demonstram inclinação à esquerda e fizeram a opção pelo voto em Dilma no segundo turno de 2014, menos por adesão ao governo do que por receio da vitória do candidato tucano. Mas assim como eleitores de Aécio neste grupo de entrevistados também expressam algumas posições progressistas, o sucesso ou fracasso do segundo mandato da petista pode ser decisivo para o futuro do PT entre esse perfil da juventude trabalhadora paulistana.

Não é diferente para Luís Otávio e Rodolfo, da unidade Vergueiro da Universidade A. Mas, nestes dois casos, por mais que se revelem opiniões sobre a política, há uma recusa radical a participar do debate eleitoral. Rodolfo concorda com algumas opiniões de Juliana e Jéssica, mas diante de perguntas específicas sobre o voto que depositaram na urna, tanto ele como Luís Otávio rejeitam com veemência revelar quais foram suas escolhas. Rodolfo tem opiniões um pouco mais consistentes, mesmo assim, procura se distanciar da política e se desvincular de qualquer partido ou político, evitando declarar seu voto, mesmo que sob sigilo absoluto. Luís Otávio procurava pontuar todas as suas respostas sobre o assunto com declarações evasivas e comentários pontuais como "tem coisas boas e coisas ruins" no governo petista ou "não posso afirmar que o governo é bom por causa do Prouni, porque, como eu já disse, também tem coisas ruins". Depois de muita insistência, me dei por satisfeito com essas declarações sobre o futuro do país:

Mas você acha que está "mais para bom" ou "mais para ruim"?

> Eu acho que está mais pra bom, porque não é possível que um país como o nosso só vá regredir, né? Muitas coisas vêm aí pra melhorar, querendo ou não, essa evolução acontece. O ponto é a velocidade que essa evolução acontece. Muitos acham que tem que acontecer de uma hora pra outra. Eu acho que tem que ser constante.
>
> *E sobre o atual governo?*
>
> Ele me parece meio parado. Da mesma forma que ele adianta algumas coisas, eu sinto que ele regride em algumas coisas. A gente tem que ver o que pesa mais. A evolução que ele teve, ou a regressão em alguns aspectos. (Luís Otávio, 21 anos)

Rodolfo dá algumas pistas a mais sobre como pensa as eleições. A família é católica e ele fez parte do grupo de jovens da paróquia. Diz que seus pais, ele cozinheiro e ela babá, têm suas preferências partidárias, mas ele não concorda com elas. Seu pai faz parte do sindicato (ele não soube precisar qual) e a família é oriunda de Pernambuco, onde boa parte dela ainda vive. Os dados que ele informa indicam que há uma discordância com os pais quando o assunto é política, de modo que suas declarações levam a crer que, enquanto eles votam no PT, ele procura se distanciar desta posição no sentido de uma pretensa neutralidade, mesmo que tenha ensaiado apoio a algum outro candidato.

> Eu não tenho preferência firmada, porque de todas as formações que eu já vi... o pessoal [candidatos] que estão falando eu vou olhando um pouquinho, mas são só pedaços. Ainda não me decidi se tem alguém que eu acho que vale a pena apoiar por muito tempo, ou durante as campanhas políticas. É bem

difícil escolher, na verdade. É simples, assim, todo mundo tem prós e contras, e eu não tenho um critério que eu acho justo ou suficiente pra definir a minha preferência, então acabo ficando meio alheio. Seria mais assim, o que é bom, o que precisaria acontecer, e o que é ruim que devemos evitar. Então isso é algo que a gente acaba conversando com o pessoal em geral. As vezes isso influência nas decisões, mas no geral nenhuma preferência.

Nesta eleição em especial, algum candidato te chama atenção?

Não, nenhum. Se você não se importa, não vou dar essa informação. Um deles costumava chamar atenção, não chama mais. Mas eu pensei bem, depois, não, não vai rolar. Não vai dar pra rolar.

E sobre os governos Lula e Dilma?

O que mais repercutiu foram os escândalos que a gente ouve do PT. Não é só o PT, todos os partidos têm escândalos. Tem as obras sociais que ajudam? Tem, mas elas são remediações. O Prouni é bom? Ele só não é bom porque ele é consequência de uma coisa ruim. Se existissem muitas escolas no padrão da USP, que sejam públicas, e os muitos alunos tivessem a mesma condição de prestar os vestibulares e isso fosse distribuído de maneira mais equilibrada, não precisaria ter privilégios. (Rodolfo, 22 anos)

Apesar disso, Rodolfo afirma ter votado nulo nas eleições de 2010. Diz não ter encontrado ninguém em quem votar, e que "agora [em 2014] não é muito diferente". Mesmo assim, ele chegou a flertar com uma candidatura, mas acabou se desiludindo com ela. É interessante observar que entre alguns entrevistados há elementos consistentes de quebra do vínculo ideológico geracional, como vimos no caso da petista Regina, estudante de Pedagogia, e seu filho avesso ao partido. Aqui, entre os estudantes de tecnologia, há pais que são trabalhadores assalariados ou aposentados, alguns migraram de outros estados e eventualmente até fazem parte de sindicatos. A pouca adesão espontânea a um projeto político-partidário, que vimos apenas vagamente no discurso de Anderson, sem que representasse uma militância mais ativa, se choca com um certo engajamento de pelo menos três das estudantes de Pedagogia, diretamente ou por histórico familiar. Também elementos que poderiam agregar ao lulismo, como o benefício do Prouni, fazer parte do precariado ou a referência aos parentes de estados especialmente atingidos pelas políticas dos governos Lula e Dilma, parecem fazer pouca ou nenhuma diferença na formação ideológica deles. Seu perfil indica que flertou com a candidatura de Marina Silva.

Por que você mudou de ideia?

Porque é aquela história, você vê a pessoa fornecendo as propostas, ou fazendo um trabalho que às vezes é bem repercutido num primeiro momento, mas passado um tempo, e outras pessoas levantando mais algumas informações, e vendo o panorama, você vê que não eram diferentes dos outros que estavam por lá. Não tem realmente uma diferenciação. Eu não sei se é por causa das condições em que os candidatos acabam se estabelecendo, parece que fica tudo na mesma. É a mesma história dos prós e contras. Porque antes você só vê os prós, né? Aí você vai dar uma olhadinha assim, talvez não seja tão "pró" assim. Aí o adequado é você se aprofundar

> pra saber até o quanto o bom é bom e até quanto o ruim é ruim. Mas desse antigo interesse, ficou por aí também. (Rodolfo, 22 anos)

Na próxima seção, veremos que os 16 meses que separaram as manifestações de junho de 2013 e as eleições do ano seguinte retorceram a opinião de alguns dos estudantes da pesquisa. Neste período Ricardo, por exemplo, simpatizou com Eduardo Campos, votou em Luciana Genro no primeiro turno e em Dilma no segundo, demonstrando certa fragilidade em suas convicções, mas inclinação à esquerda. Com a campanha eleitoral em curso, o lulismo convenceu uma parte deles de que seus programas sociais e a estabilidade do emprego eram motivações superiores para o voto, mobilizando sentimentos de receio nos prounistas de tecnologia que entrevistamos. Pelo menos metade deles não se sensibilizou e votou na oposição ou nulo. Assim, no segundo turno três estudantes deste grupo se inclinaram para o PSDB, três para o PT, e dois preferiram não tomar posição.

O fato de Aécio não ter tido nenhum voto no primeiro turno, não se mostrando para esta juventude uma alternativa entre várias, e Dilma apenas um, corrobora o argumento de que a polarização tradicional entre PT e PSDB não se mostrou atraente para eles, e outras pautas acabaram servindo de substitutas ao voto essencialmente material. Um momento decisivo no decorrer desta pesquisa e que ajudou a difundir a negação dos "rótulos" esquerda e direita e de concepção pós-materialista[6] foi a onda de manifestações que tomou o

6 Usando classificação do cientista político Ronald Inglehart, Singer, "Brasil, junho de 2013: classes e ideologias cruzadas". *Op. cit.* p. 37, define assim o centro pós-materialista: "à medida que as sociedades vão resolvendo os seus problemas materiais ocorre uma mudança de valores, os quais passam gradativamente daqueles que enfatizam 'a segurança econômica e física' para aqueles que ressaltam 'a autoexpressão e qualidade de vida'.

país em junho de 2013. Como um reflexo de questões pouco formuladas intimamente, os prounistas entrevistados tiveram que se deparar com a diversidade de pautas presentes nas ruas e nas redes sociais.

Os antecedentes do voto: junho de 2013

As manifestações de junho de 2013 aconteceram concomitantemente ao desenvolvimento desta pesquisa e as primeiras entrevistas, algumas semanas depois do seu refluxo. Os eventos daquele mês já ficaram marcados na história brasileira: poucos são os que não se depararam, aos menos através dos meios de comunicação, com os grandes atos públicos que atingiram todos os estados do país, com maior ou menor intensidade, inicialmente contra reajustes nos transportes públicos,[7] os gastos excessivos para a realização da Copa do Mundo de 2014, por melhorias na educação e saúde públicas, ou contra a corrupção e os governos de plantão em todos

---

Seria uma transição intergeracional, realizada conforme os que já são socializados em um ambiente de classe média, livres do fardo material das gerações anteriores, vão se tornando maioria, provocando mudança profunda na maneira de enxergar a política por parte dos cidadãos".

7 O MPL tem sua origem em outras duas grandes manifestações populares contra reajustes em tarifas dos transportes públicos: a "Revolta do Buzu", que ocorreu em Salvador em 2003, e a "Revolta da Catraca", em 2004. Segundo o movimento, a perspectiva aberta por esse processo que alcançou a vitória na capital catarinense deu origem ao MPL, "uma tentativa de formular o sentido presente naquelas revoltas, a experiência acumulada pelo processo popular, tanto em sua forma como em suas motivações. Surge então um movimento social de transportes autônomo, horizontal e apartidário, cujos coletivos locais, federados, não se submetem a qualquer organização central. Sua política é deliberada de baixo, por todos, em espaços que não possuem dirigentes, nem respondem a qualquer instância externa superior". Movimento Passe Livre – São Paulo. "Não começou em Salvador, não vai terminar em São Paulo". In: Ermínia Maricato *et al.* *Cidades rebeldes*: Passe livre e as manifestações que tomaram as ruas do Brasil. São Paulo: Boitempo, 2013, p. 15.

os níveis. Nossos entrevistados foram impactados pelo momento de maneira especial: mesmo na condição de beneficiários de um programa do governo do PT, quase todos se declararam a favor dos protestos. As motivações para esse apoio se resumem, principalmente, na precariedade dos serviços públicos, mas recorrentemente, a causa dela é a corrupção e a má gestão dos recursos. Cabe indagar de que maneira esses jovens se relacionaram com os protestos, já que não se sentiram suficientemente motivados para enfrentar o receio dos pais ou as obrigações cotidianas para efetivamente sair às ruas e demonstrar insatisfação.[8] Como as manifestações estive-

8 Singer, "Brasil, junho de 2013: classes e ideologias cruzadas". *Op. cit.*, destaca três momentos distintos para as manifestações. Na primeira, o *leitmotiv* foi o aumento de 20 centavos nas passagens de ônibus, metrô e trens metropolitanos na capital paulista, sob a condução do MPL. De cara, nota-se a concepção fundamentalmente basista do movimento em contraposição ao centralismo das organizações de juventude tradicionais. As primeiras manifestações tiveram o perfil do movimento e se assemelharam muito aos protestos organizados pelo movimento em anos anteriores, com a pauta voltada a questão do direito ao transporte. A partir do dia 11, o governador Geraldo Alckmin anunciou o endurecimento da repressão na manifestação seguinte. Neste dia, com cerca de 20 mil pessoas na rua, a Polícia Militar reprimiu manifestantes, transeuntes, jornalistas, fotógrafos. As cenas de violência trouxeram a simpatia da população para as manifestações que, a partir dali se tornariam de massas. A sequência dos protestos é marcada pelo início da Copa das Confederações, o que leva o protagonismo para as cidades que receberiam os jogos (Rio de Janeiro, Brasília, Fortaleza, Salvador e Belo Horizonte). Afugentados pela magnitude das manifestações que, naquele momento, não vislumbrava um fim, o governo e a prefeitura de São Paulo decidem revogar os aumentos das passagens. Na comemoração marcada para o dia 20, cerca de 1,5 milhão de pessoas se reúnem em mais de 100 cidades. Neste momento, o repúdio aos partidos de esquerda atinge o seu ápice, com a infiltração de grupos nacionalistas de extrema-direita puxando o coro e, em grande número, os adeptos da política pós-materialista – era comum observar grupos carregando cartazes contra a PEC 37 ao lado de ativistas LGBT contrários ao pastor Marco Feliciano, então presidente da Comissão de Direitos Humanos e Minorias

ram no caminho do lulismo até a recondução de Dilma em 2014, junho do ano anterior foi determinante para a formação política dos estudantes prounistas entrevistados nesta pesquisa, e a partir delas se revelam posições ideológicas que vão além daqueles dias de comoção popular.

Tabela 3. Escolaridade dos manifestantes

Faixas	São Paulo 17/06	São Paulo 20/06	Rio de Janeiro 20/06	Oito capitais 20/06	Belo Horizonte 22/06
Mais baixa	1% (Fund.)	2% (Fund.)	14% (Médio incompleto)	8% (Médio incompleto)	4% (Fund.)
Intermediária	22% (Médio)	20% (Médio)	22% (Médio completo / Superior incompleto)	49% (Médio completo / Superior incompleto)	31% (Médio)
Alta	77% (Superior)	78% (Superior)	34% (Superior completo)	43% (Superior completo)	66% (Superior)
Total	100%	100%	100%	100%	100%

Fonte: Singer (2013), com base no Datafolha (São Paulo), Plus Marketing (Rio de Janeiro), Ibope (oito capitais) e Innovare (Belo Horizonte)

Nessa conjuntura *sui generis* que pareceu envolver a todos, as estudantes de Pedagogia percebem que as manifestações de junho tiveram sua razão e o protesto contra o reajuste das tarifas do transporte público, legitimidade. Mas não era o lugar para elas. Enquanto moradoras da periferia, responsáveis pela manutenção da casa,

da Câmara dos Deputados e pastor evangélico, na avenida Paulista no dia da "comemoração" pela revogação do reajuste.

pela saúde dos filhos, pelas obrigações com a igreja, elas não se sentiam parte daquilo que muitas delas expressam como algo pouco familiar e distante de sua realidade. Márcia, de 34 anos, moradora do Capão Redondo e eleitora de Dilma, quatro meses depois dos acontecimentos demonstrava certa confusão quando se expressava sobre os acontecimentos e a diversidade de pautas que surgiram. *Black blocs*, o caso dos manifestantes que retiraram cães de um laboratório farmacêutico em São Roque (SP), e a participação dos partidos se misturam em um veredito de que o ato da população teria sido sequestrado pelos políticos.

> *O que você achou das manifestações que aconteceram em junho?*
>
> Assim, em determinados momentos eu achei que realmente era a população, né? Que tava fazendo a manifestação, achei que algum momento eles devem, a população deve ter realmente se unido pra fazer o protesto com relação a gota d'água que foi o aumento de novo da tarifa dos ônibus, da passagem. Mas já tá uma coisa meio banalizada no presente momento, né? Criou-se meio que um grupo que adora entrar em qualquer manifestação que a população queira fazer pra reivindicar algum direito dela e pra quebrar tudo, entendeu? Parece que para denegrir toda e qualquer manifestação que você queira fazer. Então, que nem a manifestação que teve pra defesa dos animais lá que estava sendo maltratados – dizem que estavam sendo maltratados. Mas assim, pra manifestação que teve o que eles tinham que entrar no meio e quebrar tudo de novo? É uma manifestação pacifica! Estavam pedindo, de repente, até que... diz que tá escrito isso na lei que é permitido

> usar os animais. Mas não são seres vivos? Por que a gente tem que usar, não tem outras formas? Eu acho que tem outras formas de fazer as experiências. E as pessoas utilizam toda e qualquer manifestação e leva pro lado negativo. Que nem, os políticos botaram suas bandeiras no meio, tanto que a população sentou o pau em quem tava com a sua bandeira lá defendendo o seu partido pra querer puxar voto, né? Se você assiste agora esses horários políticos safados que tão aparecendo na TV, tá falando sobre isso. Você tá sempre colocando um jovem falando e falando que tava lá na manifestação e não sei o quê. E como é que esse jovem foi parar naquele partido, não é? (Márcia, 34 anos)

Vitória, de 18 anos e evangélica da Igreja Universal, acredita que "eles lutaram e viram mudanças", se referindo aos manifestantes. Cida, de 23 anos e mãe de um filho, vê nos "quebra-quebras" o risco de que, novamente, os pobres paguem pelo prejuízo. Ou seja, mesmo que elas vejam nos protestos algo legítimo e até necessário, se colocam em um lugar exterior, o que eventualmente pode fazer com que paguem o preço da ousadia alheia.

> Eu não participei e nem participaria. Cada um tem uma disposição diferente, eu não tenho essa disposição, mas se eles lutaram e viram mudanças. Se eles continuarem a fazer, pacificamente, tudo bem, não tenho nada contra.
>
> *Mas você acha que elas são justas?*
>
> Exatamente, justo.
>
> *Quando você via o que estava acontecendo, no que você pensava?*

> Porque eles estavam muito incomodados e eles, assim, a revolta deles, eles querem mudança urgente, né, então eles estão fazendo isso pra realmente... eu acho que eles querem mudar logo. Foi o que aconteceu, né? Em pouco tempo alguma coisa aconteceu, eles pararam tudo. (Vitória, 18 anos).
>
> *
>
> *E as manifestações de junho, você era a favor?*
>
> As manifestações eu era a favor, agora o vandalismo não, claro. Porque quanto mais quebra-quebra eles fazem, mais vai doer no nosso bolso, porque daí o Haddad queridinho aumenta tudo e tudo cai em cima de nós, é sempre assim, é sempre a culpa do povo, sempre em cima do povo, não tem jeito, não tem como escapar, nunca que o prefeito vai tirar do bolso dele pra arcar, até parece. Nada! Aumenta tudo, conta de luz, conta de água, tudo... aumenta tudo! Para poder arcar com os prejuízos. Esses vândalos vão, quebram tudo, não têm noção do que fazem, sabe lá fazer o protesto direito, saem quebrando tudo e a culpa é nossa. Eu em casa sem fazer nada e vou ter que pagar, vou ter que arcar com os quebra-quebras. (Cida, 23 anos)

Entre os tecnólogos, nota-se uma aproximação com algumas tendências ideológicas presentes nas ruas, especificamente o *afastamento dos partidos* e a denúncia da *corrupção* e da *precariedade dos serviços públicos*. Com exceção de Luís Otávio, timidamente contrário, todos os outros apoiaram firmemente as manifestações, com maior ou menor grau de clareza sobre as pautas, mas todos motivados por certo incômodo difuso com a situação do país e na maneira como ela incide em suas possibilidades. As justificativas para não participar diretamente são similares: obrigações com a faculdade ou com o trabalho. Assim, sabem que a necessidade de valorizar o currículo, se manter no Prouni e ainda dar conta das tarefas cotidianas os fazem pensar duas vezes antes de faltar à aula ou ao trabalho.

Rodolfo foi o único da minha etnografia a efetivamente participar das manifestações. Como identificamos no segundo capítulo, ele é o estudante entrevistado que mais se aproxima da classe média tradicional, o que deve ser influência para o seu engajamento neste caso. Colega de Luís Otávio no campus Vergueiro e morador da Vila Mariana, ele tem uma opinião sofisticada sobre as dificuldades essenciais que os protestos tiveram a partir da segunda fase, e acredita que o sucesso do reajuste das tarifas do transporte foi resultado da liderança do MPL, pois "eles deixaram claro, depois da manifestação que eles fizeram, que eles não queriam o aumento das passagens. E acabou. As manifestações, a parte útil que causou efeito é isso, todo o resto é 'várzea' [bagunça]". Enquanto exceção, Rodolfo é o ponto máximo da politização descoberta em junho e, a partir das suas posições, as demais vão se diluindo. Rodolfo serve, aqui, de parâmetro para a comparação com os prounistas que não se mobilizaram.

> Eu participei de um [protesto] pra ver como estava rolando. Foi engraçado. Foi depois que conseguiram o cancelamento do reajuste, depois que voltou pra 3 reais [a manifestação do dia 20]. Como eu tive oportunidade de ir lá, eu fui numa que atravessou a [avenida] 23 de Maio, até a prefeitura. A prefeitura estava fechada, não tinha ninguém lá. Aí eu falei para o meu amigo: "cara, a gente não vai fazer nada aqui porque não tem ninguém lá dentro. Vamos voltar pra Paulista". Chegando lá a galera curtindo a

[avenida] Paulista porque estava parada. Então você tinha pessoas de grupos sociais e de tribos culturais fazendo as suas próprias reivindicações. Tinha galera que tinha bandeiras socialistas brigando com o pessoal, os outros falando assim "sem bandeira, sem bandeira", e outros falavam, "sem violência". Eu não lembro de bandeiras de partidos nessa manifestação, não tinha bandeira de partido. Mas essa bandeira do socialismo, o pessoal não gostava porque o movimento não era de uma linha política, era de pessoas que tinham exigências. Aí então ficou engraçado isso, ficou meio misturado. Não teve violência em lugar nenhum, que eu vi. Não teve nada demais, foi só um monte de gente na rua fazendo barulho. Teve uma marchinha aí, o pessoal atravessando a 23 de Maio, mas foi simplesmente... enfim, não deu em nada. Foi meio que aquele fim da festa, né?

E você acha que as manifestações são importantes?

Então tipo, eu sou a favor porque nós não conseguimos ir facilmente a uma seção e falar "olha, vamos conversar hoje sobre os problemas das calçadas, porque está apertado demais para os cadeirantes". Não vai rolar. Tipo, é muito difícil que aconteça. Falta espaço de tempo pra isso, esse esforço. Então eu acho importante essas manifestações por esse sentido. É um jeito de você manifestar uma vontade popular em uma voz. Mas aí que está. Pra ser uma voz, todo mundo tem que falar a mesma coisa. Se é pra fazer reforma na calçada, então vamos todos gritar "reforma da calçada, reforma da calçada" até a reforma ser feita. Entendeu? Então essa é uma ferramenta importante, só que o pessoal tem que aprender a usar. É aí

> que apareceu um troço curioso, que a gente vê em outras pessoas, em outras mídias. O pessoal descobriu uma ferramenta nova e ainda o pessoal não está sabendo como utilizar. Eu sou a favor. E o que é mais interessante é ver ela surgindo na internet também. Tem alguns grupos. Eu tive oportunidade de verificar um desses grupos, só que na própria organização deles você vê exatamente o que acontece nas manifestações. Por exemplo, o Anonymous. Eu fui verificar como era em 2009 a proposta dele. Isso um pouco antes das manifestações. Eu queria verificar como eles estavam funcionando por dentro. Antes era legal, era utópico, todo mundo queria mudar a sociedade. Beleza. Cresceu, inflou, aí todo mundo começou a puxar a própria crise política, o próprio estilo cultural, a própria restrição socioeconômica. Então você tinha aqueles grupos de direita, só de esquerda, socialista. Tinha fascista no meio também, não dava pra dizer que não tinha, tinha até essa galera assim. Estava todo mundo misturado. E ninguém estava, de fato, fazendo o que era proposto, que era assim "somos todos pessoas querendo melhorias". Não, somos um grupo de anarquista que quer revolução. Sim, mas eu diria que assim, você tem que ter uma sociedade muito madura pra enfrentar. (Rodolfo, 22 anos)

Rodolfo naturalmente consegue ter um panorama mais completo das manifestações em relação aos seus colegas entrevistados nesta pesquisa, tendo participado de pelo menos uma delas. Mas assim como a maioria dos participantes, até aquele momento, nunca tinha estado nas ruas em um protesto. De acordo com pesquisa Ibope divulgada no dia 23 em São Paulo, 46% deles nunca tinham ido às ruas. Entre os demais entrevistados, a vontade até surgiu, mas não foi adiante. Jéssica achou os protestos importantes, lamenta não ter participado, mas foi impedida pela mãe, assustada com a violência. A aversão aos políticos até aqui se manifestava com veemência, influenciada pelo ambiente de revolta instalado com as manifestações.

> *Qual era o motivo da revolta, na sua opinião?*
>
> No caso dessa revolução da condução, dos 20 centavos, foi revolta mesmo. Porque falam: "poxa, a gente já paga por aquilo". O negócio continua a mesma coisa, não está melhorando, melhora bem pouco. E você ainda vai continuar pagando mais por aquilo? Para onde está indo esse dinheiro? Eu acho que foi revolta do pessoal mesmo, não foi nem questão... ah, eu não tenho condições. Não, eu tenho condições, mas isso não está certo. (Jéssica, 24 anos)

As duas pontas de insatisfação que parecem ter se unido em junho de 2013 são o incômodo difuso com os serviços públicos e a inoperância dos governantes, mediadas pela corrupção do sistema. Esta é uma questão que tem tomado a atenção dos estudiosos do tema: a rejeição aos partidos e aos políticos sugere, para Singer, "uma compreensão de que os problemas postos só poderão ser resolvidos com gastos sociais do Estado, como pensa a esquerda, quanto uma adesão à noção contrária, defendida pela direita, de que só o combate à corrupção (da esquerda) pode levar a uma maior produção de riqueza".[9] Já para Marcos Nobre, os protestos foram motivados pela rejeição à blindagem em torno do sistema político-partidário, que ele chamou de *pemedebismo*.[10] Para o filósofo,

---

9 *Ibidem*. p. 39.

10 Segundo Nobre, "essa blindagem do sistema político contra a sociedade tem uma história. Sua forma primeira e mais precária foi a unidade forçada

junho de 2013 representou a rejeição da blindagem pemedebista, mas não de maneira unificada, como no impeachment de Fernando Collor, e sim contra inúmeros aspectos do sistema político, o que, para ele, pode representar uma demanda por aprofundamento da democracia.

> *Você se lembra em quem votou nas últimas eleições?*
>
> Cara, eu já estava bem desiludido, eles colocaram uma escola [seção eleitoral] extremamente longe da minha casa e eu votei num cara que era pra vereador, alguma coisa assim, ele era o Papai Noel. Falei: pô, Papai Noel, vamos votar no Papai Noel! Mesmo sabendo que isso aí, pô, isso não é correto, mas dane-se, o cara não vai ganhar mesmo.
>
> *Não ganhou?*
>
> Não, não ganhou. Comercial dele lá, a propaganda dele, acho que tinha dois segundos. Porque é ridículo, eu não votaria nesse Serra, todos os caras aí, tudo maior falcatrua do caramba. Não dá mais. (Ricardo, 28 anos)

*

> *Você tem uma posição política? Você já parou para pensar nisso?*

---

contra a ditadura militar (1964-1985), que veio a repercutir de maneira importante na maneira como se deu o processo político, o PMDB, impôs como indispensável a união de todas as forças "progressistas" para derrotar o autoritarismo. Com exceção do PT, todos os partidos participaram da eleição indireta de janeiro de 1985, no chamado Colégio Eleitoral, controlado pelas forças da ditadura". Marcos Nobre. *Choque de democracia: razões da revolta*. São Paulo: Companhia das Letras, 2013, p. 5.

> Nunca parei pra pensar.
>
> *Você tem simpatia por algum partido?*
>
> Não, nunca. Não é uma coisa que eu quero pra mim.
>
> *Você nem, tipo, nunca parou para analisar?*
>
> Não, esse negócio de política não é comigo, não. Não me agrada muito, não. (Lúcia, 22 anos)

A indisposição de nossos entrevistados com o sistema político-partidário corrobora em parte a tese de Nobre[11] e o argumento de Singer[12] da exigência de gastos sociais. A menção à corrupção do sistema político é recorrente entre os entrevistados, indicando que, mesmo quando identificam problemas estruturais e de investimento em educação, saúde e transporte, os estudantes entrevistados tendem a atribuí-los à má gestão dos recursos e à desonestidade dos políticos. Ricardo, por exemplo, crítico da Rede Globo e eleitor de Luciana Genro e depois Dilma, vê nos políticos brasileiros o principal obstáculo para a solução dos problemas sociais do país.[13]

---

11 *Ibidem.*

12 Singer. "Brasil, junho de 2013: classes e ideologias cruzadas". *Op. cit.*

13 Seu desdém é especialmente agudo quando comenta sobre os mandatos proporcionais. De fato, a eleição proporcional é especialmente desprezada, principalmente diante da quantidade de candidatos exóticos (como o "Papai Noel", citado por Ricardo anteriormente) e do noticiário negativo do Congresso Nacional. Não por acaso, o palhaço Tiririca, do PR, foi reconduzido à Câmara como o segundo candidato mais votado no estado de São Paulo, com mais de 1 milhão de votos – o primeiro foi Celso Russomanno, com 1,5 milhão.

> *O que te levaria a ir para a rua?*
>
> O que me levaria a ir pra rua é saber que os caras gastam sei lá quantos milhões a mais dando dinheiro para os salários deles [dos políticos], salário e luxo deles, e a gente passando aperto aí no metrô, todo dia, é briga, a população se sujeitando a ser assaltado ou morrer, tipo, indo na esquina de casa, e os caras de boa lá, no luxo, né, ferrando com toda a população. Isso sim me faria ir pra rua, acho que o povo deveria mesmo ir pra rua, mas por causa disso, tipo, cansar mesmo e fazer isso todo dia, parar mesmo o Brasil, não só ficar falando.
>
> *Qual você acha que é o maior problema do Brasil?*
>
> Eu acho que é... o que causa todos os outros problemas seria a corrupção e também eles não quererem que as pessoas aprendam, porque aí fica muito mais fácil de manipular a população. (Ricardo, 28 anos)

A ideia de que os políticos manipulam o povo e o fazem através da manutenção da "ignorância", surge em certos momentos das entrevistas quando pergunto sobre as causas de determinados aspectos da cultura política brasileira. Na fala de Ricardo e em outras declarações de entrevistados (como a de Fernanda, que explorei acima), a conexão entre corrupção e educação deficitária aparece na sugestão de que a fiscalização do poder não é possível de ser exercida por pessoas que não puderam "aprender". Assim, para os políticos é necessário manter a população ignorante, supostamente para que não tenham autonomia e, portanto, condições de analisar as opções eleitorais: esta linha de raciocínio leva ao ideal de que apenas a educação pode resolver os problemas mais profundos do país.

> *A educação é solução, no caso?*
>
> A educação, deveria melhorar a educação, mas melhorar de verdade, não fazer o que eles fazem no estado colocando uma cartilha pro professor só ensinar o que eles querem e acaba não ensinando. Minha prima saiu do ensino médio e não sabia nenhum elemento da tabela periódica. Aí você fica pensando, porra, que ensino é esse. É ensino de merda. (Ricardo, 28 anos)

Juliana, por exemplo, achava no primeiro turno de 2014 que nenhum candidato tinha competência para ser presidente da República. Ela votou pela primeira vez e achou a campanha "ridícula". Também nunca tinha parado para pensar em "como a gente é ignorante". No segundo turno, sua prioridade mudou e ela fez o que achou necessário para que o PT perdesse a eleição. De acordo com Juliana, por mais que Dilma faça propaganda de seu governo, ela não vê nada acontecendo e o governo do PT não investe em educação como deveria. Mesmo o Prouni é insuficiente, porque ela acha que o programa chega a poucas pessoas que podem fazer cursinho preparatório para o Enem, que ela considera difícil. Sobre isso, Juliana tem uma dúvida: se o programa fosse maior, traria mais votos para o PT? "Não sei. Acho que se o povo tivesse mais estudo, ele não votaria na Dilma".[14]

---

14 Segundo os números do Tribunal Superior Eleitoral (TSE), pela primeira vez o Brasil teve mais eleitores com ensino superior completo do que analfabetos: 8 milhões do primeiro grupo contra e 7,4 milhões do segundo. Houve um aumento da participação de eleitores de escolaridade alta (ensino médio completo ou maior) e redução dos eleitores de menor escolaridade. A participação do eleitorado com ensino superior aumentou 54,6% desde 2010, o maior avanço de todas as faixas. Por outro lado, o número de eleitores entre 16 e 18 anos registrados caiu de 900 mil em 2010 para 480 mil este ano.

Ela expressa uma opinião que é corrente na sociedade brasileira, a de que o investimento em educação melhora a qualidade do voto. Os estudantes de tecnologia são unânimes em afirmar a prioridade que a educação deveria ter para qualquer governo e, a despeito de ser essa uma proposta muitas vezes associada à esquerda, considerá-la condição para um voto reflexivo e racional é uma posição conservadora.

> *O que você acha que precisa melhorar no país?*
>
> Ah, todo mundo fala educação, saúde, as questões profissionais, as questões de melhoria de moradia. Isso tudo vem de cima mas, ao mesmo tempo, tem que colaborar com o que tem embaixo. Ao mesmo tempo, como eu te falei, os políticos têm que fazer e a população tem que cobrar e tem que colaborar. Não adianta eles fazerem um prédio e ir lá um bando de sem terra e invadir tudo. Tá bom que eles precisam, mas tem que ser uma coisa organizada, senão, nunca ninguém vai chegar a lugar nenhum. Questão de saúde, foi como eu te falei, não adianta construir cinquenta mil hospitais e não ter médico. Toda vez que eu vou no hospital, perto da minha casa, nunca tem médico. Então não adianta você ter um prédio bonitinho e não ter funcionário. Questão de escola, eu acho que poderia ser um pouco melhor, porque os professores têm condições de ensinar, as crianças têm condições de aprender. Eles só não têm incentivos para isso. Uma vez eu estava para pegar um ônibus, eu escutei uma professora falando: "eu não vou trabalhar hoje". "Mas por que você não vai trabalhar?" A outra mulher perguntou para ela. "Porque eu não quero, porque os alunos,

> eles querem jogar cadeira em mim porque eles não têm uma estrutura, eles não têm uma educação. Eles querem jogar uma cadeira em mim e eu não ganho para isso". Então se os professores tivessem um incentivo um pouco maior e os alunos tivessem um incentivo um pouco maior para estudar, para querer aprender, eu acho que seria um pouco melhor na questão da educação. (Jéssica, 24 anos)

Vincular a proposta de que a educação é a solução para os problemas do sistema político, na medida em que, se todos tivessem educação de qualidade escolheriam políticos e instituições melhores, está na raiz do pensamento elitista ao mesmo tempo em que atribui ao Estado a responsabilidade de prover condições iguais de competição para todos. Assim, o ressentimento dos estudantes de tecnologia se manifesta diferentemente do das pedagogas, que desprezam os políticos porque eles representam a si mesmo, ou seja, os ricos, enquanto entre os tecnólogos, saber que a escola pública não dá as melhores condições em um mundo cada vez mais predatório, onde aqueles que têm condições financeiras gastam cada vez mais em estudos no intuito explícito de se distanciar da realidade da média da população, indica que, apesar de a noção de desigualdade surgir entre as brechas do discurso, ele não toma a forma do conflito distributivo e da apropriação dos recursos por parte da classe dominante, mas assume a culpa dos representantes na esfera política e, principalmente, daqueles que os elegem.

A demanda por melhores serviços públicos entre os entrevistados é recorrente, sobretudo na queixa com relação à qualidade da saúde e da educação públicas. Especialmente no caso da educação básica, eles têm enorme conhecimento de causa, já que todos cursaram o ensino público por toda a vida. Ao mesmo tempo, a experiência deles no sistema público não chega a ser tão ruim, e muitos até elogiam a escola em que estudaram no ensino médio, tentando não se identificar com a precariedade que acreditam caracterizar para o conjunto do sistema. Assim, a crítica à qualidade do ensino público parece ser muito mais condicionada pelo senso comum do que pelas experiências concretas.

Educação, no entanto, não é vista como uma solução imediata, mas como quimera para a solução dos problemas mais profundos do país. Para Anderson, do Brás, o único petista entre os tecnólogos, as manifestações de junho de 2013 começaram pelo aumento de 20 centavos no transporte, que ele diz ter sido a gota d'água, e que a educação é o que precisa ser resolvida, "porque uma coisa vai puxando a outra".

> *Qual a sua opinião sobre as manifestações? Por que você acha que elas aconteceram?*
>
> Em busca de melhorias na política e toda a estrutura do Brasil. Eu queria estar lá para lutar junto por isso com um objetivo. Acredito que muita gente que estava lá queria isso, esse objetivo de melhorar o Brasil, do cidadão brasileiro ir atrás do que ele tem por direito, que a política não tá fazendo. Eu acredito que sim, eu estaria lá por isso.
>
> *Você acha que elas tiveram teve algum resultado?*
>
> Resultado teve, aquela PEC 37 que foi tirada, teve resultado, mas pode ter mais. Mas como a gente diz, foi fogo de palha. Cadê que hoje tem tantas manifestações assim, ainda tem muita coisa que buscar, muita coisa pra ir atrás e parece que desistiram. Se eu pudesse estar à frente, eu continuaria. Eu acho que assim a gente conseguiria mudar alguma coisa.

Qual você acha que é o maior problema do Brasil?

Saúde. É muito carente. Eu sou dependente do SUS, então eu vejo, quando eu preciso de um médico, como é que tá a estrutura dos hospitais no Brasil. Acho que deveria ser mais investido em saúde. Em educação também. Acredito que são os dois pontos mais carentes, que a gente mais precisa aqui no Brasil, é saúde e educação, onde seria deveria ser mais investido. (Fernanda, 24 anos)

*

Quais eram os motivos principais que você via ali?

Cara, insatisfação geral. Assim, era o que todo mundo tava falando, os 20 centavos foram a gota d'água. Tem bastante coisa boa, mas tem muita coisa que não tá legal: a saúde, a educação não tá muito legal e o pessoal foi engolindo e chegou uma hora que não dava mais. Que nem, agora, tá tendo manifestação de novo, por causa da saúde e em apoio aos professores. E, sei lá, eu não sei se vai chegar a tomar a proporção que nem tomou antes, até porque é um grupo bem pequeno, agora, o pessoal do *black bloc*. Mas é, acho que foi isso.

E essas manifestações de agora [na terceira fase], o que você acha?

Não, com violência eu não apoio. Tanto que começou a ficar violento eu comecei a ir um pouco mais pra trás, a não apoiar tanto, porque... sei lá, é assim, você começa a depredar uma coisa, e se você precisa daquilo? Que nem o pessoal do *black bloc*, tocaram fogo em carro da polícia, tombaram carro da polícia... só que se o pessoal é assaltado na rua a primeira coisa que eles fazem é procurar a polícia. E eu acho isso uma baita hipocrisia, você falar uma coisa, que você não gosta de uma coisa, só que você tá ali e você precisa daquela coisa. Quando começa a entrar violência eu já não curto muito, eu já prefiro deixar de lado, prefiro não apoiar.

Qual você acha que é problema mais importante que o Brasil, hoje, tem que resolver?

Hoje, tem que resolver a educação. Acho que educação, porque se você arruma a educação as outras coisas vêm por tabela. Porque você forma um cara melhor no ensino médio, ele vai se interessar em fazer uma faculdade. Aí o cara vai fazer uma faculdade, por exemplo, de medicina, uma coisa que ele não conseguia fazer antes. E aí começa a formar mais médico e aí uma coisa vai puxando a outra. Forma um cara melhor no ensino médio, o cara faz uma faculdade, vira professor e ele vai se espelhar no que ele teve no ensino médio, então, acho que melhorando a educação vai acarretar a melhoria dos outros problemas. (Anderson, 19 anos)

*

Para você, o que é mais importante pra resolver no Brasil?

Ah, eu não sei, tem tanta coisa pra resolver, mas tem muita coisa que se você resolver uma coisa você acaba resolvendo o restante. Saúde é uma coisa que é

> essencial. Agora, educação, já melhoraria muito das outras coisas, também, que tem que melhorar no país. O transporte, sem comentários, eu acho que mesmo se tentarem não vai dar muito certo, então, eu já desencanei dessa parte. Só quando eles estão aumentando que não é legal.
>
> *O que você pensa quando se fala em corrupção no Brasil?*
>
> O Brasil é um dos países mais corruptos do mundo. Eu acho bem absurdo, exagerado tudo isso que eles fazem na cara larga e ninguém faz nada. (Lúcia, 22 anos)

Assim, parte do precariado que foi às ruas na segunda etapa dos protestos ou que acompanhou dando-lhes legitimidade, crê que corrupção, baixa qualidade da classe política e falta de investimentos públicos fazem parte do mesmo problema, qual seja, a de que o governo – do PT, no caso, que é o que eles imediatamente identificam com o *status quo* – por ser escolhido pela maioria deseducada, é corrupta ou ineficiente e, assim, não consegue investir adequadamente na equalização das condições de competição, o que faz sentido em um país que acabou de inserir milhões de pessoas no mercado de consumo.

Slavoj Žižek afirma que "o que a maioria dos manifestantes compartilha é um sentimento fluído de desconforto e descontentamento que sustenta e une demandas particulares"[15] e o que une esses protestos é o fato de que todos lidam com uma combinação de, pelo

15 Slavoj Žižek. "Problemas no Paraíso". In: Ermínia Maricato *et tal*. *Cidades rebeldes: Passe livre e as manifestações que tomaram as ruas do Brasil*. São Paulo: Boitempo, 2013, p. 103.

menos, duas questões, uma econômica, de maior ou menor radicalidade, e outra político-ideológica, de modo que as manifestações de junho foram o momento em que a panela de pressão teria sido finalmente destampada, dando indicações de que essa insatisfação veio progressivamente em processo de acúmulo. No caso de Fernanda, do Itaim Paulista, eleitora de Marina no primeiro turno, é a saúde que aparece de maneira objetiva, já que ela é usuária do SUS. Faltando cerca de um ano para as eleições, sua atenção estava voltada para a realização da Copa do Mundo no país e a contradição entre os gastos com o evento e os problemas nos serviços públicos.

Você acha que o Brasil está melhor hoje do que há dez anos?

Eu acredito que o Brasil está se esforçando pra melhorar, mas falta muito. A gente não tem muita escolha, que nem, por exemplo, o ano que vem a gente tem a Copa e eu acredito que o Brasil não tem uma estrutura pra suportar esse evento. Então tem muito a melhorar. Ele tá buscando isso, faz parte.

Você acha que a Copa foi uma escolha errada?

Pra mim foi uma posição errada. O Brasil é muito carente e todo esse dinheiro que tá sendo investido na Copa poderia ser investido, por exemplo, na educação, na saúde... que não tem nem o que falar da saúde, o SUS... acredito que é muito dinheiro e que não havia necessidade de ser aplicado numa Copa. Dinheiro público gasto à toa. Aí quando a gente fala: "ah, porque precisa de hospital". Não tem verba pra isso. Precisa de mais escolas, mais universidades. Não tem verba pra isso. Agora pra suportar, ter uma

> Copa no Brasil, saiu dinheiro... o dinheiro público saiu de onde? Isso foi errado. Eu não concordo com essa Copa no Brasil. (Fernanda, 24 anos)

Ruy Braga acredita que os dois governos Lula não foram capazes de criar novos direitos sociais, estimulando a rejeição do precariado, desprovido desses direitos e fora do Bolsa Família. Para o sociólogo, apesar da equiparação dos direitos trabalhistas das empregadas domésticas,[16] Dilma teria seguido pelo mesmo caminho, aumentando largamente os gastos com programas sociais, enquanto saúde e educação, embora tenham crescido em termos absolutos devido ao bom desempenho da economia, declinaram relativamente[17]. Entre nossos entrevistados, a insatisfação passa também pelos serviços públicos e pelo encarecimento das condições de vida. Rodolfo e Juliana, por exemplo:

> *Viver na Vila Mariana está mais difícil?*
>
> É inegável também. Mesmo a situação financeira antes não sendo tão boa, a gente conseguia lidar

---

16 Em abril de 2013, Dilma promulgou a proposta de emenda à Constituição conhecida como "PEC das Domésticas", garantindo à categoria os mesmos direitos dos demais trabalhadores urbanos e rurais.

17 "Se os grupos pauperizados que dependem do programa Bolsa Família e os setores organizados da classe trabalhadora que em anos recentes conquistaram aumentos salariais acima da inflação ainda não entraram na cena política, o 'precariado' – a massa formada por trabalhadores desqualificados e semiqualificados que entram e saem rapidamente do mercado de trabalho, por jovens à procura do primeiro emprego, por trabalhadores recém-saídos da informalidade e por trabalhadores sub-remunerados – está nas ruas manifestando sua insatisfação com o atual modelo de desenvolvimento". Ruy Braga, "Sob a sombra do precariado". In: Ermínia Maricato *et al. Cidades rebeldes*: *Passe livre e as manifestações que tomaram as ruas do Brasil.* São Paulo: Boitempo, p. 82.

porque não eram tão caras as coisas por lá. Tem um mercado lá muito tradicional, o Pastorinho. Faz um bom tempo que já está por lá, eu acho. A avaliação que a gente vê ao longo dos anos, de quanto era possível levar pra casa com R$ 50,00 em, sei lá, 2002, e agora, 2014, é gritante. O meu pai conseguia fazer compra do mês com R$ 50,00. Agora não. Agora não rola. Os preços de aluguéis da região aumentaram, de casas antigas sendo vendidas, e novas, aumentou também. Os produtos em geral, como agora tem bastante procura... é uma região que tem bastante gente, são caros. E eles metem mais a faca em shoppings, né? E é engraçado ver que as vezes alguns materiais em shopping, quando você vê, por exemplo, "ah, preciso de um controle novo pra televisão". Aí você pensa "ah, vou ver na Santa Efigênia[18] primeiro", e de um tempo pra cá os preços estão iguais, eu não sei o que aconteceu. A Santa Efigênia costumava ser um lugar que era mais em conta, e tudo mais. Agora já não é mais, já não tem diferença nenhuma. Eu digo mesmo, não tem... é impressionante. (Rodolfo, 22 anos)

*

Qual que você acha que é o maior problema do Brasil?

Saúde. É muito carente. Eu sou dependente do SUS, então eu vejo, quando eu preciso de um médico, como é que tá a estrutura dos hospitais no Brasil.

18 Rua tradicional de comércio de eletrônicos no centro de São Paulo, conhecida pelos preços baixos.

> Acho que deveria ser mais investido em saúde. (Fernanda, 24 anos)

Luís Otávio, morador do Itaim Paulista, neto de mineiros e filho de tecelão e costureira, aluno em duas universidades ao mesmo tempo é, de longe, o menos entusiasmado com as manifestações de junho, e também o mais indiferente a política de modo geral. De todos os estudantes entrevistados na pesquisa, ele é o único que não consegue mencionar nenhum aspecto positivo dos protestos, e mesmo que com certo embaraço de se mostrar contrário a eles, Luís Otávio destaca um único ponto, ligado às dificuldades práticas ao funcionamento da cidade. Assim, ele parece se encaixar na definição de Singer sobre o subproletariado e seu apego à ordem. Luís Otávio é exceção e parece ter melhorado de vida com o lulismo, mas sem ter se convencido do ponto de vista ideológico.[19]

> *O que você pensa sobre as manifestações?*
>
> Ah, eu não sei. É que parece que ela tem fundamento, mas parece que as pessoas que estavam fazendo estavam lá sem fundamento. Eu não sei. Eu acho que deveria ter uma organização maior de não parar o trânsito. Eu achei aquilo muito errado. Imagina se eu estivesse numa ambulância e precisasse passar por ali pra ser atendido. Como que ia fazer? As coisas que eles estão fazendo pra lutar por algo bom, prejudicaria outra pessoa. Não tem lógica. Então eu acho que as coisas deveriam ser mais pensadas.

19 Para Singer. "Brasil, junho de 2013: classes e ideologias cruzadas". *Op. cit.* p, 40, "é plausível ter havido uma simpatia pela ideia de que a solução dos problemas sociais brasileiros passa por maior participação social e uma redução do Estado, como quer o centro pós-materialista".

> *Mas na época você lembra se foi a favor, você achava que era justo?*
>
> Eu só comentava, porque eu tinha que estar com a cabeça nos estudos e outra cabeça no serviço, então... (Luís Otávio, 21 anos)

Com exceção de Luís Otávio e Rodolfo, os demais fazem parte de uma espécie de "maioria silenciosa", que não foi às ruas em junho de 2013, mas que demonstrou seu apoio a partir da insatisfação difusa que parece tomar a cidade de São Paulo e, em especial, a nova classe trabalhadora jovem das grandes cidades.[20] Assim, os exemplos mostram que, apesar da diversidade das pautas que foram expostas nos protestos, o amálgama entre economia em desaceleração, corrupção dos políticos e precariedade dos serviços públicos parece ser o ideário a se manifestar majoritariamente nas cabeças desses jovens trabalhadores do setor de serviços e, ao que tudo indica, ao conjunto do precariado.[21] Marcos Nobre afirma que "as

---

20 Em junho de 2013, o índice de aprovação às manifestações medido pelo Datafolha era de 81%, passou para 77%, em agosto, e chegava a 52% no começo de 2014. Já a taxa dos que eram contrários às manifestações em junho era de 15%, foi para 18% em agosto, e chegou aos 42%. O apoio era maior entre os moradores da região Sul (60%), entre os que desaprovam o governo federal (61%), entre os mais jovens (63%), entre os mais ricos (66%) e entre os mais escolarizados (72%). Em sentido contrário, entre os mais pobres, (49%), entre os moradores de cidades com até 50 mil habitantes (49%), entre os que avaliam positivamente o governo Dilma Rousseff (50%), entre os menos instruídos (56%) e entre os mais velhos (58%) eram observados os índices mais altos de reprovação às manifestações. Tudo indica que as ações praticadas pelos *black blocs* tenham contribuído decisivamente para a queda no apoio, assim como visão de que elas haviam "virado baderna" tenha aumentado a rejeição.

21 Desde dezembro de 2012, Marina despontava na segunda posição nas pesquisas de intenções de votos, atrás apenas da presidente Dilma. Em agosto de 2013, Marina aparecia com 26% e Dilma, com 35%. Na pesquisa

revoltas mostram que o funcionamento do sistema está em descompasso com as ruas. A sociedade alcançou um grau de pluralismo de posições e tendências políticas que não se reflete na multidão informe de partidos políticos",[22] mas a raiz dessa revolta parece ser, neste caso, a insuficiência do modo de regulação lulista em manter as perspectivas de mobilidade desses jovens.

Como um momento excepcional na história política brasileira, as manifestações de junho suscitaram uma grande expectativa no conjunto da população, espelhado nos 79% do eleitorado que expressava desejo de mudança em pesquisa Datafolha de agosto de 2014, tendência que começou com os protestos de 2013. No entanto, a frustração com a falta de resultados objetivos e com a gradual acomodação dos políticos é proporcional, realocando as preferências eleitorais aos seus lugares e culminando com a reedição da polarização PT-PSDB no segundo turno, como no caso de Ricardo, que votou em Dilma no segundo turno e viu nos protestos de 2013 um "fogo de palha", readaptando sua própria opinião. Antes disso, no caminho para o primeiro turno os prounistas entrevistados ainda buscavam alternativas e as encontraram em candidaturas como as de Marina, Luciana Genro ou na simples negação da política institucional através do voto nulo.

E da Dilma, o que você acha?

A Dilma? Ah, a Dilma... pra mim a Dilma vai acabar continuando a mesma coisa. Queria ver se mu-

---

anterior, Dilma tinha 30% e Marina, 23%, mas a ex-senadora foi a única que manteve trajetória ascendente desde os protestos de rua de junho. Pelo Datafolha, Marina tinha 18% em dezembro de 2012, ficou com 16% nas pesquisas de março e do início de junho – esta antes das manifestações populares – e começou a crescer no final de junho, quando chegou a 23%.

22 Nobre. *Choque de democracia*. *Op. cit.*

> dava alguma coisa. Acho, tipo, a gestão dela não fez muita diferença, assim. Mas eu queria ver que realmente alguma coisa mudasse. Mesmo sabendo que não vai mudar. (Lúcia, 22 anos)

Para aqueles prounistas tecnólogos que se viram novamente diante da polarização no segundo turno, a opção pela continuidade de Dilma parece ter sido motivada pela percepção menos grave sobre os casos de corrupção envolvendo nomes ligados ao PT. Por mais que exista uma percepção semelhante em relação aos políticos e à pouca confiança que se deposita neles, ela é quase sempre direcionada aos detentores de mandados proporcionais, como vimos nas falas de Ricardo, enquanto as citações sobre a continuidade dos petistas no poder como resultado de variantes de malfeitos são lembradas apenas por aqueles que fizeram a escolha antipetista no segundo turno, como vimos em Fernanda e Juliana, além de Rodolfo, que citou os "escândalos" do PT como o que ele mais vê divulgado em relação ao partido. Por exemplo, na última possibilidade que teve de se manifestar politicamente, Ricardo parece ter visto no lulismo o mal menor. Assim, apesar de compartilharem o senso comum em relação à política em geral, aqueles que votaram em Dilma no segundo turno não colocaram estes aspectos como prioridade para as escolhas mesmo que um ano antes do processo eleitoral tivessem restrições a ela, não ligadas a denúncias de corrupção. Para estes, os interesses materiais tiveram clara precedência na hora do voto.

Diante de uma profunda queda de popularidade na sequência das manifestações de junho de 2013, a presidente Dilma Rousseff acenou principalmente para dois setores da sociedade brasileira: a classe média tradicional, que surgiu com força na segunda fase dos protestos, e o "subproletariado", favorecido pelos programas sociais e pelas iniciativas econômicas de incentivo ao consumo implementados pelo ex-presidente Lula. Para o primeiro grupo, presente nos protestos e retratado pela mídia pelos atos ordeiros e "contra tudo o que está aí", as promessas de reforma política e melhora nos serviços públicos. Para o segundo, principal base eleitoral do PT, a promessa de manutenção do compromisso lulista e a manutenção da ordem. As promessas de Dilma, junto do capital político acumulado pela hegemonia lulista, foram suficientes para estancar sua queda de popularidade a ponto de não arriscar sua reeleição.

As eleições de 2014 mostraram que as candidaturas de Marina Silva e Luciana Genro – as outras duas postulantes votadas pelos entrevistados em primeiro turno – têm adesão entre um público jovem de classe média vinculado ao novo capitalismo flexível e carente de representação política, influenciando para que seus partidos abandonem definitivamente o voto classista e façam a travessia definitiva para o "pós-materialismo". As limitações nas posturas e nas plataformas de partidos como PSOL e Rede, entretanto, ainda são obstáculos decisivos para que disputem aqueles que ainda têm preocupações materiais, a imensa maioria da população de trabalhadores precarizados brasileiros. Rodolfo, por exemplo, é próximo do Anonymous e participou ativamente das manifestações de junho de 2013, mas não se sentiu atraído por nenhuma das alternativas. Compreendo que este tipo de ativismo surgido pelo fluxo de informações que caracteriza a internet – naturalmente de curto alcance, longe de qualquer pretensão de firmar projetos de longo prazo e à política institucional, dialogando ao mesmo tempo com bandeiras da esquerda e da direita. A aprovação do Marco Civil da Internet em 2013, citada euforicamente pelo estudante, não foi suficiente para garantir seu apoio ao governo Dilma – vários grupos e parlamentares petistas estiveram diretamente envolvidos na aprovação da proposta, cujo relator era o deputado Alessandro Molon, então do PT fluminense (hoje na Rede). Justamente porque se trata de um perfil diferenciado o que mobiliza esses jovens ativistas do século XXI.

Ao final de 2014, apesar de significativas perdas eleitorais para o PT,[23] Dilma conseguiu trazer de volta estratos que chegaram a se afastar dela e a flertar, por exemplo, com a "nova política", o jargão da então candidata do PSB, Marina Silva. Além de uma vitória expressiva no Nordeste, a petista retomou a fatia entre o que o Datafolha chama de *classe média intermediária*,[24] que havia se

23 Nas eleições para a Câmara dos Deputados, o PT fez uma bancada de 70 deputados federais, dezoito a menos do que em 2010. Foi a primeira vez que o partido teve queda em sua representação de uma legislatura para a outra. Em estados tradicionais, como Pernambuco, o partido não elegeu nenhum parlamentar. Nas disputas para os governos estaduais, em São Paulo o candidato petista ficou em terceiro lugar; no Rio de Janeiro, apenas em quarto. Ambos terminaram a disputa bem longe da possibilidade de chegar ao segundo turno. No Rio Grande do Sul, o governador Tarso Genro foi derrotado ao tentar a reeleição. Esses são alguns exemplos da dificuldade enfrentada pelo partido nas urnas em 2014, amenizada pelas vitórias em Minas Gerais, Bahia, Piauí, Ceará e Acre.

24 O Datafolha combina, por meio de análises estatísticas, o acesso a bens de conforto, escolaridade do entrevistado e renda familiar mensal. Apesar de distante das estratificações utilizadas neste trabalho, a classificação do instituto serve para apontar o eleitorado com quem a "nova política" preferencialmente dialoga – seus adeptos em potencial. Ou seja, aqueles que se encontram nas fronteiras entre as classes média e trabalhadora. O estrato é o que mais cresceu nos 12 anos de governo petista e representa 31% do eleitorado. Nobre indica que este público foi o decisivo no pleito de 2014: "não são poucas as pessoas desse meião que se sentem presas em uma espécie de armadilha social. As escolas e universidades que frequentam dão diplomas que não significam avanços reais; o emprego que têm não significa abertura de perspectivas futuras no mercado de trabalho; os salários que recebem não correspondem ao esforço que fizeram por eles. Mais grave, sabem que a melhoria de seu padrão de vida tem bases frágeis. Muitas vezes veem a si mesmos (e assim são vistos pelo andar de cima) como intrusos, exercendo funções para as quais não têm preparo, como se ocupassem uma posição social que não têm qualificação para sustentar". Marcos Nobre, "A polarização voltou". *Piauí*, nº 98, nov. 2014. Segundo o filósofo, a parcela desse estrato que escolheu o voto de oposição o fez na perspectiva defensiva do "congelamento da grade de classes", enquanto

desgarrado dela e que, na onda da "desconstrução" de Marina, preferiu ficar com a segurança proporcionada pelo lulismo a arriscar uma mudança sem substância. Entre aqueles que se mantiveram fiéis ao projeto lulista, as alunas de Pedagogia da Universidade A pesaram sua aversão aos políticos e seu descontentamento com a situação social, com a bolsa do Prouni que recebem e que lhes garante perspectivas de melhora nas condições de vida através da inserção em um ofício tradicional e vocacional. A escolha pela Pedagogia, assim como o estrato social a que pertencem e a idade mais avançada da maioria compõem um perfil que, nesta pesquisa, pode-se enquadrar no lulismo: cinco das seis entrevistadas votaram em Dilma no primeiro e no segundo turnos, quando o interesse material falou mais alto. Isto porque, nas entrevistas que fiz fora do período eleitoral, o ressentimento e as demonstrações típicas do conservadorismo popular – aí incluído o populismo de direita e o fenômeno neopentecostal – se mostram com frequência, alertando para o contexto ideológico a que essas mulheres estão submetidas e que, até o momento da conclusão da pesquisa, o lulismo soube neutralizar.

---

a parcela dilmista interpretou na candidatura tucana uma ameaça mais iminente de um ajuste recessivo.

Considerações finais

O Programa Universidade para Todos (Prouni) é um projeto do governo Lula que teve continuidade na gestão Dilma, e mesmo após sua cassação, em agosto de 2016. Enquanto o processo de *impeachment* se efetivava, o número de beneficiários chegava, no segundo semestre daquele ano, a 1,9 milhão em todo o Brasil, segundo o MEC, e esses estudantes são uma parcela do eleitorado brasileiro que progrediu economicamente nos 13 anos de governo petista. A partir do conceito de *lulismo* formulado por André Singer (2009), que explica como uma parte expressiva da população, o subproletariado, aderiu ao projeto hegemônico representado pelo ex-presidente Lula, abordei o Prouni como parte de um arcabouço político e institucional, isto é, um *modo de regulação*. Para isso, analisei os aspectos políticos e institucionais que estão na origem da formulação da política pública e de como ela se insere no modo de regulação, procurando uma chave de interpretação com autores como Singer, Ruy Braga e Francisco de Oliveira.

Iniciei meu percurso analisando o contexto histórico em que se insere o Prouni, desde a constituição contemporânea das classes no Brasil como resultado das políticas recentes do lulismo, e na medida de sua importância para o mercado de trabalho e para o sistema educacional, em que a flexibilidade é a regra do novo capitalismo. Vejo o lulismo como momento especial e marco do processo de expansão do ensino superior, tendo como perspectiva embrionária as análises de Reginaldo Prandi e as pesquisas mais recentes que vinculam este aspecto ao regime de acumulação flexível que vige no país, sobretudo com o pano de fundo da análise de Robert Castel e das interpretações de sociólogos e economistas brasileiros, sobre a concomitância do trabalho e da escola no padrão recente de inserção dos jovens na economia e o papel do Prouni na renovação da questão social brasileira.

O modo de regulação articula as demandas do mercado de trabalho com as prioridades das políticas educacionais, levadas a cabo pela hegemonia lulista. A legitimidade social que o PT adquiriu na estreita vinculação com os movimentos sociais criou condições para a expansão ou introdução de programas sociais que aumentaram seu alcance com o correr dos anos de governo petista. A educação para o trabalho foi um campo de investimento especialmente considerado, com a inauguração do Prouni, com a reformulação do Exame Nacional do Ensino Médio (Enem) e o aumento espetacular de recursos destinados ao financiamento público estudantil através do Fies. Há ainda o Pronatec, que debutou já no governo Dilma. Programas que são apropriados para a nova questão social brasileira, substituindo tímidas perspectivas de integração no capitalismo periférico pela gestão desse fracasso histórico através das políticas de inclusão.

O Prouni, portanto, se consolidou como política de emergência, dando vazão a uma demanda reprimida de jovens no ensino superior em busca de certificados a agregar ao currículo, ao mesmo tempo em que aquecia o setor empresarial de educação, cuja estagnação foi revertida pelas políticas do governo Lula. Diferentemente do Bolsa Família, no entanto, o Prouni foi desenhado para atender ao que alguns economistas chamam de "nova classe média" ou "nova classe C" a partir de critérios de renda: um grupo que conseguiu alguma mobilidade dentro da complicada estratificação social brasileira com a valorização do salário mínimo, o aumento da formalização e da expansão do crédito, permitindo a essas pessoas um conforto material que não lhes era acessível. O "subproletariado", portanto, surge na cena brasileira colocando novas questões: apesar da formalização e do baixo índice de desemprego registrado no país, 95% desses empregos criados na era Lula pagavam até 1,5 salário mínimo. O modelo pós-fordista ganhava um novo fôlego, com a reprodução da força de trabalho barato exigido pelo regime de acumulação flexível.

Por ser um projeto que incentiva a "fuga para a frente" e que frequentemente frustra promessas educacionais, escolhi estudantes beneficiários do Prouni na periferia da capital paulista para entender como ele é visto e sentido na realidade concreta de jovens trabalhadores como a ideologia se articula. Me apoiando no trabalho realizado pelos sociólogos Stéphane Beaud e Michel Pialoux na cidade industrial de Sochaux sobre a *condição operária*, tracei um paralelo com o caso francês, onde a política de massificação do ensino médio provocou um processo de "desoperariação" das classes baixas e de enfrentamento geracional com a identidade operária. De modo que fui àqueles diretamente beneficiados pelo Prouni, através de uma incursão etnográfica em uma universidade privada de massas, o que demonstrou ou reverteu uma série de pressupostos assumidos.

O trabalho de campo desenvolvido nesta pesquisa me deu a oportunidade de vislumbrar um universo conhecido apenas pelas descrições da mídia e de entidades e organizações estudantis. Acima de tudo, serviu para conhecer aqueles que estão efetivamente no dia a dia dessas instituições, acompanhar o ambiente em que estão inseridos e mapear quem são, de onde vem, como se comportam e como entendem os diversos aspectos que cercam o cotidiano de uma parcela da população instalada nas margens de uma metrópole da periferia do capitalismo como São Paulo. É lá que as instituições de ensino superior (IES) privadas "recrutam" a maioria de seus alunos e os inserem em uma lógica que se baseia na prestação de serviços e na sua arquitetura espacial moldada nos marcos da "cidade de muros" descrita por Teresa Caldeira, tão evidente nos shoppings centers.

A etnografia nos campi da Universidade A mostrou que a relação do aluno com a instituição em nada se assemelha a uma visão idealista da condição de estudante. As condições materiais dos entrevistados, em sua maioria jovens, por si dificultam uma relação que se paute menos pelo formato cliente-empresa, mas o desinteresse é resultado também da expectativa criada por eles, a obtenção do diploma que lhes é exigida para manter condições competitivas de disputa no mercado de trabalho, o que não necessariamente depende do bom desempenho. As aulas se arrastam para um grande número de estudantes pouco interessados e o professor se desdobra para manter condições mínimas para o ensino. Nestas ocasiões, percebe-se o quão distante esse trabalhadores-estudantes estão da ascensão almejada.

Encontrei ali duas categorias de estudantes, alunos de Pedagogia e da área de tecnologia, que ajudaram a construir um interessante contraste que pode ajudar a pensar a política na juventude da metrópole. O caso das estudantes de Pedagogia ilustra um momento derradeiro na história política brasileira: a herança da construção democrática e do *projeto do trabalhador* representado pela formação do Partido dos Trabalhadores, em 1980. Como parte flutuante e marginal desse processo, essas estudantes manifestam um petismo já diluído pelo tempo, mas que ainda preserva um elemento ideológico importante para o ideário das classes trabalhadoras do país, o antagonismo entre ricos e pobres e a noção de desigualdade social, associado aos processos de espoliação urbana, luta por moradia e luta pela universalização de direitos. A opção pelo magistério já revela uma escolha baseada na vocação e no ofício de professora como uma sobrevivência do projeto do trabalhador que ainda se mantém razoavelmente seguro. Disputadas pelo lulismo de um lado, e pelo conservadorismo popular por outro, o ressentimento com promessas não cumpridas as levaram a aderir a candidatos populistas de direita no plano local, enquanto a questão material (e a manutenção de políticas como o Prouni) as mantiveram fieis ao lulismo, garantindo sua adesão à reeleição da presidente Dilma Rousseff.

Outra realidade encontrei entre os estudantes de cursos de tecnologia. Esses futuros trabalhadores do setor de serviços tinham preocupações materiais, mas a apatia e o distanciamento dos partidos desses setores conectados às redes sociais os alienavam da política, vista com extrema desconfiança. Diferentemente das alunas de Pedagogia, eles não demonstravam apego ao carisma de Lula, e com um histórico curto de participação política através do voto por conta da idade mais baixa, não conseguiam estabelecer comparações com os governos anteriores. Havia, portanto, um divórcio entre sua vida material e a política: a razão neoliberal vitoriosa, a deformação do caráter pelos planos de curto prazo, o discurso do esforço pessoal e a competição no mercado de trabalho por vagas de pouco prestígio fazem parecer que, em relação à condução dos interesses públicos, tanto faz o governo, pois a situação de inflação relativamente estável e baixo nível de desemprego com o qual lidaram no início da vida adulta se naturalizara, ressaltando para esse público outras bandeiras.

O diálogo que esta fração consegue com a demanda de esquerda por melhores serviços públicos e, ao mesmo tempo, com o combate à corrupção do partido do governo é espelhada nas opiniões sobre as manifestações de junho de 2013. Apoio majoritário e o mais importante, a ideia de que corrupção, serviços públicos ruins e falta de educação são lados do mesmo problema: a má qualidade da política praticada no Brasil e em suas instituições. O sentimento difuso de que o país não lhes dá condições de competir no mercado de trabalho e fugir de empregos instáveis mesmo com a posse de um diploma emerge na insatisfação desses jovens que representam uma "maioria silenciosa" presente na periferia da metrópole. A adesão de alguns deles à reeleição de Dilma mostrou, por outro lado, a resiliência do lulismo, mostrando como o Prouni foi importante como mecanismo de ativação das preocupações materiais, no caso, o temor de que um governo da oposição afetasse o programa. Mesmo quando a desigualdade preocupa relativamente menos, como no caso dos tecnólogos entrevistados para esta pesquisa, ela influencia na suas escolhas eleitorais.

De modo que o "reformismo fraco" teorizado por Singer parece entrar em uma fase decisiva entre o esgotamento ou a renovação, processo que já se mostrou relevante nas manifestações e na proposta da "nova política" com a qual uma parte da juventude trabalhadora chegou a se identificar de maneira efêmera. Se a negação ou a subalternização da luta de classes eram o elemento estruturante do discurso oferecido por Marina Silva e Luciana Genro, seu relativo sucesso – a ex-ministra teve cerca de 20% nas duas primeiras eleições em que participou – indica que a polarização tradicional PT-PSDB ainda não deixou de refletir o conflito distributivo instalado na sociedade, mas encontra dificuldades de convencer quem vê na sua centralidade apenas negatividade. Meus entrevistados flertaram com posições pós-materialistas no primeiro turno das eleições de

2014, quando todos, com a exceção de um único eleitor petista, optaram por Marina, Genro, ou anularam seu voto. Aqui, a bússola da nova polarização, notada na atitude de parte dos manifestantes de junho de 2013 penderia para aqueles que querem mais mercado, contra aqueles que preferem mais Estado.[1]

Em várias entrevistas do grupo de tecnólogos, a demanda por educação de qualidade se mostrou uma necessidade prioritária para o país, mas sempre associada ao senso comum de que a baixa qualidade do voto é resultado de limitação intelectual dos mais pobres. Outras insatisfações demonstradas com as condições de vida não encontram meios para que essas reações sejam canalizadas para a participação política. Pelo contrário, o senso comum é uma fortaleza resistente e que, com o PT no poder, parece se manter. As políticas públicas voltadas para a juventude podem desequilibrar esse jogo no curto prazo, mas em alguns anos saberemos se o efeito ideológico da superação do velho petismo não jogará para o outro lado. Nesta pesquisa, busquei entender uma parte desse problema e encontrei tendências que estão manifestas para os dois grupos: para as alunas de Pedagogia, um sério risco de que a vulnerabilidade social e o ressentimento com as potencialidades da política (e da construção democrática em estado de letargia) as façam aderir a soluções populistas de direita (o que já acontece em eleições municipais), e que até o momento em que a pesquisa acontecia, tinha no lulismo uma âncora que ainda não as havia deixado desgarrar.

Para qual lado se inclinaria a nova classe trabalhadora, em especial os jovens do estrato que identificamos a partir das entrevistas com estudantes que buscam um currículo que seja competitivo no disputado e rotativo mercado do trabalho precário, é umas das grandes incógnitas suscitadas pelo lulismo e pelo seu modo

1 Singer. "Brasil, junho de 2013: classes e ideologias cruzadas". *Op. cit.*

de regulação. Fernando Henrique Cardoso já afirmara que existe "toda uma gama de classes médias, de novas classes possuidoras (empresários de novo tipo e mais jovens), de profissionais das atividades contemporâneas ligadas a TI (tecnologia da informação) e ao entretenimento, aos novos serviços espalhados pelo Brasil afora, às quais se soma o que vem sendo chamado sem muita precisão de ‹classe C› ou de nova classe média" e que está, segundo o sociólogo e ex-presidente da República, "ausente do jogo político-partidário, mas não desconectada da internet".[2] Como vimos em vários exemplos, estar conectado à internet é uma faca de dois gumes quando se trata de sistematização das informações e reflexão política. Portanto, o processo só pode ser positivo se, aliado ao poder de difusão e mobilização das redes sociais estiver um projeto político que dialogue com essa juventude abordando seus conflitos.

Enquanto o petismo sofria com a ressaca de seus 13 anos de governo, a pergunta que parece fazer sentido é a que Paulo Arantes sugere: existe futuro para uma esquerda sem futuro?[3] A pergunta críptica do filósofo não é mero jogo de palavras e vai de encontro à de Sennett: em um sistema em que trabalhadores e trabalhadoras tiveram sua relação com o tempo revirada, "como se podem buscar objetivos de longo prazo? Como se podem manter relações sociais duráveis? Como pode um ser humano desenvolver uma narrativa de identidade e história de vida numa sociedade composta de episódios e fragmentos?"[4] O que Arantes chama de "era da emergência" seria então justamente a diferença essencial entre o petismo e o lulismo: de um lado um sólido projeto de acúmulo de forças, porém

---

2 Fernando Henrique Cardoso, "O papel da oposição". *Interesse Nacional*, São Paulo, nº 13, abr. 2011.

3 Paulo Arantes, *O novo tempo do mundo*: e outros ensaios sobre a era da emergência. São Paulo: Boitempo, 2014.

4 Sennett. *A corrosão do caráter*. *Op. cit.* p. 27.

desprovido do ânimo de uma base social atualmente indisponível; de outro, uma bem-sucedida tecnologia de gestão de populações precárias através de políticas públicas permanentes.

A crise econômica que se seguiu a reeleição de Dilma e se aprofundou desde então – queda de 3,8% no PIB de 2015, com recuo de 6,2% na indústria e 2,7% nos serviços, de acordo com o IBGE – e o doloroso processo institucional que culminou em sua cassação pareciam indicar o fim da hegemonia iniciada em 2003. Vendo o lulismo como um projeto político que, como defendi neste trabalho, pouco preserva do petismo histórico, instaurando no lugar um novo modelo de gestão cujo aspecto principal é renovar a reprodução de força de trabalho barata e pacificar a nova questão social brasileira, ele pode ter continuidade. É possível enxergar a força da hegemonia lulista em seus programas sociais de maior sucesso: o "novo" governo instalado em Brasília concedia, ainda em 2016, reajuste médio de 12,5% no Bolsa Família. Já em 2017, o MEC anunciou 214.110 bolsas do Prouni, entre integrais e parciais, o maior número de bolsas ofertado desde a criação do programa, e 5% a mais em relação ao mesmo período do ano anterior, mesmo em contexto de queda na arrecadação federal. O Fies, por outro lado, vive impasse. São indícios de que o grande paradigma da gestão social que marcou o lulismo pode sobreviver inclusive sem seu criador e que o sacrifício aos mais pobres se dará, na verdade, no que resta do varguismo, a previdência pública e a Consolidação das Leis do Trabalho.

Na condição de vida das periferias brasileiras, apesar de alguma melhora nas últimas décadas, "virar doutor", como sugere o ex-presidente, une a ideologia do velho bacharelismo nacional a uma ambição que ainda é para poucos. Desvelar o vínculo entre ideologia e suas motivações era um dos objetivos desta pesquisa, pondo em relevo a tese de que o lulismo, com suas políticas sociais, consistente reajuste do salário mínimo e acesso ao crédito, conjunto de medidas que teria consolidado o realinhamento eleitoral que colocou os pobres em sintonia com o PT, em uma metrópole como São Paulo, era objetivo deste trabalho. A formação e reprodução das classes pela perspectiva sociológica mostrou-se adequada para entender os meandros desse processo, em que o regime de acumulação, flexível e de curto prazo, das ocupações aos projetos pessoais, remete imediatamente a uma relação superficial com a política, que para fazer sentido, depende fundamentalmente de compromissos de longo prazo, o que justamente o capitalismo hoje não permite pela opressão cada vez maior do tempo. A pesquisa empírica que desenvolvi para este livro mostra que a renovação do lulismo urbano ou seu esgotamento dependerá do quanto ele será capaz de dialogar com a juventude trabalhadora das grandes cidades, onde a disputa com o conservadorismo popular e o engajamento empreendedor já começou. Ve

Referências bibliográficas

ABÍLIO, Ludmila Costhek. *Dos traços da desigualdade ao desenho da gestão: trajetórias de vida e programas sociais na periferia de São Paulo*. Dissertação de mestrado. FFLCH-USP, São Paulo, 2005.

______. *Sem maquiagem: o trabalho de um milhão de revendedoras de cosméticos*. São Paulo: Boitempo, 2014.

ALDÉ, Alessandra. *A construção da política: cidadão comum, mídia e atitude política*. Rio de Janeiro: Editora FGV, 2004.

ALMEIDA, Ronaldo. "Religião na metrópole paulista". *Revista Brasileira de Ciências Sociais*, São Paulo, nº 56, vol. 19, out. 2004.

ALMEIDA, Wilson Mesquita de. *Ampliação do acesso ao ensino superior privado lucrativo brasileiro: um estudo sociológico com bolsistas do Prouni na cidade de São Paulo*. Tese de doutorado. FFLCH-USP, São Paulo, 2012.

ARANTES, Paulo. *O novo tempo do mundo: e outros estudos sobre a era da emergência*. São Paulo: Boitempo, 2014.

BAIOCCHI, Gianpaolo; CONNOR, Brian T. "The ethnos in the polis: political etnography as a mode of inquiry". *Sociology Compass*, 2/1, 2008.

BEAUD, Stéphane; PIALOUX, Michel. *Retorno à condição operária: investigação em fábricas da Peugeot na França*. São Paulo: Boitempo, 2009.

BOURDIEU, Pierre. *A economia das trocas simbólicas*. São Paulo: Perspectiva, 2009.

______. *The distinction – A social critique of the judgement of taste*. Cambridge: Harvard University Press, 1984.

BOURDIEU, Pierre *et al*. *A miséria do mundo*. São Paulo: Vozes, 2012.

BURAWOY, Michael. *The extended case method: Four countries, four decades, four great transformations and one theoretical tradition*. Berkeley: University of California Press, 2009.

BRAGA, Ruy. "A vingança de Braverman: o infotaylorismo como contratempo". In: ANTUNES, Ricardo; BRAGA, Ruy (org.). *Infoproletários: degradação real do trabalho virtual*. São Paulo: Boitempo, 2009.

______. *A nostalgia do fordismo: modernização e crise na teoria da sociedade salarial*. São Paulo: Xamã, 2003.

______. *A política do precariado: do populismo à hegemonia lulista*. São Paulo: Boitempo, 2012.

______. "Cenedic: uma sociologia à altura de Junho". *Blog da Boitempo*. Disponível em http://blogdaboitempo.com.br/2014/05/26/cenedic-uma-sociologia-a-altura-de-junho. Acesso em: 08 ago. 2014.

CALDEIRA, Teresa Pires do Rio. *A política dos outros: cotidiano dos moradores da periferia e o que pensam do poder e dos poderosos*. São Paulo: Brasiliense, 1984.

______. *Cidade de muros: crime, segregação e cidadania em São Paulo*. São Paulo: Editora 34; Edusp, 2000.

CARDOSO, Adalberto. "Transições da escola para o trabalho no Brasil: persistência da desigualdade e frustração de expectativas". *Dados*, Rio de Janeiro, nº 3, vol. 51, 2008.

CARDOSO, Fernando Henrique. "O papel da oposição". *Interesse Nacional*, São Paulo, nº 13, abr. 2011.

CARVALHO, Cristina Helena Almeida de. "O PROUNI no governo Lula e o jogo político em torno do acesso ao ensino superior". *Educação & Sociedade*, Campinas, vol. 27, nº 96, out. 2006.

CASTEL, Robert. *As metamorfoses da questão social: uma crônica do salário*. Petrópolis: Vozes, 2015.

CASTELLS, Manuel. A *sociedade em rede*. Rio de Janeiro: Paz e Terra, 2016.

CATANI, Afrânio; GILIOLI, Renato. "O ProUni na encruzilhada: entre a cidadania e a privatização". *Linhas Críticas*, Brasília, v. 11, n. 20, jan./jun. 2005.

CLARK, T.J. *Por uma esquerda sem futuro*. São Paulo: Editora 34, 2012.

COMIN, Álvaro A.; BARBOSA, Rogério J. "Trabalhar para estudar: sobre a pertinência da noção de transição escola-trabalho no Brasil". *Novos Estudos*, São Paulo, nº 91, nov. 2001.

DAGNINO, Evelina. "Construção democrática, neoliberalismo e participação: os dilemas da confluência perversa". *Política & Sociedade – Revista de Sociologia Política*, Florianópolis, nº 5, out. 2004.

DATAFOLHA. *DNA Paulistano*. São Paulo: Publifolha, 2012.

DIEESE. O *Mercado de Trabalho Formal Brasileiro: resultados da RAIS 2013*. São Paulo, set. 2014.

FEIXA, Carles; LECCARDI, Carmen. "O conceito de geração nas teorias sobre juventude". *Revista Sociedade e Estado*, vol. 25, nº 2, mai./ago. 2010.

FELTRAN, Gabriel de Santis. *Fronteiras de tensão: política e violência nas periferias de São Paulo*. São Paulo: Editora Unesp, 2011.

______. "Periferias, direito e diferença: notas de uma etnografia urbana". *Revista de Antropologia*, São Paulo, vol. 53, nº 2, 2010.

______. "'Trabalhadores' e 'bandidos' na mesma família". In: CABANES, Robert *et al.* (org.). *Saídas de emergência: ganhar/perder a vida na periferia de São Paulo*. São Paulo: Boitempo, 2011.

______. "Vinte anos depois: a construção democrática brasileira vista da periferia de São Paulo". *Lua Nova*, São Paulo, nº 72, 2007.

EAGLETON, Terry. *Ideologia: uma introdução*. São Paulo: Boitempo, 1997.

FIGUEIREDO, Hermes. "Barreiras para a expansão: sem parceria com as instituições privadas, governo não conseguirá atingir meta de triplicar acesso ao ensino superior". *Ensino Superior*, São Paulo, nº 100, jan. 2007.

FORACCHI, Marialice M. *A juventude na sociedade moderna*. São Paulo: Edusp, 1972.

______. *O estudante e a transformação da sociedade brasileira*. São Paulo: Companhia Editora Nacional, 1965.

GEORGES, Isabel. "Trajetórias profissionais e saberes escolares: o caso do telemarketing no Brasil". In: ANTUNES, Ricardo; BRAGA, Ruy (org.). *Infoproletários: degradação real do trabalho virtual*. São Paulo: Boitempo, 2009.

GUIMARÃES, Nadya Araujo. "Trabalho: uma categoria-chave no imaginário juvenil?". In: ABRAMO, Helena Wendel; BRAN-

CO, Pedro Paulo Martoni (orgs). *Retratos da juventude brasileira: análises de uma pesquisa nacional*. São Paulo: Editora Fundação Perseu Abramo, 2005.

HADDAD, Fernando; BACHUR, João Paulo. "Um passo atrás, dois à frente". *Folha de São Paulo*, 11 dez. 2004.

HARVEY, David. *A condição pós-moderna*. São Paulo: Edições Loyola, 2008.

HUMPHREY, John. "O impacto das técnicas 'japonesas' de administração sobre o trabalho industrial no Brasil". In: CASTRO, Nadya A. de (org.). *A máquina e o equilibrista: inovações na indústria automobilística brasileira*. Rio de Janeiro: Paz e Terra, 1995.

HUWS, Ursula. "A construção de um cibertariado? Trabalho virtual num mundo real". In: ANTUNES, Ricardo; BRAGA, Ruy (org.). *Infoproletários: degradação real do trabalho virtual*. São Paulo: Boitempo, 2009.

INEP. *Censo da Educação Superior 2012*. Brasília: 2014.

KECK, Margaret E. *PT, a lógica da diferença*. São Paulo: Ática, 1991.

KOWARICK, Lúcio. *A espoliação urbana*. Rio de Janeiro: Paz e Terra, 1980.

______. *Escritos urbanos*. São Paulo: Editora 34, 2000.

LAVAL, Christian; DARDOT, Pierre. *La nueva razón del mundo: ensayo sobre la sociedad neoliberal*. Barcelona: Gedisa, 2013.

LIMA, Márcia. "Acesso à universidade e mercado de trabalho: o desafio das políticas de inclusão". In: MARTINS, Heloísa; COLLADO, Patricia (org.). *Trabalho e sindicalismo no Brasil e Argentina*. São Paulo: Hucitec; Mendoza: Universidad Nacional de Cuyo, 2012.

LIMONGI, Fernando; MESQUITA, Lara. "Estratégia partidária e preferência dos eleitores: As eleições municipais em São Paulo entre 1985 e 2004". *Novos Estudos*, São Paulo, nº 81, jul. 2008.

LÖWY, Michael. *Walter Benjamin: aviso de incêndio – uma leitura das teses "Sobre o conceito de história"*. São Paulo: Boitempo, 2005.

MANNHEIM, Karl. "Funções das gerações novas". In: FORACCHI, M.; PEREIRA, L. *Educação e sociedade*. São Paulo: Cia. Editora Nacional, 1975.

______. "El problema de las generaciones". *Reis*, nº 62, 1993.

MARICATO, Ermínia *et al*. *Cidades rebeldes: Passe livre e as manifestações que tomaram as ruas do Brasil*. São Paulo: Boitempo, 2013.

MARTINS, Heloísa Helena T. de Souza. "O processo de reestruturação produtiva e o jovem trabalhador: conhecimento e participação". *Tempo Social*, São Paulo, nº 13, v. 2, nov. 2001.

MARTUCCELLI, Danilo. "La individuación como macrosociologia de la sociedad singularista". *Revista Persona y Sociedad*, vol. 24, n. 3, out. 2010.

MENEGOZZO, Carlos Henrique (2014). "Nova classe trabalhadora e o movimento estudantil". *Teoria e Debate*. Disponível em http://www.teoriaedebate.org.br/materias/nacional/nova-classe-trabalhadora-e-o-movimento-estudantil. Acesso: 16 mai. 2014.

MÜXEL, Anne. "Jovens dos anos noventa: à procura de uma política sem 'rótulos'". *Revista Brasileira de Educação*, Rio de Janeiro, nº 5, mai./jun./jul./ago. 1997.

NERI, Marcelo Côrtes. A *nova classe média*. Rio de Janeiro: FGV/IBRE, CPS, 2008.

NOBRE, Marcos. "A polarização voltou". *Piauí*, nº 98, nov. 2014.

______. *Choque de democracia: razões da revolta*. São Paulo: Companhia das Letras, 2013.

______. "O fim da polarização". *Piauí*, nº 51, dez. 2010.

OLIVEIRA, Francisco de. *Crítica à razão dualista / O ornitorrinco*. São Paulo: Boitempo, 2003.

______. "Passagem na neblina". In: *Classes sociais em mudança e a luta pelo socialismo*. São Paulo: Editora Fundação Perseu Abramo, 2000.

OLIVEIRA, Francisco de; BRAGA, Ruy; RIZEK, Cibele (org.). *Hegemonia às avessas: economia, política e cultura na era da servidão financeira*. São Paulo: Boitempo, 2010.

PASSERON, Jean-Claude. "L'inflation des diplômes. Remarques sur l'usage de quelques concepts analogiques en sociologie". *Revue française de sociologie*, 23-4, 1982.

PAULANI, Leda. "A crise do regime de acumulação com dominância da valorização financeira e a situação do Brasil". *Estudos Avançados*, São Paulo, nº 23, 2009.

PEREIRA, Alexandre Barbosa. "Rolezinho no shopping: aproximação etnográfica e política". *Revista Pensata*, vol. 3, nº 2, mai. 2014.

PEREIRA, Luiz. *Classe operária: situação e reprodução*. São Paulo: Duas Cidades, 1978.

PIERUCCI, Antônio Flávio. "A direita mora do outro lado da cidade". *Revista Brasileira de Ciências Sociais*, São Paulo, vol. 4, nº 10, jul. 1989.

______. *Ciladas da diferença*. São Paulo: Editora 34, 1999.

______. "Eleição 2010: desmoralização eleitoral do moralismo religioso". *Novos Estudos Cebrap*, São Paulo, nº 89, mar. 2011.

______. "Um toque de classe, média-baixa". *Novos Estudos Cebrap*, São Paulo, nº 4, fev. 1987.

POCHMANN, Marcio. *A batalha pelo primeiro emprego*. São Paulo: Publisher, 2000.

______. *Nova classe média? O trabalho na base da pirâmide social brasileira*. São Paulo: Boitempo, 2012.

PRANDI, José Reginaldo. *Os favoritos degradados: ensino superior e profissões de nível universitário no Brasil hoje*. São Paulo: Edições Loyola, 1982.

REGO, Walquiria Leão; PINZANI, Alessandro. *Vozes do Bolsa Família: autonomia, dinheiro e cidadania*. São Paulo: Editora Unesp, 2013.

RIZEK, Cibele Saliba. "Práticas culturais e ações sociais: novas formas de gestão da pobreza". *XIV Encontro Nacional da Anpur*, Rio de Janeiro, mai. 2001.

ROCHA, Camila. *Encontros e desencontros entre petismo e lulismo: classe, ideologia e voto na periferia de São Paulo*. Dissertação de mestrado. FFLCH-USP, São Paulo, 2013.

SANTOS, Wanderley Guilherme. *Cidadania e Justiça*. Rio de Janeiro: Campus. 1979.

SAMPAIO, Helena. "O setor privado de ensino superior no Brasil: continuidades e transformações". *Revista Ensino Superior Unicamp*, Campinas, nº 4, out. 2011.

SAVIANI, Dermeval. *A pedagogia no Brasil: história e teoria*. Campinas: Autores Associados, 2008.

SECCO, Lincoln. *História do PT*. Cotia: Ateliê Editorial, 2011.

SNJ. *Agenda Juventude Brasil 2013*. Brasília: 2013.

SENNETT, Richard. *A corrosão do caráter: consequências pessoais do trabalho no novo capitalismo*. Rio de Janeiro: Record, 2012.

______. *A cultura do novo capitalismo*. Rio de Janeiro: Record, 2006.

SINGER, André. "A segunda alma do Partido dos Trabalhadores". *Novos Estudos*, São Paulo, nº 88, nov. 2010.

______. "Brasil, junho de 2013: classes e ideologias cruzadas". *Novos Estudos*, São Paulo, nº 97, nov. 2013.

______. *Esquerda e direita no eleitorado brasileiro: a identificação ideológica nas disputas presidenciais de 1989 e 1994*. São Paulo: Edusp, 2000.

______. "Raízes sociais e ideológicas do lulismo". *Novos Estudos*, São Paulo, nº 85, nov. 2009.

______. "O lulismo resistiu". *Folha de S. Paulo*, 04 out. 2014

______. *Os sentidos do lulismo: reforma gradual e pacto conservador*. São Paulo: Companhia das Letras, 2012.

SOUZA, Amaury; LAMOUNIER, Bolívar. *A classe média brasileira: ambições, valores e projetos de sociedade*. Rio de Janeiro: Elsevier; Brasília: CNI, 2010.

SOUZA, Jessé. *Os batalhadores brasileiros: nova classe média ou nova classe trabalhadora?* Belo Horizonte: Editora UFMG, 2010.

SPOSITO, Marilia Pontes. "Estudos sobre juventude em Educação". *Revista Brasileira de Educação*. Rio de Janeiro, nº 5/6, 1997.

SPOSITO, Marilia Pontes (org.). *O Estado da arte sobre juventude na pós-graduação brasileira*: Educação, Ciências Sociais e Serviço Social (1999-2006). Belo Horizonte: Argumentum, 2009.

SPOSITO, Marília Pontes; SOUZA, Raquel. "Desafios da reflexão sociológica para análise do ensino médio no Brasil". In: KRAWCZYK, Nora. *Sociologia do ensino médio*: crítica ao economicismo na política educacional. São Paulo: Cortez, 2014.

TELLES, Vera da Silva. "Mutações do trabalho e experiência urbana". *Tempo Social*, v. 18, n. 1, jun. 2006.

THOMPSON, E. P. *A formação da classe operária inglesa*. v. 1. Rio de Janeiro: Paz e Terra, 1987.

VALLE, Vinicius S. M. *Pentecostalismo e lulismo na periferia de São Paulo: estudo de caso sobre uma Assembleia de Deus na eleição municipal de 2012*. Dissertação de mestrado. FFLCH-USP, São Paulo, 2013.

VENCO, Selma. "Centrais de Teleatividades: o surgimento dos colarinhos furta-cores?". In: ANTUNES, Ricardo; BRAGA, Ruy. *Infoproletários: degradação real do trabalho virtual*. São Paulo: Boitempo, 2009.

VENTURI, Gustavo. "PT 30 anos: crescimento e mudanças na preferência partidária". *Perseu*, São Paulo, nº 5, 2010.

WEFFORT, Francisco C. *O populismo na política brasileira*. Rio de Janeiro: Paz e Terra, 1978.

WRIGHT, Erik Olin. *Classes*. London: Verso, 1985.

______. *Class counts: Comparative studies in class analysis*. Cambridge: Cambridge University Press, 1997.

WRIGHT, Erik Olin *et al*. *The debate on classes*. London: Verso, 1989.

Caderno fotográfico

Parada de ônibus próxima à Universidade A exibe propaganda contra a candidatura de Aécio Neves. Barra Funda. Outubro de 2014.

Poste no entorno da Universidade A exibe propaganda contra a candidatura de Aécio Neves. Barra Funda. Outubro de 2014.

Muro próximo à Universidade A exibe propaganda contra a candidatura de Aécio Neves e pichação em apoio a Dilma Rousseff. Barra Funda. Outubro de 2014.

Estudante aguarda o início da aula na Universidade A. Barra Funda. Outubro de 2014.

Muro próximo à Universidade A exibe propaganda contra a candidatura de Aécio Neves. Barra Funda. Outubro de 2014.

Muro nos arredores da Universidade A com lambe-lambes em apoio à Dilma Rousseff. Barra Funda. Outubro de 2014.

Estação de metrô Palmeiras-Barra Funda, horário de entrada da aula noturna. Barra Funda. Outubro de 2014.

Circulação de estudantes na estação de metrô Palmeiras-Barra Funda, horário de entrada da aula noturna. Barra Funda. Outubro de 2014.

Estudantes se reúnem em bar nas proximidades da Universidade A. Barra Funda. Outubro de 2014.

Frequentadores do Centro Cultural São Paulo, próximo do campus da Universidade A. Vergueiro. Outubro de 2014.

Jovens aguardam o início das aulas da noite da Universidade A no Centro Cultural São Paulo. Vergueiro. Outubro de 2014.

Curiosos assistem a artista de rua no Largo Treze de Maio, próximo ao campus da Universidade A. Santo Amaro. Novembro de 2014.

Frequentadores do Largo Treze de Maio. Santo Amaro. Novembro de 2014.

Pessoas entram e saem da estação Largo Treze do metrô, próxima à Universidade A. Santo Amaro. Novembro de 2014.

Circulação de pessoas no entorno do Largo Treze de Maio. Santo Amaro. Novembro de 2014.

Bar nos arredores da Universidade A. Largo Treze de Maio, Santo Amaro. Novembro de 2014.

Terminal Santo Amaro, em frente à Universidade A. Largo Treze de Maio, Santo Amaro. Novembro de 2014.

Comida rápida no Terminal Santo Amaro. Santo Amaro. Novembro de 2014.

Atendente prepara comida rápida no Terminal Santo Amaro. Santo Amaro. Novembro de 2014.

Vendedor prepara espetinhos no entorno do campus da Universidade A. Santo Amaro. Novembro de 2014.

Motocicletas ocupam o estacionamento do campus da Universidade A. Santo Amaro. Novembro de 2014.

Alameda nas redes sociais:

Site: www.alamedaeditorial.com.br
Facebook.com/alamedaeditorial/
Twitter.com/editoraalameda
Instagram.com/editora_alameda/

Esta obra foi impressa em São Paulo
na primavera de 2018. No texto foi
utilizada a fonte Electra em corpo
10,5 e entrelinha de 15,5 pontos.